성공하는 사람은
100리 길을 갈 때 99리를 갔어도 반으로 칩니다.

마지막 1리를 더 가지 않는다면
그 길은 영원히 가지 않은 길이기 때문입니다.

마찬가지로 물은 99도에서는 끓지 않습니다.
물이 끓기 위해서는 마지막 1도의 불꽃이 더 필요합니다.

마지막 1%의 불꽃을 피우기 위해
이 책을 당신의 마음을 데우는 마지막 나뭇가지로 쓰십시오!

내가 만난
1%의 사람들

"부富가 찾아올 때는 그 동안 어디에 숨었다
이제 오나 할 정도로 빨리 오며 엄청나게 온다."
-니폴레온힐-

내가 만난
1%의 사람들

나를 변화시키고 삶을 바꾸는, 1%의 사람들만이 아는 부富의 원칙!

아담 J. 잭슨 지음
장 연 옮김

우리의 앞날에는 분명 더 나은 삶이 기다리고 있다!

씽크뱅크

질문, 하나

우리 나이가 75세쯤 되었을 때, 90% 이상의 사람은 죽거나 파산한다. 단지 8%의 남자와 2%의 여자만이 재정적으로 독립하며, 인구의 1% 이하만이 부유하다. 왜 그럴까? 다른 사람이 모르는 것을 1%의 사람만이 아는 걸까? 아니면 그들이 더 똑똑한 걸까? 훌륭한 교육을 받아서일까? 더 열심히 일한 것일까? 단순히 행운이거나 운명의 축복일까?

질문, 둘

우리 모두는 그 어떤 것보다도 사랑을 갈망하고 사랑이 맺어지길 바란다. 그래서 누구나 하나의 특별한 관계를 찾고 있다. 하지만 왜 그토록 많은 사람들이 고독 속에서 사랑을 찾고 염원하는데도 좀처럼 발견하지 못하는 것일까? 사랑이 우리가 갈망하는 최고의 것이라면, 어째서 이혼으로 깨어지는 가정이 엄청난 숫자에 이르고 있을까? 왜 부모들 중에 어느 한쪽만이 홀로 가정을 일으키기 위해 고군분투해야 하는 것일까? 왜 도시에는 고독감과 고립감을 느끼는 수많은 사람들로 가득 차 있는 걸까? 우리가 잘못된 곳에서 사랑을 찾고 있기 때문은 아닐까?

질문, 셋

사람들에게 인생에서 가장 바라는 것이 뭐냐고 물으면, 흔히 듣는 대답이 "단지 행복하고 싶다"는 말이다. 그런데 왜 극소수의 사람들만이 행복한 것일까? 제약회사의 제품 중 매출이 급성장하는 약이 왜 우울증 치료제일까? 스스로 행복하다고 생각하는 사람들은 왜 그리 적은 것일까? 우리는 잘못된 곳에서 행복을 찾고 있는 건 아닐까?

그리고 부탁, 하나

이 책에 나오는 사람들은 모두 실존 인물들이다. 다만 그들의 이름은 가명으로 바뀌었고, 등장인물 중에 '중국 노인'은 내가 만난 지혜로운 남녀들을 결합해서 형상화한 인물이다.

그들의 이야기가 나를 고양시켰던 것처럼 당신을 고무시키길 바란다.

또 기쁨과 경이와 부유함, 사랑, 행복, 건강함으로 넘치는 그들의 삶이 곧 당신의 삶이기도 하다는 사실을 이 책을 통해서 깨우치길 바란다.

아담 J. 잭슨Adam J. Jackson

차 례

The 10 Secrets of Abundant Love

두 번째 이야기 사랑의 힘을 얻은 사람들

The 10 Secrets of Abundant **Happiness**

세 번째 이야기 행복의 비밀을 발견한 사람들

The 10 Secrets of Abundant
Wealth

부의 원칙으로
성공한 사람들

부(富)가 찾아올 때는 그 동안 어디에 숨었다
이제 오나 할 정도로 빨리 오며 엄청나게 온다.
— 나폴레온 힐

산책

❋

현관문을 열고 거리로 나섰을 때는 춥고 어두웠다. 거리의 가로등은 아직 불을 밝히고 있었고, 도로에는 차량의 행렬이 드문드문 이어지고 있었다. 얼마 전까지만 해도 8시에 일어나려고 몸부림을 쳤지만, 최근 몇 달 동안은 휴식이 너무 부족함을 느꼈다. 수면을 취하는 패턴이 불규칙하고 산발적이었기 때문이다.

길 건너편 공원이 있는 언덕으로 올라갔다. 이 길은 아버지가 늘 다니던 길이었다. 새벽녘, 아버지는 이곳까지 걸어와 깨끗한 공기를 들이마시며 머리를 맑게 했다.

"해가 뜰 때 공원을 산책하거라. 새로운 아이디어와 영감이 떠오르고, 자신을 극도로 괴롭히는 문제들에 대한 해결책도 찾을 수 있을 거다. 마치 천사가 너에게 속삭이는 것같이."

아버지는 늘 이렇게 말하곤 했다. 하지만 2주일 동안 아침 산책을 했지만, 천사의 속삭임도 듣지 못했고 아이디어나 영감도 떠오르지 않았으며 문제의 해결책도 찾지 못했다.

나는 공원 부근의 거대한 저택을 부러운 눈길로 쳐다보았다. 저런 집에서 살 수 있을 만큼 돈이 많다면 얼마나 좋을까? 저런 집을 구입해서 살 수 있다면 너무나 환상적이겠지? 몇 초 동안 나는 그 집에서 사는 상상에 잠겼다. 밝은 분위기, 드넓은 거실, 친척이나 친구들이 머물 수 있는 비어 있는 침실, 양지바른 아름다운 정원에 앉아서 즐기는 일, 이런 것은 내가 그리던 이상적인 천국의 풍경이었다.

그러나 공원 앞에 있는 마지막 집을 지나칠 때, 그러한 상상도 현실로 돌아오고 말았다. 사실 내 능력으로는 그런 거대한 저택은커녕 조그만 빌라조차 살 수 없는 형편이었기 때문이다. 아마도 복권 같은 것이 터지지 않고서는 그런 큰 집을 살 수 있는 가능성은 전혀 없을 것이다. 경제적으로 보면 삶은 늘 투쟁이었고, 지금도 투쟁이며 앞으로도 투쟁일 것이다.

어느 날, 나는 공원 안쪽으로 난 조깅 코스를 큰 보폭으로 걷고 있었다. 갑자기 운명이 자신을 반대하는 음모를 꾸미고 있다는 느낌을 지울 수가 없었다. 부유한 가정에서 태어났더라면, 다른 사람처럼 행운과 기회가 있었더라면 하는 아쉬움이 생겼다.

사실 내 문제는 대다수 사람들의 문제와 별반 다르지 않았다. 월말이 되면 늘 쥐꼬리만한 수입 때문에 어디를 가나 청구서가 나를 기다리고 있었다. 어떻게 지내 왔는지는 모르겠지만, 어쨌든 늘 그렇게 반복되어 왔다. 엎친 데 덮친 격으로 경제가 불경기에 들어서면서 생활은 점점 더 쪼들리기 시작했다. 작업 시간은 늘어났지만 수입은 점점 줄어들었으며, 이제는 앞날마저 불투명해서 내가 꿈꾸던 일도 한쪽으로 미루어 놓을 수밖에 없었다.

한때 나는 유명한 작가가 되어서 가족을 부양하고 내 집을 소유하는 꿈을 꾸었다. 하지만 지금의 상황에서는 도저히 실현될 가망이 없었다. 조금만 더 젊었더라도 직장을 때려치우고 하고 싶은 일을 찾아나섰겠지만, 청구서가 산더미처럼 불어나자 도저히 직장을 그만둘 수가 없었다.

나는 덫에 걸렸다. 월급도 높지 않을 뿐만 아니라 별 흥미도 없는 일에 발이 묶여 버렸다. 사무실의 다른 동료들도 일에 대해 싫증을 느끼는 듯했다. 그들 역시 직장은 생계를 위한 수단에 불과했던 것이다.

몇 년이 지나자, 나는 어린 시절의 희망과 꿈을 포기해 버렸다. 지금은 그저 하루하루가 무사하기만을 바라는 마음뿐이다. 이것이 전부였다. 공원을 산책하면서 내가 할 수 있는 것이라곤 기도가 전부였다. 정말 천사가 있다면 속삭여 줄 것이다! 나의 운명을 바꿀 수 있는 아이디어나 영감을…….

나는 생각에 골몰한 나머지 아침 해가 공원 동쪽 참나무 위에 걸린 것조차 느끼지 못했다. 머리 위에서 노래하는 개똥지빠귀 소리도 듣지 못했다. 더구나 곁에서 걷고 있는 노인의 존재에 대해선 전혀 알아차리지 못했다.

$$\overline{\quad}\;\bigstar\;\bigstar\;\bigstar\;\bigstar\;\overline{\quad}$$

만남

※

"안녕하시오!"

이 목소리가 나를 환상에서 현실로 돌아오게 했다. 고개를 돌리자 웬 중국 노인이 곁에 서 있었다.

"안녕하세요!"

나도 노인을 흘깃 보면서 인사를 했다. 작달막한 키의 대머리 노인이었는데, 검정색 츄리닝을 입고 있었다.

"함께 산책해도 되겠소?"

"물론이죠. 따라오실 수만 있다면……."

"힘껏 해 보겠네."

노인이 웃으면서 말했다. 그러고는 발걸음을 재빨리 놀리며 물었다.

"무슨 걱정이 있는 것처럼 보이는데……?"

"괜찮습니다."

나는 고개도 돌리지 않고 말했다.

"아는지 모르겠네만, 우리 나라에서는 모든 문제가 '선물'과 함께 온다고 믿고 있지. 어떤 역경이든 그 속엔 그 역경에 걸맞거나 더 값있는 번영의 씨앗이 담겨 있네."

"흥!"

나는 그의 말에 콧방귀를 뀌었다.

"내 말은 어떤 문제에도 다 적용될 수 있네. 돈 문제에도 말일세."

노인의 말에 나는 호흡을 멈추고 돌아다보았다.

"돈 문제가 어떤 번영을 가져올 수 있단 말입니까?"

"돈 문제는 풍요로운 부 ─ 상상을 넘어서는 부 ─ 의 길을 열어 주지."

"그것이 어떻게 가능하죠?"

"가장 부유하고 위대한 사람들 대부분이 한때는 파산하거나 무일푼인 시절이 있었다는 걸 아는가?"

"모릅니다."

"에이브러햄 링컨은 35살 때 파산했지만, 그는 미합중국 역사상 가장 부유하고 강력한 사람 중 하나가 되었네. 오그 만디노도 술주정뱅이 부랑아였지만, 유명한 베스트셀러 작가가 되었지. 어디 그뿐인가. 월트 디즈니 역시도 디즈니 왕국을 건설하기 전에는 여러 번 파산했었지."

노인의 말은 나를 깜짝 놀라게 했다. 무일푼이 되거나 파산하는 일은 늘 실패자에게만 일어나는 운명인 줄 알았기 때문이다.

"하지만 어떻게 무일푼에서 그런 부자가 될 수 있었을까요?"

"아주 간단하네!"

노인이 미소를 지으며 말을 이었다.

"사람들은 편안한 환경 속에서는 더 이상 풍요를 추구하지 않네. 자극이나 핍박을 받고 나서야 자신의 삶을 바꾸기 시작하지. 소수의 사람들은 자극을 찾아서 스스로 변화하지만, 대다수는 변화를 강요받기 때문에 어쩔 수 없이 변한다네. 자포자기하는 상황에 이르렀을 때, 비로소 스스로에게 질문을 하게 되는데, 이 질문의 성격이 미래의 운명을 결정하는 걸세."

어떤 역경이든 그 역경에 걸맞은 번영의 씨앗이 있다

나의 안색은 이윽고 정상으로 돌아왔지만, 여전히 노인의 말을 믿을 수 없었다. 그 때 노인이 말했다.

"한 가지 묻겠네. 내가 끼어들 때 자네는 무슨 생각을 하고 있었나?"

"글쎄요. '왜 하필이면 내게 이런 일이 일어날까?' 하고 생각했을 겁니다."

"그 질문의 답이 뭐라고 생각하는가?"

"모르겠습니다."

나는 솔직하게 대답했다.

"바로 그거네."

노인이 외쳤다.

"질문의 결과는 '모른다' 아니면, 더 나쁘거나 잘못된 답변이지. '왜?'라는 질문은 늘 그렇다네. 두뇌는 늘 자네의 질문에 대한 답을 찾고 있을 걸세. 하지만 '왜?'라는 질문의 결과는 희망도, 해결책도, 미래도 아니네. '내게 왜 이런 일이 생기지?', '왜 나는 이런 궁지에 빠졌지?', '왜 나는 앞서 나가지 못하지?' 이런 질문엔 답이 없다네. 하지만 성공한 사람들은 다른 식의 질문을 하지. '어떻게'와 '무엇'이 바로 그거야. 이를테면 '나는 어떻게 삶의 질을 개선할 수 있을까?' 혹은 '내 인생에서 부를 창조하기 위해서는 무엇을 해야 할까?' 등일세."

"그래도 잘 모르겠습니다. 제게 필요한 것은 답이지 문제가 아닙니다."

"하지만 정확한 답을 찾고 싶으면 먼저 정확한 질문을 해야 하네. 성경에도 '구하라, 그러면 찾을 것이다'라는 말이 있지?"

"네. 하지만 인생은 그렇게 간단치가 않습니다."

"자네가 어떻게 알지? 시도해 보았는가? 인생은 자네가 생각하는 것보다는 훨씬 단순하다네."

"음, 제겐 그렇게 단순하게 보이지 않아요. 전 어떤 일에서도 성공한 적이 없습니다. 온갖 노력을 다 기울였지만, 되는 일이 없었죠."

"문제를 해결하는 황금률을 명심하게나."

노인이 말했다.

"뭐라고요?"

"모든 가능성을 다 소모했다는 생각이 들 때, '여전히 가능성은 있다!' 이 한 가지만 명심하게나."

"정말 좋은 말씀입니다. 하지만 정작 무엇을 해야 할지 모르겠어요. 난 부유한 적도 없고, 앞으로도 부유하지 못할 겁니다. 난 그런 조건을 갖지 못한 것 같아요."

내가 대답했다.

"무슨 조건 때문에 부를 소유하지 못한단 말인가?"

노인이 반문했다.

"잘은 모르겠지만, 처음엔 자본이 있어야 돈을 벌 수 있지 않겠습니까?"

"왜 그런 생각을 하는가? 아리스토텔레스 오나시스(그리스의 선박왕)는 대학 졸업도 못 하고 부유한 친척도 없었네. 하지만 단돈 200달러로 일을 시작해서 세계에서 가장 큰 부자가 되지 않았는가?"

"그는 운이 좋았죠."

내가 어깨를 으쓱하며 말했다.

"대부분의 부자는 무자본이나 소자본으로 창업을 했네. 아니타 로딕은 주차장에서 세척제 만드는 것을 시작으로 그녀의 화장품 회사를 세웠네. 또 세계 최고의 부자인 빌 게이츠는 컴퓨터 산업을 혁신하면서 재산을 쌓은 것이지. 베스트셀러 작가이자 저명한 자기 계발의 리더인 앤서니 로빈스도 한때 파산하여 작은 아파트에서 살았지만, 1년 안에 자신의 삶을 완전히 바꾸어 백만장자가 되었지. 바다가 보이는 만 평짜리 성을 구입했네. 자넨 그들의 성공이 정말 운이 좋아서 생긴 결과라고 생각하나?"

"물론 다 그렇지는 않겠죠. 하지만 어느 정도는 운이 따라야 하지 않을까요?"

"부를 쌓은 사람에게서 발견할 수 있는 중요한 공통점이 하나 있지. 그것은 바로 '책임감'이라네! 그들 모두 자신의 행위와 결정에 대해서 책임을 지고 있지. 그들은 결코 자신의 문제를 경제나 정부, 날씨 혹은 자신들의 불우한 어린 시절 탓으로 돌리지 않는다네. 부를 소유한 사람은 행운이나 좋은 환경을 기다리는 것이 아니라, 적극적으로 그 행운이나 환경을 창조하지. 변명하기보다는 오직 해결책을 찾는 거야. 그들은 성공에만 전념하네."

"그럴 수도 있겠죠. 하지만 제가 아는 유일한 사실은 늘 경제적으로 고통받고 있다는 것입니다. 이건 운명이 아닐까요?"

"자네의 운명은 자네가 만든 것일세. 부자가 된 적이 없기 때문에 부자가 되지 말라는 법은 없네. 인생에서 배울 수 있는 가장 중요한 교훈은 미래가 과거와 같을 필요는 없다는 것일세. 늘 같은 결과를 얻는다면, 그것은 늘 같은 일을 하기 때문이네."

진정한 부는 삶의 질에 있다

노인과 나는 호수를 지나 공원 북쪽으로 갔다. 조깅을 하는 사람들이 차가운 공기 속으로 뜨거운 입김을 뿜으면서 우리 옆을 지나갔다. 나는 노인의 말을 곰곰이 생각했다. 그의 말에 뭔가 중대한 의미가 있다는 건 의심할 바 없었지만, 여전히 난 자신이 없었다.

"돈을 벌기 위해 반드시 자본이 필요한 것은 아니네."

노인이 말을 이어갔다.

"부유한 친척이나 대학 졸업장, 행운도 필요 없지. 부를 창조하는 데 필요한 모든 것을 자네는 이미 갖고 있네."

"정말 그렇게 간단합니까?"

"물론이야. 행운 따위와는 전혀 관계가 없지. 다른 사람과 마찬가지로 자네도 운명을 창조할 수 있는 힘을 갖고 있네."

"하지만 누구나 부유해질 수 있다는 뜻은 아니겠죠?"

"누구나 가능하지! 세상 사람 대부분이 이미 부유한데도 그들 스스로는 그것을 모른다는 사실을 아는가?"

"그게 무슨 뜻이죠? 진정으로 부유하다면 그 사실을 알고 있지 않을까요?"

"정말 그렇게 생각하는가? 하지만 그렇지 않네. 자네가 바로 전형적인 사례라 할 수 있지. 갚아야 할 부채로 골머리를 앓기 때문에 스스로 가난하다고 생각하는 것 아닌가?"

"네, 맞습니다."

나는 의아해 하며 그에게 다시 물었다.

"그런데 어떻게 그걸⋯⋯?"

"자네는 지금 깨끗한 수돗물을 먹고 있지? 사실 몇 세기 전만 해도 그건 불가능한 일이었지. 지금도 지구 저편에는 물이 부족하다네. 그뿐인가, 자네는 인터넷을 통해서 가치 있는 자료를 많이 찾을 수 있지. 어떤 영역, 어떤 범위를 막론하고, 심지어 세계 도처에 산재해 있는 문헌이나 자료도 인터넷을 통해 얻을 수 있네. 또 넉넉한 먹거리와 다양한 옷을 입을 수 있으며, 스마트폰으로 세계 각지의 친구들과 통화도 할 수 있지. 게다가 매일 뉴스와 오락 프로를 집에서 볼 수 있는 TV가 있고, 또 온갖 종류의 음식도 살 수 있네. 이런 모든 것은 50년 전만 해도 언감생심 있을 수 없는 일이었을 걸세.

자동차, 기차, 비행기 등 교통 수단도 마찬가지야. 1세기 전만 해도 그것은 부자만이 탈 수 있었네. 따라서 옛날에 살았던 수십억의 사람들과 비교해 보면, 자넨 대단한 부자, 아니 옛 사람들은 꿈도 꾸지 못했던 거부라고 할 수 있네."

노인이 계속 말을 이었다.

"돈은 진정한 의미의 부富가 아니라네. 돈은 부를 가늠할 수 있는 합당한 척도가 아닐세. 실제로 돈 자체는 가치가 없는 것이지. 사람의 초상을 그려 놓은 종이 쪽지나 동전이 무슨 쓸모가 있겠는가? 돈이 가치 있는 것은 물건과 바꿀 때뿐이네. 무인도에 난파되어 있다면 몇 백만 달러가 무슨 소용이 있겠는가? 일 때문에 아이와 함께 보낼 시간이 없다면, 몇 백만 달러의 연봉을 받는 성공한 사업가라 한들 그 부가 무슨 소용이 있겠는가? 암에 걸린 백만장자와 은행 계좌는 텅 비었지만 건강한 몸으로 삶을 즐기는 사람 중에서 누가 더 부유할까? 진정한 부는 삶의 질에 의해서만 판단할 수 있네. 자신만의 삶의 방식을 창조할 수 있는 사람이야말로 진정한 부자라고 할 수 있지."

부를 창조하고 경영하는 법

우리는 오솔길을 따라 숲 속으로 들어갔다. 나뭇가지에서 새싹이 움트기 시작했으니 머지않아 온갖 색깔의 꽃들이 아름답게 피어날 것이다. 잠시 침묵이 흐른 뒤 내가 먼저 입을 열었다.

"하지만 돈은 삶의 질을 높일 수 있어요."

"현명하게 쓴다면 그렇지!"

노인이 인정했다.

"하지만 많은 사람들은 돈이 모든 문제를 해결한다고 생각하네."

"적어도 나 자신이 처한 문제를 해결하는 데는 효과가 있을 겁니다."

그러자 노인이 강조하는 말투로 말했다.

"그렇게 생각할 수도 있겠지만, 난 전혀 그렇지 않다고 장담할 수 있네."

이 말이 나를 자꾸 속타게 했다.

'도대체 이 노인이 내 문제를 얼마나 안다고?'

내가 내 문제를 꺼내기도 전에 노인이 먼저 말을 이었다.

"만일 자네가 몇 백만 달러를 땄다면 그 돈을 어떻게 하겠는가?"

"먼저 빚부터 갚겠어요."

"그 다음은?"

"글쎄요. 우선 가족과 친구들을 위한 파티를 열겠습니다. 그 다음엔 수영장과 테니스 코트가 딸린 새 저택과 멋진 새 차, 새 TV, 새 가구를 사겠습니다. 가족과 함께 휴가를 보내거나, 돈이 필요한 친구들에게도 나눠 줄 겁니다."

"그 다음은?"

노인이 다그쳤다.

"모르겠습니다. 생각해 본 적이 없어요."

"자네가 말한 것은 벼락부자의 꿈을 꾸는 대부분의 사람들과 똑같네. 하지만 결코 풍요로운 부를 성취할 수 없는 이유가 자네의 답 속에 있네."

"그게 무슨 말씀입니까?"

내가 노인의 말을 중단시켰다.

"복권이 당첨되거나 하룻밤 사이에 백만장자가 되는 사람도 있어요."

"사실이네. 하지만 그들의 부는 일시적이지. 대부분 복권을 처음 살 때처럼 무일푼으로 돌아가네."

나는 그 말을 믿지 못하겠다는 듯이 고개를 저었다.

"정말일세."

노인은 다시 한 번 강조했다.

"그들이 왜 무일푼으로 되돌아갈까? 그 이유는 부를 창조하고 경영하는 법을 전혀 모르기 때문이야. 결국 그들은 부를 거의 쌓지 못하며, 설사 우연히 부를 얻더라도 이내 잃고 말지. 마치 진귀한 식물을 갖고는 있지만, 가꾸는 법을 모르는 사람과 같네.

어떤 토양에 맞는지, 어떤 기후에서 성장할 수 있는지, 물 주는 양과 횟수는 어느 정도인지, 벌레는 어떻게 막아야 하는지 모르고 있지. 그들은 식물의 열매를 잠깐은 즐길 수 있겠지만 이내 죽이고 말 걸세. 하지만 식물의 성질을 연구한 사람은 식물에게 무엇이 필요한지 알고 있네. 묘목을 키우는 법과 보살피는 법을 알기 때문에 원하는 대로 수확을 얻을 수 있지.

부 역시 식물처럼 진귀한 것이네. 누구나 부를 풍요롭게 창조하는 능력을 갖고는 있지. 하지만 부를 창조하고 유지하는 비결은 반드시 배워야 하네. 돈을 다룰 줄 모르면, 결국 아무 짝에도 쓸모 없는 것일세. 성경에 나오는 방탕한 아들의 이야기를 아는가?"

그 얘기는 많이 들었지만 상세한 내용은 기억나지 않았다.

"부유한 지주에게 한 아들이 있었는데, 이 젊은 아들은 아버지의 일을 배우는 데는 전혀 흥미가 없었지. 그저 세상을 탐험하기 위해서 아버지의 유산만이 필요했을 뿐이었네. 아들의 마음가짐이 슬펐지만, 그래도 아버지는 재산을 나눠 준 뒤 떠나는 아들을 지켜보았지. 그 아들은 자주 파티를 열고 세상의 온갖 좋은 것들을 즐겼지. 그러나 얼마 지나지 않아서 돈은 바닥이 났어. 결국 옷만 달랑 걸친 채 무일푼이 되어서 고향으로 돌아왔지. 방탕한 아들은 많은 돈을 갖고 여행을 시작했지만, 부를 창조하는 법을 배우지 못했기 때문에 이내 무일푼이 된 걸세."

풍요로운 부와 관련된 법칙

우리는 공원 끝의 숲까지 간 뒤 다시 언덕 정상으로 오르는 가파른 오솔길을 따라갔다.

"알다시피, 한 사람이 많은 돈을 갖고 있다고 해서 그 돈이 부의 전부는 아닐세. 돈은 순식간에 사라질 수 있네. 하지만 부유해지기 위해선 원하는 생활 방식대로 살 수 있는 충분한 수단을 가질 필요는 있지."

"어떻게 그걸 가질 수 있습니까?"

노인이 웃으며 말했다.

"세상 만물은 모두 법칙의 지배를 받고 있다는 걸 먼저 이해해야 하네. 자연의 법칙에 대해선 많은 사람들이 알고 있지. 예컨대 우리는 만유인력의 법칙을 알고 있네. 사과가 나무에서 떨어지면 반드시 땅 위에 떨어진다는 거지. 또 알다시피 산소가 없으면 지구의 모든 생명체는 살 수 없다는 법칙도 있네. 또한 풍요로운 부를 얻는 것과 관련된 법칙들도 있다네. 하지만 사람들에게는 잘 알려져 있지 않으며, 알고 있는 사람들조차 비밀로 여기고 있지."

정상까지 반도 오르지 못했는데 벌써 호흡이 가빠졌다. 하지만 노인의 걸음은 마치 나는 듯했다. 산 정상에 도착했을 때 나는 숨을 가삐 몰아 쉬며 노인에게 물었다.

"그럼, 그 비밀이 뭐죠?"

"풍요로운 부의 비밀은 자연의 비밀처럼 누구에게나 해당되는 것이네. 자네가 해야 할 일은 그 비밀을 알고 있는 사람을 찾아 그것에 대해 질문을 하는 것이지. 이게 자네를 도울 수 있을 걸세."

노인이 종이 쪽지 한 장을 건네주었다. 나는 쪽지를 받아 급히 펼쳐 보았다. 예상과는 달리 어떤 비밀도, 지혜의 말씀도, 신비한 비법도 없고 단지 10명의 이름과 전화 번호만이 적혀 있을 뿐이었다.

내가 다시 고개를 들었을 때 노인은 이미 사라지고 없었다. 아무리 주위를 살펴보았지만 어느 노부부가 개를 데리고 산책하고 있는 모습만 보일 뿐 아무도 보이지 않았다.

"죄송합니다."

내가 그 노부부를 향해 물었다.

"방금 저와 함께 산책하던 노인을 못 보셨나요?"

그 노부부는 내 질문에 서로 마주보더니 이내 할아버지가 말했다.

"자네밖에는 아무도 보지 못했네."

그러고는 옆에 있는 할머니에게 물었다.

"에텔, 당신은 보았소?"

"못 봤는데요."

곁에 있던 할머니도 머리를 흔들며 말했다.

"틀림없이 보셨을 겁니다. 검정색 츄리닝을 입은 중국 노인이었어요."

내가 고집을 부렸다.

"자네 외에는 아무도 보지 못했네. 미안하네."

나는 다시 방금 걸어온 길을 따라 천천히 되돌아갔다. 도무지 이해할 수가 없었다. 어떻게 그렇게 사라질 수 있단 말인가? 게다가 개를 데리고 산책하던 사람들마저 그를 보지 못했다니?

이 모든 게 꿈은 아닐까 생각했다. 하지만 주머니 속에 손을 넣자 꿈이 아니란 걸 깨달았다. 10명의 이름과 전화 번호가 적힌 종이 쪽지. 그것이 손에 잡혔기 때문이다. 노인은 분명히 나와 함께 있었던 것이다.

스스로 할 수 있다고 믿는 자가 승리한다
— 잠재의식에서 우러나오는 신념의 힘(애플비)

나는 집으로 돌아오자마자 명단에 적힌 사람들에게 전화를 했다. 처음 몇 번은 좀 망설였다. 신비한 중국 노인에게서 이름과 전화 번호를 알았다는 낯선 사람의 얘기에 어떤 반응을 보일지 두려웠기 때문이다. 그러나 쓸데없는 기우였다. 그들 모두 중국 노인과 풍요로운 부의 비밀에 대해 알고 있었다. 더욱이 전화해 준 것을 진실로 기뻐하는 듯했다. 그래서 나는 힘을 내서 다음 주에 그들과 만날 약속을 했다.

명단에 나오는 첫 번째 사람은 리차드 애플비라는 남자였다. 애플비는 스케줄이 꽉 차 있는데도 불구하고 이튿날 오후 5시에 나와 만날 것을 약속했다.

애플비는 교외에 있는 아파트의 맨 위층에서 살고 있었다. 거실로 들어선 나는 눈앞에 펼쳐진 도시의 장엄한 정경에 넋을 잃었다. 남향인데다 벽 전체가 유리로 되어 있어 시내 전경을 한눈에 볼 수 있었다. 석양이 도시의 하늘을 붉은색으로 물들이고 있었으며, 빌딩 사무실의 불빛과 차량들의 행렬 그리고 가로등이 장관을 이루었다.

"경치가 너무 아름답네요! 이 도시가 이렇게 장관인 줄은 정말 몰랐습니다."

내가 감탄을 하며 말했다.

"그렇죠."

그가 미소를 지으며 대답했다.

"나 역시 경치를 보고 이 아파트를 샀어요. 언제 어느 때건 창가에 한 번 앉으면 몇 시간씩 바라보곤 하죠."

애플비는 40대 후반쯤으로 보였다. 작은 키에 건장한 체구였으며, 옅은 머리색과 맑은 파란 눈이 반짝이고 있었다. 그는 베이지색 면바지와 하얀 셔츠를 입고 있었는데, 캐주얼하면서도 품격이 있어 보였다.

내가 앉자 그가 입을 열었다.

"풍요로운 부의 비밀에 관심이 있나요?"

"정말로 그런 비밀이 있다고 생각하시나요?"

"물론이오."

"그 비밀이란 정확히 어떤 겁니까?"

"10가지 불변의 원리죠. 그 원리를 이용하면 누구나 단순한 부가 아닌 풍요로운 부를 창조할 수 있어요."

"누구나 가능합니까? 정말 그렇습니까?"

내가 조심스레 물었다.

"확실합니다."

그가 고개를 끄덕이며 말했다.

"누구나 부를 소유할 능력이 있다면, 왜 그토록 많은 사람들이 아등바등거리며 살까요?"

"누구나 자신이 무엇이든 할 수 있다고 믿으면 가능해요. 인간의 마음과 몸은 위대한 일을 할 수 있으니까요. 하지만 문제는 스스로 할 수 있다는 것을 믿지 않는 데 있어요. 오래 전에 한 최면술사가 몇몇 관객을 뽑아서 최면을 거는 공연을 보았죠. 한 관객에게 책상에 누우라고 한 뒤 최면을 걸면서, 지금 당신의 몸이 강철처럼 단단하다고 말했어요. 최면술사는 의자 두 개를 그 관객의 머리와 발에다 받쳐 놓고 책상을 옮겨 놓았죠. 그 관객의 머리와 발은 두 개의 의자로 지탱되었지만, 책상 위에 누운 자세를 그대로 유지했어요. 그의 몸은 정말 강철처럼 단단해 보이더군요. 무엇 때문일까요? 그 이유는 자신이 강철 같다고 믿었기 때문이죠.

또 같은 공연에서 다른 사람들도 최면에 걸렸는데, 이번엔 책상 위에 놓여 있는 만년필을 절대로 들 수 없다고 말했죠. 만년필이 2톤 트럭보다 더 무겁다고 말이에요. 정말로 만년필은 전혀 움직이지 않았고, 최면술사는 이렇게 말했어요. '어떤 식으로든 만년필을 들어올려 보세요. 하지만 그것을 움직일 수는 없을 겁니다.'

최면에 걸린 사람들은 만년필을 들려고 안간힘을 썼죠. 그 중에 가장 기억에 남는 사람은 보디빌딩을 한 사람이었어요. 얼굴이 빨갛게 달아오르면서 이마에는 땀까지 맺히고, 팔뚝의 근육은 팽팽해졌지만 결국 그는 만년필을 들지 못했죠. 원인은 그가 만년필을 들 힘이 없기 때문이 아니라 – 어린 아기라도 만년필을 들 힘은 있을 거예요 – 자신이 만년필을 들 수 있다고 믿지 않았기 때문이죠.

그러므로 어떤 능력이 있는가는 중요하지 않아요. 중요한 건 오직 자신의 능력을 믿는 것이죠. 이것이 바로 풍요로운 부의 첫 번째 비밀인 '잠재의식에서 우러나오는 신념의 힘'입니다."

모든 상황은 잠재의식에서 우러나오는 신념을 반영한 것

"잠재의식에서 우러나오는 신념이요? 신념이 부에 어떤 영향을 끼친다는 거죠?"

내가 그에게 물었다.

"가령, 건강한 근육질의 사내라도 만년필을 들 수 없다고 믿자 정말로 들 수 없었잖아요. 마찬가지로 부유해지는 것이 불가능하다고 믿는 사람은 돈 벌 기회가 있다는 생각조차 하지 않을 겁니다.

15년 전 나는 잘 나가고 있었죠. 대단치는 않았지만, 그럭저럭 편안하게 살았죠. 그러던 어느 날 감원 대상이 되면서 수입이 딱 끊겨 버렸어요. 생활을 하기 위해서는 돈이 필요했지만 어떻게 살아야 할지 대책이 막막했어요. 그러던 어느 날 밤, 잠이 오지 않아 강변을 거닐고 있었는데, 그 때 내 삶을 변화시킨 한 사람을 만나게 되었죠. 바로 그 중국 노인을 말이에요."

"무슨 일이 일어났나요?"

나는 노인에 관해 더 많이 알고 싶었다.

"그의 말 한 마디는 지금도 내 가슴속에 살아 있어요. '모든 역경은 그 역경에 걸맞거나 더 큰 번영의 씨앗을 간직하고 있다'는 말이었죠."

"제게도 그런 말을 했습니다."

"당시에는 그 뜻을 몰랐어요."

그가 털어놓았다.

"유일한 수입의 원천을 잃고 자포자기 상태에 빠져 있는데, 무슨 번영의 씨앗이 내포되어 있겠습니까? 그러나 되돌아보면 그 때 그 일이 내게 일어날 수 있는 최선의 사건이었죠. 왜냐하면 자포자기 상태에서 변화를 시도하는 길만이 유일한 탈출구이기 때문이죠. 그러지 않았다면 영원히 변화하지 못했을 거예요.

나는 늘 내 사업을 일으켜서 사장이 되고 싶었어요. 회사에서 해고된 것이 내게 그런 기회를 제공했죠. 풍요로운 부의 비밀을 배운 뒤 집에서 경영 컨설팅 사업을 시작했는데, 1년도 안 돼서 회사를 다닐 때보다 수입이 두 배나 늘었어요."

"정말입니까? 정말 풍요로운 부의 비밀을 이용해서 성공한 겁니까?"

내가 놀라서 물었다.

"물론이죠."

그가 단언했다.

"19세기 미국의 심리학자이자 철학자인 윌리엄 제임스는 '인간은 단지 마음 상태를 바꾸는 것만으로도 삶을 변화시킬 수 있다'는 사실이야말로 자기 세대에서 가장 위대한 발견이라고 했죠. 이 점은 확실해요. 삶 속에서 무엇을 원하든 – 이를테면 건강이나 행복을 원하든, 혹은 사랑의 관계를 원하든, 억만장자가 되기를 원하든 – 당신이 먼저 해야 할 일은 무엇이 가능하고 무엇이 가능하지 않은지에 대해 자신의 마음가짐과 신념을 점검하는 일이에요. 왜냐하면 어떤 일에 대한 가능성을 믿지 않는다면, 그 일을 해내기 어렵기 때문이죠."

자신이 번 돈은 정확히 자기가 믿는 자신의 가치이다

나는 노트와 볼펜을 꺼내 들고 물었다.

"필기를 해도 괜찮겠죠?"

"물론이오. 좋은 생각이군요."

그가 미소를 지으며 말을 이었다.

"아는지 모르겠지만, 의학계에서 이런 실험을 했어요. 같은 병을 앓고 있는 100명의 환자에게 설탕으로 만든 알약을 주면서, 병을 치료할 수 있는 특효약이라고 했어요. 그 결과 40%의 사람들이 완쾌되었죠. 그 알약이 자신들의 병을 치료할 수 있다고 믿었기 때문에 가능했던 거죠. 똑같은 상황에서 이번에는 환자에게 불치병에 걸렸다고 말했어요. 환자 대부분이 병세가 급격히 악화되었죠. 이 역시 스스로 불치병에 걸렸다고 믿었기 때문이에요.

스스로가 자신을 매력없다고 믿는데, 어떻게 매력적인 사랑의 관계를 이룰 수 있는 기회를 얻겠습니까? 아마도 사람들과 섞여 있을수록 불안감을 느껴 가능한 한 남들의 시선을 끌지 않으려고 파티장의 구석진 곳에 앉아 있을 겁니다. 설사 끌리는 사람이 있더라도 자신감이 없어서 접근조차 못할 거예요.

삶의 모든 영역에서 가장 중요한 것은 잠재의식에서 우러나오는 신념이에요. 그리고 돈과 부의 문제보다 더 중요한 것도 없을 거예요. 사실 당신이 번 돈의 액수는 정확히 당신이 믿는 당신의 가치라 할 수 있죠."

"잠깐만! 무슨 말씀이시죠?"

내가 말을 끊었다.

"현재의 월급에 만족합니까?"

"아뇨! 별로 만족스럽지 않습니다."

"그럼 왜 월급 인상을 요구하지 않나요?"

"올려 주지 않을 거라는 생각 때문이죠."

"당신이 요구하지 않으면 월급 인상은 더욱더 불가능해질 겁니다."

"그렇긴 합니다. 하지만 그들은 왜 제 월급을 올려 주지 않을까요?"

"당신의 가치가 현재의 월급보다 높다면 좀더 올려 줄 거예요. 그러나 정작 당신 스스로가 자신의 가치를 현재의 봉급 수준보다 높다고 믿지 않고 있어요. 지난주에 어떤 사람을 면접 보았는데, 그에게 기본 연봉으로 4만 파운드를 주려고 내심 결정했지요. 그의 경력과 능력을 판단해 볼 때 그 정도는 줘도 무리가 없다고 생각했기 때문이죠. 하지만 연봉을 어느 정도 원하냐고 물었을 때, 그는 고작 2만 파운드만 말했어요."

의식적인 믿음과 잠재의식에서 우러나오는 신념

나는 쉬지 않고 계속 필기를 했다. 그가 계속 말을 이어갔다.

"상황은 신념을 반영하는 거울이죠. 부유해질 수 있다고 믿지 않는 한, 부유해질 수 있는 기회는 영원히 오지 않을 겁니다. 상식적인 생각이지만, 실제로 부유한 사람과 가난한 사람의 가장 큰 차이는 은행 계좌나 소유 재산의 규모에 있지 않아요."

"그렇다면 그 차이는 뭐죠?"

"그들의 신념이죠! 부를 소유한 사람들은 모두 자기 자신과 돈에 대해 명확한 신념이 있어요."

"부를 소유한 사람들은 스스로 부를 창조할 수 있다고 믿는다는 말씀이시죠?"

"그래요. 하지만 더 깊은 의미가 있어요. 예를 들어 보죠. 당신이 의식적으로 부를 바라는 것은 분명한 사실이죠. 그렇지 않다면 여기서 그 문제를 토론할 필요가 없을 테니까요."

"당연하죠."

"그렇다면 내게 말해 봐요. 왜 부유한 사람이 되고 싶습니까? 풍요로운 부가 자신의 인생에 어떤 의미를 준다고 생각합니까?"

나는 잠깐 생각하다가 말했다.

"부를 소유하면 자유를 누릴 수 있어서 좋죠. 또 가고 싶은 곳은 어디든지 갈 수 있는 자유, 좋아하는 일을 할 수 있는 자유, 사고 싶은 물건을 마음대로 살 수 있는 자유 등등. 부를 통해서 능력을 갖춰 안전한 토대를 구축하고, 독자성을 수립할 수 있죠. 즉 나 자신의 일을 시작할 수 있다는 겁니다."

"네, 좋아요. 돈이 더 큰 자유, 능력, 안전성, 독자성을 준다고 당신은 의식적으로 믿습니까?"

"물론이죠. 대부분의 사람들도 분명히 그렇게 대답할 겁니다. 돈이 많으면 자신의 삶을 송두리째 바꿀 수 있다고 믿으니까요."

"잠깐, 그 말은 논의의 여지가 있어요. 지금 내가 권하고 싶은 것은 당신이 성장하면서 돈과 부에 관해서 배우거나 들었던 모든 것들에 대해 생각하라는 겁니다."

"무슨 뜻인지 잘 모르겠는데요."

"좋아요! 그럼 이렇게 물어 볼게요. 돈에 대해 평소 부모님은 어떻게 말씀하셨나요?"

"아버지는 늘 돈은 나무에서 나는 것이 아니라고 하셨죠."

"네, 좋아요! 또 없나요?"

"어머니는 평소에 돈이 전부는 아니라고 하셨죠. 돈으로는 행복이나 사랑을 살 수 없다는 충고도 해 주셨고요."

"아주 좋아요. 그리고 돈에 관한 종교적 신념은 없었나요?"

"무슨 뜻이죠? 돈이 모든 악의 근원이란 말입니까?"

"그것도 우리가 자주 듣는 말이죠. 하지만 나는 돈에 대한 지나친 애착이 모든 악의 근원이지, 돈 자체가 나쁜 것은 아니라고 생각해요."

한 방 맞은 듯한 기분이었다. 성장하면서 배운, 돈에 대한 생각이 모두 부정적일 줄이야! 나는 줄곧 이렇게 배워 왔다. 돈은 가질 것이 못 되고, 인생에서 소중하지 않은 것이고, 행복도 사랑도 가져다 줄 수 없는 것이라고. 그리하여 돈은 모든 악의 근원이기에 인간의 영혼이 천국으로 들어가지 못하도록 방해한다고 말이다.

"잠재의식에서 우러나오는 신념과 의식적인 믿음이 얼마나 모순되는지 이제 알겠어요? 한편으로는 돈이 자유, 안전, 능력, 독자성을 가져다 준다고 생각하지만, 다른 한편으로는 부를 축적하면 불행해지거나 사랑 받지 못하고 죄악으로 가득 차서 천국으로 들어가지 못한다는 생각도 하죠. 그렇기 때문에 잠재의식에서 우러나오는 신념이 부유해지는 것을 막고 있는 거죠."

"전 지금까지 그렇게 생각해 본 적이 없습니다."

"또 다른 신념을 가진 사람들도 있어요. 어떤 사람들은 자신은 엄청난 돈과는 어울리지 않는다고 믿죠. 또 어떤 사람들은 부는 잘못되거나 비도덕적인 거라고 믿어요. 남들은 돈이 없는데, 왜 나만 돈이 많아야 하나? 이런 생각의 문제점은 남을 도울 만한 여건이 못 되면 어느 누구도 도울 수 없다는 거지요.

잠재의식에서 우러나오는 신념은 아주 강합니다. 이 신념은 인생 전체에 영향을 주죠. 20세기 가장 위대한 기업가 중 한 사람인 클레멘트 스톤은 인생에 대해 이렇게 말했죠. 자, 이걸 보세요."

그가 나에게 글이 새겨진 액자를 보여 주었다.

마음이 품거나 믿는 것은 무엇이든 성취할 수 있다.

"말씀하신 내용을 이해는 하겠습니다. 하지만 잠재의식에서 우러나오는 신념을 바꾸는 일이 그리 쉽다고는 생각하지 않습니다."

"그 말이야말로 나약하고 부정적인 신념의 대표적 사례라 할 수 있죠. 잠재의식에서 우러나오는 신념을 바꾸는 일이 어렵다고 정말로 확신하나요?"

"글쎄요. 확신은 못 합니다만……."

"항상 클레멘트 스톤이 말한 '마음이 품거나 믿는 것은 무엇이든 성취할 수 있다'는 말을 명심하세요. 당신은 신념을 선택할 능력을 갖고 있어요."

신념을 변화시키는 자기 암시

"어떻게 하면 잠재의식에서 우러나오는 신념을 변화시킬 수 있습니까?"

"자기 암시!"

그가 짤막하게 말했다.

"그게 뭐죠?"

"자기 암시는 반복적으로 자신에게 암시하는 단순한 테크닉에 불과해요."

"자기 자신에게 암시하는 일이 어떻게 잠재의식에서 우러나오는 신념에 영향을 줄 수 있습니까?"

"어떤 진술이나 암시를 충분히 반복하기만 하면 결국 잠재의식으로 스며들죠. 이것은 제일 먼저 신념을 배우는 방법이기도 하죠. 신념의 내용을 반복해서 듣다 보면 마침내 잠재의식까지 침투되어 믿게 되죠."

내가 재빨리 요점을 기록하자, 그가 말을 이어갔다.

"당신이 할 일은 자기 암시를 통해서 돈과 부에 관한 긍정적인 연상이나 신념을 창조하는 거예요. 하지만 그에 앞서 반드시 낡고 부정적인 신념들을 바꿔야 하죠. 예컨대 당신의 아버지는 '돈은 나무에서 열리지 않는다'고 했는데, 이 말은 돈은 별로 중요한 것이 아니니, 많이 가질 필요가 없다는 뜻을 가지고 있지요. 따라서 그런 식으로 말하지 말고 이렇게 말해 보세요. '그렇습니다! 돈은 나무에서 열리지 않습니다. 하지만 나의 결심과 계획에 따라서 노력하면 가능합니다.'

또 '돈은 행복을 가져다 줄 수 없다'고 했는데, 이 말은 '돈은 행복을 가져다 줄 수는 없지만, 돈이 없다고 해서 행복한 것은 아니다'로 바꾸십시오. 또 '돈은 모든 악의 근원이다'라는 말은 '돈에 대한 애착은 모든 악의 근원이지만, 올바르게 사용하기만 하면 돈은 행복의 원천이다'라고 해 보세요.

그리고 나서 긍정적인 자기 암시를 첨가하세요. '부는 능력과 자유와 안전을 가져다 준다', '나는 풍요로운 부를 창조할 수 있다' 이런 식으로 암시하면 자신에 관한, 그리고 돈과 부에 관한, 잠재의식에서 우러나오는 신념을 변화시킬 수 있죠."

"자기 암시는 얼마나 자주 반복해야 합니까?"

"될수록 많이 반복하세요. 적어도 하루에 세 번 이상. 아침에 일어나

한 번, 낮에 한 번, 잠자리에 들기 전에 한 번."

나는 잊어버릴까 봐 재빨리 노트에 적었다.

"어떤 신념이든 성취할 수 있다고 믿으면 자주 실현되는 것을 느낄 거예요. 마치 이 시와 같죠."

그가 책상 위에 놓인 액자를 가리켰다.

당신이 무너진다고 생각하면, 당신은 무너진다.

당신이 용기가 없다고 생각하면, 당신은 용기가 없다.

당신이 이기고 싶은데 이길 수 없다고 생각하면,

당신은 이길 가망이 거의 없다.

당신이 실패할 거라고 생각하면,

당신은 이미 실패한 것이다.

성공은 동료의 의지와 더불어 시작하니,

그 동료는 바로 마음이다.

당신이 남보다 뛰어나다고 생각하면, 당신은 뛰어나다.

당신은 높은 도약을 생각해야 하며,

승리를 얻기 전에 먼저

스스로 승리를 확신해야 한다.

인생의 싸움에서 승리가 늘

더 강한 사람이나 더 빠른 사람에게 가는 것은 아니다.

하지만 조만간 승리하는 사람은
스스로 할 수 있다고 생각하는 사람이다.

"영감을 주는 시네요. 제가 좀 베껴도 괜찮겠습니까?"
"물론이오! 당신도 에머슨의 이 시를 좋아하리라 믿어요."
그가 얼굴에 미소를 지으며 카드 한 장을 건네주었다.
"이게 나의 첫 번째 자기 암시죠. 늘 몸에 지니고 다니면서 수시로 내
자신을 일깨우죠."
카드 뒷면에는 이런 글이 적혀 있었다.

"스스로 할 수 있다고 믿는 자는 승리한다!"

잠재의식에서 우러나오는 신념의 힘

1_ 사람들은 할 수 있는 것을 성취하는 게 아니라, 할 수 있다고 '믿는 것'을 성취한다.

2_ 삶 속의 모든 상황은 잠재의식에서 우러나오는 신념을 반영한 것이다.

3_ 자신이 번 돈은 정확히 자기가 믿는 자신의 가치이다.

4_ 자기 암시를 통해 잠재의식에서 우러나오는 신념을 얼마든지 변화시킬 수 있다.

5_ 마음이 품거나 믿는 것은 무엇이든 성취할 수 있다.

6_ 스스로 할 수 있다고 믿는 자는 승리한다.

스크루지를 바꾼 크리스마스 유령
─ 열렬한 욕망의 힘(커밍스)

이튿날 시내에서 북쪽으로 60킬로미터 떨어진 작은 마을에서 명단에 두 번째로 적혀 있는 루퍼트 커밍스를 만났다. 한 시간을 달린 끝에 거대한 전원 주택 입구에 도착했다. 조약돌이 깔린 보도를 걸으면서 나는 정원의 경치에 완전히 매혹되었다. 눈길이 닿는 데까지 500평방미터의 녹색 잔디가 부드럽게 깔려 있었다. 커다란 측백나무 주위로 수선화가 군데군데 피어 있었고, 정원 주변에는 보라색과 금색의 금잔화가 만발해 있었다.

집 앞의 보도는 원형이었고, 세 마리 돌고래를 조각한 분수대가 우아한 자태를 뽐내며 연못 중앙에 있었다. 건물 외벽은 등나무 줄기로 가득 찼다. 분홍색 꽃봉오리가 녹색 등줄기 사이를 물들이며 이른 봄을 알리고 있었다. 길이 끝나는 곳에서 작업복을 입고 커다란 오스트레일리아 풍의 모자를 쓴 채 선글라스를 낀 남자가 손수레를 밀고 다가왔다. 그는 큰 키에 풍성한 은회색 수염을 기르고 있었는데, 그 수염이 창백한 안색을 가리고 있었다. 나에게 다가와서 선글라스를 벗었을 때, 그의 맑고 파란 눈이 드러났다.

"무슨 일로 오셨소?"

"커밍스 선생님을 만나러 왔는데요. 약속을 했습니다."

그러자 그가 손을 내밀었다.

"내가 커밍스요! 반갑소."

"안녕하세요. 만나서 반갑습니다."

나는 더듬거리며 그의 손을 잡았다.

"오늘 날씨가 좋은데, 밖에 앉을까?"

"좋습니다!"

그는 나를 데리고 건물 뒤편의 정원으로 갔다. 내 앞에 또 다른 아름다움이 펼쳐졌다. 건물 앞에 있는 정원이 아름답다고 한다면, 건물 뒤편의 정원은 소박하면서도 우아함이 배어나왔다. 자갈을 깐 길이 잔디밭 중앙을 가로지르고, 잔디 주변은 갖가지 밝은 색깔의 화단으로 둘러싸여 있었다.

우리는 큰 테라스 위에 설치된 하얀색 철제 테이블에 앉았는데, 거기서는 정원이 한눈에 내려다보였다. 몇 분 후 집사가 음료수를 들고 다가왔다.

"차 들겠나?"

"네, 감사합니다."

그가 차를 따르고 있을 때, 나는 중국 노인과의 만남을 간단히 얘기했다.

"풍요로운 부의 비밀? 물론 알고 있지! 내가 지금 누리고 있는 풍요로움이 모두 그 비밀을 통해 얻은 거야."

"그 중에서 어떤 비밀이 가장 특별했나요?"

"똑같이 다 중요하지. 모든 비밀이 오늘의 나를 있게 했지만, 그래도 내게 가장 필요했던 것은 바로 '열렬한 욕망의 힘'이었다네."

"욕망이요? 하지만 누구나 부유해지고 싶은 욕망은 있지 않습니까?"

"다들 그렇게 생각할 거요. 하지만 실제로 부유해지고 싶은 욕망을 가진 사람은 거의 없어요. 더구나 열렬한 욕망은 더 말할 나위도 없지."

성취하려면 강렬한 욕망을 가져라

도대체 그가 무슨 말을 하는지 몰라 어리둥절해했다.

"그래요? 잘 모르겠는데요. 왜 부유해지길 원하지 않는다고 생각하시는 겁니까?"

"그럼 처음부터 말하지. 인간은 고통이나 즐거움, 둘 중 하나에 의해서만 동기를 부여받네. 즐거움을 주는 거라고 생각하면 얻기를 원하고, 고통을 초래한다고 생각하면 피하려고 하지. 이 점에 대해선 동의하겠나?"

"제 생각에도 그렇습니다. 하지만 부가 즐거움을 가져다 주지 않나요?"

"그래, 그럴 수 있지. 하지만 돈이나 부가 고통을 초래한다고 생각하는 사람도 많아. 잠재의식에서 우러나오는 신념의 힘에 대해서는 이미 배웠겠지?"

그의 질문에 고개를 끄덕였다.

"마찬가지로 어떤 사람들은 돈이 고통을 가져다 준다고 믿기도 해. 예컨대 돈 때문에 친구가 자신을 배반한다고 생각하거나 부에 대한 책임감을 걱정하기도 하지. 때로는 세금 문제로 고민하기도 하고, 남들이 돈을 요구할까 봐 걱정하기도 한다고.

더 명확히 말해서, 이런 걱정이 있는 사람은 풍요로운 부에 대한 욕망은 말할 것도 없고 단순한 부에 대한 욕망도 가지고 있지 않아. 따라서 그들은 부를 누리면서 사는 것이 아니지.

여기서 한 가지 결론을 얻을 수 있지. 만약 풍요로운 부를 바란다면, 그 부를 소유함으로써 부가 없는 삶보다 더 많은 즐거움을 누려야 해. 그러려면 단순한 부를 원하는 것이 아닌 그 이상의 열렬한 욕망을 가져야 하지. 부에 대한 엄청난 욕망을 가진 나머지 필요하다면 어떤 희생도 기꺼이 치러야 하지. 물론 건강이나 인간관계, 성실성까지 희생하라는 것은 아니야. 자기 길을 가로막는 어떤 장애도 극복해야 한다는 말이네.

담배를 끊으려는 골초, 술을 끊으려는 알코올 중독자, 몸무게를 줄이려고 다이어트 하는 사람들이 결코 성공하지 못하는 것도 바로 이 때문이지. 즉 기꺼이 바꾸겠다는 강렬한 욕망이 없는 거야. 인생을 살면서 뭔가를 성취하고 싶다면, 반드시 열렬한 욕망을 가지고 있어야 해.

내가 15년 전 중국 노인을 만났을 때의 일이야. 하던 사업이 부도가 나서 모든 걸 잃을 처지에 놓여 있었지. 그 전엔 도시 외곽의 고속도로변에 주유소를 차렸었는데, 아주 잘 되었어. 그래서 주유소 옆에다 식당까지 하나 더 차릴 수 있었지. 그 때는 하는 일마다 순조로웠을 뿐만 아니라 일도 매우 즐거웠어. 더 큰 고속도로가 동쪽으로 3km 떨어진 곳에 들어서기 전까지는……

하루가 다르게 기름 넣으려는 차가 줄어들었어. 6개월이 지나자 더 이상 희망이 보이지 않았지. 도대체 경비라도 지불할 수 있는 수입이 들어와야 말이지! 빌린 돈 갚는 일은 생각도 할 수 없었어. 전 재산을 이 사업에 털어 넣었지만, 끝내 무일푼이 되고 만 거야. 그 때 내 나이 60을 넘어서고 있었지."

더 큰 일이 당신을 기다리고 있다

"그럼 예순이 넘은 나이에 다시 시작하셨단 말씀입니까?"

"그렇다네."

그가 머리를 끄덕였다.

"대다수의 사람들은 그 나이에 퇴직 준비를 하는데, 도대체 어떻게 하신 거죠?"

"당시엔 정말 대책이 없었어. 하지만 뭔가 해야 한다고는 생각했지. 어느 날 우리집 식당 테이블에 앉아 있는데, 왜소한 중국 노인이 들어왔어.

그는 내가 앉은 테이블의 맞은편에 앉은 뒤 나에게 인사를 했지. 아주 온화한 얼굴로 말이야. 우리는 금방 친해졌지. 그는 특별 메뉴 - 특별하게 튀긴 양념 포테이토 칩 - 를 시킨 뒤 아주 맛있다고 칭찬을 해 주었다네.

사실 우리 식당에서 그 음식을 먹어 본 사람은 누구나 좋아했어. 식사를 마치고 나서 그는 왜 이렇게 식당이 텅 비었냐고 묻더군.

새로 생긴 고속도로에 대해 얘기했지. 그가 앞으로 어떻게 할 생각이냐고 묻길래 아무런 대책이 없었던지라 모른다고 대답했어.

20년 동안 공들인 주유소와 식당이 새 고속도로가 들어서면서 순식간에 망해 버렸으니 말이야.

차가 더 이상 지나다니지 않는 마당에 도대체 무얼 할 수 있었겠나?

그 중국 노인은 한동안 나를 응시하더니 한 마디 던졌어.

'우리 나라에서는 어떤 역경이든 그 속엔 그것에 걸맞은, 아니 더 큰 번영의 씨앗이 들어 있다고 믿습니다.'

그래서 내가 말했지.

'농담하지 마세요. 20년간 공들인 사업이 한순간에 날아가 버렸는데, 무슨 번영이 있을 수 있단 말입니까?'

그러자 노인이 다시 말했지.

'왜냐하면 더 큰 일이 당신을 기다리고 있기 때문입니다. 어느 한쪽 문이 닫히면 다른 문을 열어야 합니다. 그러면 원하는 것은 무엇이든 지 가질 수 있어요. 강렬하게 원하고 어떠한 대가도 치를 준비가 되어 있다면 말입니다.'

난 그 말을 듣고 창 밖을 바라보면서 사색에 잠겼어. 이제부터는 어떻게 해야 하지? 이런 상황에서 어떻게 국면을 전환시킬 수 있을까? 잠시 생각에 빠졌다가 노인에게 고개를 돌렸는데, 그는 이미 가고 없었네.

그는 떠나면서 음식값과 종이 쪽지를 테이블 위에 남겨 두었는데, 그 종이에는 10명의 이름과 전화 번호가 적혀 있었지. 그리고 마지막 줄에는 '식사 잘 했소. 특별하게 튀긴 포테이토 칩이 아주 맛있었소'라는 내용도 있었네."

단순한 부가 아닌 엄청난 부에 대한 열망

그는 차 한 모금을 마시고는 이야기를 계속했다.

"난 명단에 적힌 사람들에게 전화를 걸어서 노인에 대해 더 알아 보려고 했지만 알 수 없었지. 그 대신 풍요로운 부의 비밀에 대해 배웠지.

이미 말했듯이 자포자기 상황이었기 때문에 무엇이라도 할 각오가
되어 있었어."

"비밀이 도움이 되었나요?"

"주변을 한 번 둘러보게! 풍요로운 부의 비밀이 없었다면, 아마 난
지금쯤 죽었거나 생활보호 대상자가 되었을 거야."

그가 미소를 지으며 말했다.

"정말입니까?"

"물론이지!"

"열렬한 욕망이 정확히 어떻게 도움을 주었습니까?"

"성공하겠다는 결심을 하도록 만들었네. 불타는 욕망을 갖지 않는 한
삶 속에서 어떤 가치 있는 것도 성취할 수 없어. 왜냐하면 성취는 노력과
결심 그리고 인정이 필요하기 때문이지.

예전엔 늘 편안한 생활만 바랐지만, 사업이 부도난 후에는 단순한 부
가 아니라 엄청난 부를 소유하겠다는 강렬한 열망을 가지게 되었네.

나 자신에게만이 아니라 다른 이들에게도 할 수 있다는 것을 증명
하고 싶었지. 너무 늙어서 새로운 시작은 불가능하다는 사람도 있었
고, 심지어는 어리석은 시도라며 눈앞의 일에나 최선을 다하라는 사람
도 있었지. 하지만 난 내가 갖고 있는 것에 최선을 다해서 부를 창조하
겠다고 결심했다네."

"그 당시 당신이 갖고 있는 것이 무엇이었죠?"

내가 호기심에 가득 찬 얼굴로 물었다.

"특별하게 튀긴 양념 포테이토 칩 요리법!"

"농담하세요? 그 요리에 무슨 특별한 점이 있을지……."

미소를 지으며 내가 물었다.

"난 다른 식당과 카페에서도 이 메뉴가 필요할 거라고 생각했지. 포테이토 칩은 아주 대중적인 음식이지만 우리 식당에서 먹어 본 사람은 누구나 칭찬을 했으니까.

그래서 난 전국 각지를 돌아다니면서 요리법을 팔기 시작했어.

먼저 그 요리법을 식당에 무상으로 제공한 뒤 포테이토 칩에 대한 수요가 높아진 다음에 이익의 일부를 받기로 했어. 처음에는 대부분의 식당 매니저들이 날 비웃었지. '당신의 요리법이 왜 필요하죠? 우리도 할 수 있는데!' 하지만 내 요리법은 아주 독특하다고 설득했지.

대부분은 맛도 보려고 하지 않았지만, 난 희망을 버리지 않았네.

그건 성공에 대한 열렬한 욕망 때문이었지.

1,000개 이상의 식당을 찾아다니고 나서야 내 요리법을 받아들이는 사람이 나왔네.

그리고 3년 뒤에는 다섯 곳과 계약을 체결하게 되면서 사업이 번창하기 시작했지. 다시 4년이 지나자 천만장자 사업가가 되었어. 70세가 다 되었지만 결국 난 해냈지. 중국 노인의 말이 옳았던 거야. 주유소를 잃고 난 뒤 최고의 사업에 성공했으니까!"

커밍스를 따라 나도 싱긋 웃었다.

스크루지를 바꾼 크리스마스 유령

"찰스 디킨스가 쓴 『크리스마스 캐럴』이란 책을 읽어 보았나?"

커밍스가 물었다.

"네, 읽어 봤습니다."

"무엇이 스크루지를 바꿔 놓았지?"

"과거, 현재, 미래의 크리스마스 유령들이죠."

"맞아. 하지만 어떻게 그를 바꿔 놓을 수 있었을까?"

"음, 바뀌지 않았을 때의 상황을 상세하게 보여 주었기 때문이죠."

"그래, 맞아! 과거의 크리스마스 유령은 인색함과 옹졸함으로 인해 고통스러워하는 모습을 보여 주었지. 현재의 크리스마스 유령은 현재 받고 있는 고통을, 또 미래의 크리스마스 유령은 변화 없이는 앞으로 어떤 고통을 받게 될지 낱낱이 보여 주었네. 스크루지는 깨어난 뒤 자신이 아직 살아 있다는 걸 깨닫고는, 결국 자신의 삶의 방식을 바꾸기로 결심했다네.

우리 역시 자신의 삶을 바꾸기 위해 세 유령이 스크루지에게 사용했던 원리를 이용할 수 있지.

재정적인 상태를 바꾸고 싶든, 사업이나 인간관계를 바꾸고 싶든 모두 가능해. 필요한 것은 변화하고자 하는 욕망이지. 변화하지 않을 때 받게 되는 고통과 변화한 뒤에 얻는 즐거움을 확실히 알아야 해.

이것이야말로 바람직하게 변하는 데 가장 강력한 동기를 낳는 유일한 길이지.

그리고 열렬한 욕망을 창조할 수 있는 유일한 방법은 크리스마스 유령이 했던 것과 비슷한 방법을 쓰면 되지. 4가지 단계가 있어.

첫 번째 단계는 과거의 모든 고통을 상기하는 것인데, 이는 변화하고 싶은 현재의 상황에서 나온 거야. 가령 더 많은 돈을 벌고 싶다면, 지난날 좋아하는 물건을 사고 싶었지만 살 수 없었던 상황을 떠올리는 거야."

이 때 문득 뇌리를 스치는 것이 있었다. 어릴 때 나는 친구들과는 달리 늘 유행에 뒤처진 낡은 옷을 입고 다녔다. 또 대학 생활 내내 돈이 없어서 친구들과 잘 어울려 놀 수도 없었다.

당시 빨간 머리의 여학생을 좋아했지만, 차가 없었기 때문에 한 번도 데이트 신청을 하지 못했다. 하지만 가장 고통스러웠던 기억은 바로 어머니였다.

어머니가 치통으로 고생할 때 치료비가 없어서 전혀 도움이 되지 못했던 그 때가 아직도 가슴속 깊이 새겨져 있다. 기억 속에 남아 있는 많은 고통이 결국은 돈 때문이었다.

그의 다음 말이 추억을 더듬고 있던 나를 깨웠다.

"두 번째 단계는 상황을 바꾸고 싶기 때문에 야기된 현재의 고통에 대해 심사숙고하는 것이야. 난 당시 모든 것을 잃었기 때문에 너무나 고통스러웠었지……."

나 또한 돈 때문에 일어난 현재의 고통을 너무나 잘 알고 있었다. 그로 인해 수많은 밤을 뜬눈으로 지새웠기 때문이다. 하지만 결코 고통과 번뇌를 내 삶을 개선시키는 방향으로 생각해 보지는 않았었다.

"세 번째 단계는 변화하지 않았을 때 앞으로 겪게 될 고통을 상상하는 거야.

예를 들면 아이들의 생일에 원하는 선물을 사줄 수 없는 고통, 돈이 없어서 아이들을 대학에 보낼 수 없는 고통, 가난으로 인해 가족들을 보살필 수 없는 고통, 가족과 친구들이 도움을 요청할 때 도울 수 없는 고통, 친구들을 초청할 수 있을 만큼 큰 집이 없는 고통 등이 있을 수 있지."

불타는 욕망을 시각화하라

나는 내 아내와 아이들에 대해서 떠올리려고 했지만, 아무것도 해 주지 못한 것이 마음에 걸려 생각조차 하기 싫었다. 나는 심호흡을 했다. 과거도 현재도 미래도 고통밖에 없을 것 같았다.

"오히려 그런 생각 때문에 좌절하지 않겠습니까? 왜 삶의 고통에만 집중해야 하는 건가요?"

느닷없이 내가 물었다.

"확실히 소극적인 방법이지. 하지만 삶을 변화시키는 열렬한 욕망을 창조할 수 있다면 나름대로 가치가 있지 않겠나?"

"그렇긴 하지만……."

"빚을 갚으려고 아등바등하던 경험, 긴급한 상황에서 돈이 없어 쩔쩔매던 경험, 가족과 친구들을 위해서 아무것도 사줄 수 없었던 경험, 이런 초조함과 고통은 자신의 삶을 바꾸는 데 필요한 추진력을 제공할 수 있지.

명심하게. 삶을 바꾸고 싶다면, 반드시 바꾸고자 하는 열렬한 욕망을 창조해야 해. 앞서 말한 세 가지 단계는 단지 서론에 불과하다고. 피하고 싶은 고통에 대한 거니까. 네 번째 마지막 단계야말로 본론이라 할 수 있지. 바로 풍요로운 부를 소유함으로써 누릴 수 있는 온갖 즐거움을 상상하라는 거야. 늘 꿈꾸던 것들을 살 수 있는 즐거움, 예를 들어 커다란 집일 수도 있고, 새 차나 휴가일 수도 있지. 사랑하는 사람들을 도울 수 있는 기쁨, 특별한 자선을 베풀 때의 만족감…….

여기서 내가 '상상하라'고 할 때는 그런 일을 진짜 시각화해서 마음속에 일어나도록 해야 한다는 뜻이야. 이렇게 상상 속에서 하나씩 체험하다 보면, 자신의 요구와 욕망을 만족시키는 자원을 쌓아 두게 되지. 그리고 멀지 않은 미래에 그것을 실현시키는 거야!"

그가 다시 말을 이었다.

"이런 식으로, 열렬한 욕망을 풍요로운 부로 발전시킬 수 있어. 그리고 목적을 향한 열렬한 욕망을 갖자마자, 삶은 이내 목적을 성취할 수 있도록 길을 보여 줄 거야."

"선생님은 정말로 그렇게 믿습니까? 확고한 욕망만 갖는다면 삶이 그 욕망을 성취하도록 길을 보여 준다고 말입니다."

"물론! '욕망'이라는 단어의 어원이 뭔지 아는가?"

나는 머리를 저었다.

"아버지에게서 온de=of, sire=father 즉 '선천적인'이라는 뜻이야. 다시 말해서 마음이 원하는 것은 무엇이든 선택할 능력이 주어졌으며, 그 선택으로 욕망을 채우는 능력도 주어진다는 뜻이지. 바꿔 말해서 욕망을 창조하는 능력이 주어지지 않고서는 욕망을 갖지 못할 거라는 말이야."

"음, 알겠습니다. 어떤 것을 죽도록 갈망한다면, 얻을 능력도 갖는다는 말씀이죠?"

"바로 그렇다네. 내가 바로 산 증인 아닌가. 나처럼 60이 넘은 사람도 할 수 있는데, 자네라고 할 수 없겠나?"

열렬한 욕망의 힘

1_ 당신이 풍요로운 부를 누리지 못했다면, 아직도 풍요로운 부를 향한 열렬한 욕망이 없기 때문이다.

2_ 성취하고자 하는 열렬한 욕망이 없다면 어떤 가치 있는 것도 성취할 수 없다.

3_ 무슨 일이든 기꺼이 할 수 있고 필요하다면 어떤 희생이든(자존심, 건강, 인간관계는 제외) 치를 각오가 되어 있을 때만 열렬한 욕망을 가져라.

4_ 찰스 디킨스의 소설 『크리스마스 캐럴』에 나오는 세 유령의 접근법을 통해 불타는 욕망을 창조할 수 있다.

- 돈이 없어서 겪어야 했던 과거의 경험을 기억한다.
- 돈이 없기 때문에 겪고 있는 현재의 모든 고통을 생각한다.
- 현재의 경제적 상황을 바꾸지 않을 때 앞으로 겪게 될 온갖 고통을 생각한다.
- 풍요로운 부를 소유했을 때 누리게 될 온갖 즐거움을 상상한다.

무엇을 원하고 왜 원하는지 명확히 알라
— 명확한 목표의 힘(채프먼)

그 다음 주에는 시내 중심가에서 세 번째 사람인 마이클 채프먼을 만났다. 그는 국제 통신 회사의 책임자였다. 흰색 면 셔츠에다 수수한 회색 넥타이를 매었으며, 단추가 두 줄로 된 상의와 짙은 회색 바지를 입고 있었다. 깔끔한 갈색 머리와 커다랗고 짙은 갈색 눈, 크고 마른 몸…… 외형은 상당히 젊어 보였지만 40대 중반처럼 느껴졌다.

채프먼에게 노인을 만났던 이야기와 앞의 두 사람과의 만남도 이야기했다. 그는 의자에 앉아 두 손을 마주잡고 깊은 사색에 빠진 듯했다.

"무엇을 성취하고 싶은지 먼저 말해 줘요."

채프먼이 나에게 물었다.

"죄송합니다만, 무슨 뜻인지…….."

"삶에서 얻고 싶은 것이 무엇인가요?"

그가 다시 한 번 물었다.

"음…… 제가 원하는 것은…… 부, 행복…… 물론 풍요로움이죠. 누구나 그런 것을 바라지 않나요?"

"그렇지요. 바로 그것이 극소수의 사람들만이 부와 행복, 풍요로움을 누리는 이유겠죠."

"도대체 무슨 말씀입니까?"

"삶에서 무엇을 찾아야 할지 모른다면, 어떻게 찾을 수 있겠어요?"

"하지만 방금 원하는 것을 말하지 않았습니까? 부와 행복, 풍요라고요."

내가 이의를 제기했다.

"하지만 그런 말은 모호하고 뚜렷하지 않으며 특별한 뜻도 없어요. 도대체 뭘 의미하는 거죠?"

"미안하지만 무슨 말씀인지 모르겠습니다."

내가 다급히 말했다.

"좋아요! 그럼 풍요라는 말을 예로 들어 보죠. 풍요를 얻기 위해 당신은 여기에 왔어요. 그럼 풍요를 누리기 위해서는 무엇을 갖고 싶나요? 얼마나 돈을 벌어야 풍요를 느끼겠습니까?"

"아! 알겠습니다. 적어도 지금 받고 있는 월급의 2배 정도는 받아야 풍요를 느낄 수 있을 것 같습니다."

내가 자신 있게 말했다.

"좋아요! 이제부터 시작이에요. 그 다음은?"

"저당 잡히지 않은 내 집을 갖고 싶고, 차도 한 대……."

"어떤 집, 어떤 차를 말하죠?"

"모르겠습니다. 그건 별로 중요하지 않습니다."

"그래요? 그럼 도시의 슬럼 가에 있는 방 한 칸짜리 집도 괜찮다는 말인가요?"

"물론 그건 아닙니다."

"그럼 어떤 집을 갖고 싶습니까?"

"시내 북쪽에 있는, 방 5개 정도 딸린 집이면 좋겠습니다."

"점점 분명해지는군요. 그럼 현재보다 월급을 2배로 받으면 그런 집을 살 수 있나요?"

"아뇨! 지금보다 10배는 받아야 살 수 있습니다."

"그렇다면 왜 월급을 2배로 받으면 풍요를 느낄 수 있다고 했죠?"

"사실…… 그 문제에 대해 진지하게 생각해 본 적이 없거든요."

"이제 모순을 알겠나요?"

그가 계속 말을 이었다.

"부유해지길 바라는 사람은 많지만, 진정 무엇을 원하고 왜 필요한지를 생각하는 사람은 거의 없어요. 풍요로운 부를 창조하고 싶다면, 반드시 이런 것들을 명확하게 생각해야 해요. 무엇을 원하는지 아주 세세한 것까지 정확히 찾아내는 것이 절대적으로 필요하죠.

예컨대 새 차를 원한다는 당신의 말은 좋은 표현이 아니에요. 반드시 어떤 브랜드, 어떤 모델, 어떤 색상의 차라는 걸 확실히 해야 할 필요가 있죠. 그래야만 특정 대상에 마음을 집중할 수 있으니까요.

확고한 목적도 물론 중요하지만, 그 목적을 성취하면 어떤 이로움이 있는지도 알 필요가 있어요."

무엇을 원하고 왜 원하는지 명확히 알라

채프먼이 잠시 쉬었다가 말했다.

"젊은 시절 난 기성 체제를 타파할 수 있다고 생각했지요. 때문에 졸업장은 나에게 아무 소용이 없었어요. 당연히 공부에도 흥미가 없어지고, 그저 생활의 즐거움만 추구했지요. 하지만 얼마 안 가서 졸업장이 없으면 버젓한 일자리 하나 구하지 못한다는 걸 알게 되었죠.

돌이켜 보면 정말 황당했어요. 한때 난 이것을 학교 교육 탓이라고 여겼죠. 졸업 자격을 얻는 것이 얼마나 중요한지 학교에서 가르쳐 주지 않았다고 생각한 겁니다. 하지만 실제로는 가르쳐 주었어도 내가 듣지 않았던 거죠.

난 무엇을 해야 할지 몰랐어요. 그래서 실의에 빠진 채 고민에 빠졌죠. 남들은 새 차와 큰 집을 갖고 비싼 옷에 휴가까지 가는데, 난 왜 아무것도 없을까? 그저 이런 생각만 계속했어요.

남들이 '부'를 누리는 이유는 그만치 시간을 들이고 노력했기 때문인데, 오히려 난 청춘을 낭비하기만 했죠. 그리고 모든 사람 ─ 부모님, 선생님, 심지어 정부 관료들까지 ─ 을 탓했죠. 하지만 비난받아야 할 사람은 오직 나 자신뿐이었어요.

얼마 뒤, 고모에게서 약간의 유산을 받았어요. 그러자마자 난 휴가를 보내기 위해 여행사로 곧장 달려갔지요. 한 2주 정도 모든 일에서 탈출하고 싶었죠. 공원에 앉아서 관광 팜플렛을 보며 여행갈 곳과 날짜를 잡기 위해 살펴보고 있었어요.

그 때 중국 노인이 내 옆에 앉았어요. 노인은 어디로 휴가를 떠날 거냐고 묻더군요. 아직 확실하게 정한 곳은 없다고 말했죠. 그냥 몇 주 정도 떠나 있고 싶다는 생각만 했기 때문이었죠. 노인은 내게 왜 떠나고 싶은지 물었어요. 내가 일자리도 없고, 전망도 없고, 미래도 없기 때문이라고 하자, 노인은 돌아앉아서 내 눈을 똑바로 쳐다보더니 '그렇다면 미래를 창조해야 합니다'라고 말했어요."

"그럼 선생님은 자신의 미래를 어떻게 창조할 수 있었습니까?"

내가 그의 말에 끼어들었다.

"나도 노인에게 그렇게 물었죠. 그러자 노인은 단지 '풍요로운 부의 비밀을 통해서'라고만 말했어요. 그러고 나서 내게 명단을 주면서 그 사람들이 설명해 줄 거라고 했죠.

명단에 적힌 사람들을 쭉 만나면서 그 동안 몰랐던 나의 큰 문제점을 발견했지요. 난 목표도 없고 어디로 가야 할지 방향도 못 잡고 있었죠. 결과적으로 삶의 목적이 없었던 거예요.

그제야 '원하는 것은 무엇이든 다 가질 수 있지만, 먼저 무엇을 원하고 왜 원하는지를 정확히 알아야 한다'는 것을 배웠지요. 이것이 바로 '명확한 목표의 힘'이죠."

목표를 적어 놓고 규칙적으로 점검하라

"부를 창조하기 위해선 목표가 명확해야 한다는 말씀이시죠?"

"그래요. 목표가 첫 번째입니다! 반드시 특정한 목표가 있어야 하죠. 단순히 부유해지고 싶다는 생각만으로는 불충분해요. 미래를 구축하기 위해서는 무엇을 갖고 싶고 언제 갖고 싶은지 초점을 맞추는 작업이 필요하죠."

"어떻게 그런 것이 부를 얻는 데 도움을 주죠?"

"예를 들죠. 여행을 떠났는데 목적지가 없다면 당신은 결국 어디로 갈까요?"

그가 반문했다.

"그거야 자기 생각 나름이죠."

내가 웃으며 말했다.

"그래요. 아무도 알지 못해요. 어느 순간 어떻게 느끼느냐에 따라 언제 어디로든 갈 수 있죠. 하지만 출발 전에 목적지를 정해 놓았다면 어디로 갈 가능성이 가장 높을까요?"

"음…… 그거야 목적지겠죠."

"맞아요. 삶은 마치 여행과 같죠. 가고자 하는 곳을 안다면 그 곳에 도착할 가능성이 높은 겁니다."

그의 말을 좀더 유심히 들으며 적었다. 여태껏 명확한 목표를 가진 적은 없었다. 하지만 지금은 목표의 가치를 알 수 있었다.

"목표를 갖는 것은 보다 명확한 미래의 목표를 위한 과정의 일부일 뿐이죠. 다시 여행을 예로 들어 보죠. 가고 싶던 곳이 여러 군데 있었어요. 여행하다가 이곳이 가고 싶어했던 곳인지 아닌지 어떻게 알 수 있나요?"

"적어 놓습니다."

"좋아요! 올바른 방향으로 가고 있는지 점검할 수 있도록 목표를 적어 놓고 규칙적으로 참조하는 일은 아주 효율적이죠.

그것은 마치 슈퍼마켓에 가는 것과 같아요. 당신이 쇼핑할 목록을 작성하지 않았다고 합시다. 그러면 출발할 때는 뭘 사야 할지 알고 있지만, 매장을 한 바퀴 도는 사이 광고나 선전에 눈이 팔려 꼭 사야 할 것을 놓치는 경우가 있지요. 하지만 목록을 작성하면 그런 일은 일어나지 않아요. 왜냐하면 매장을 지날 때 수시로 목록을 들여다보면서 무엇을 사야 할지 확인하기 때문이죠."

"듣기에는 아주 쉬운데요?"

"그래요."

그도 미소를 지었다.

"결국 목표를 적어 놓는 것이 아주 효율적이란 말씀이죠?"

"그렇죠. 그리고는 매일 점검하세요. 마음에 새기기 위해서는 적어도 하루에 3번은 점검해야 하죠. 이런 식으로 늘 당신의 목표를 염두에 두면 당신이 하는 대부분의 일이 목표와 맞물려 돌아갈 수 있어요.

어떤 선택을 하든 목표에 의해서 결정되는 거죠. 예컨대 주말까지 어떤 프로젝트를 끝내겠다는 목표를 세운다면, 대부분의 시간을 TV도 보지 않고 프로젝트를 완성하는 데 쏟을 겁니다."

긍정적인 현재 시제로 목표를 표현하라

잠시 후 그가 말했다.

"가장 효율적으로 목표를 세우려면 잠재의식을 발동시키는 것이 좋아요."

"그게 무슨 말씀이죠?"

"보통 목표를 어떻게 설정하나요? 사람들은 새해의 결심을 어떻게 표현합니까? '나는…… 희망한다', '나는…… 할 것이다', '나는…… 하겠다'는 식으로 표현하죠. 하지만 이런 말은 별 소용이 없어요. 대다수의 새해 소망이 무용지물이 되는 것도 바로 이 때문이죠."

"어디에 잘못이 있는 거죠?"

"어떤 사람이 금연할 예정이라고 한다면 과연 성공할 수 있을까요?"

내가 어깨를 으쓱했다.

"장담하건대 성공하지 못해요. 정말로 담배를 끊겠다면 '난 담배 끊었어!'라고 말할 것이기 때문이죠. 한 최면술사가 최면에 걸린 사람을 중간에 받치는 것 없이 머리와 발만을 양쪽 의자에 걸친 이야기를 들은 적 있죠?"

"네, 들었습니다."

"한번 생각해 보세요. 최면술사가 '당신은 나무 판자처럼 반듯해질 것이다. 우리는 당신이 강철처럼 단단해지도록 만들 것이다'라고 말했다면, 아마도 그 남자는 화들짝 깨어나서 자리로 되돌아갔을 거예요. 최면술사는 '당신은 나무 판자처럼 반듯하다. 강철처럼 단단하다'라고 말해야 하죠. '마땅히…… 해야 한다', '아마도', '시도한다', '희망한다' 등의 단어보다는 현재 시제時制로 적극적인 표현을 써야 해요.

목표를 표현할 때도 마찬가지죠. '나는…… 하고 싶다', '나는…… 하겠다', '금년 12월 31일까지 10만 달러를 벌고 싶다'는 식으로 하지 말고, '나는 지금부터 금년 12월 31일까지 10만 달러를 벌고 있다'는 식으로 표현하세요. 목표를 적을 때는 항상 명심하세요. 현재 시제로 긍정적인 다짐을 해야 한다는 것을…….

이런 식으로 목표를 적으면 절반은 성공한 것이나 다름없어요. 정말이지 아주 신기한 느낌이 들 거예요. 현재 시제의 긍정적인 진술로 목표를 적으면 실제로 삶 속에서 그 일이 일어나는 거죠. 그냥 종이에다 목표를 적어서 매일 3번씩 ─ 아침, 점심, 저녁 ─ 읽는다면, 이미 목표를 향해 나아가고 있는 거죠."

채프먼이 차근차근 설명해 주었다.

이미 목표가 이루어졌다고 상상하라

"정말입니까?"

나는 그가 말하는 것을 확신할 수 없다는 듯 물었다.

"난 다만 시도해 보라고 말할 수밖에 없어요. 목표를 적는 것은 목표를 이루기 위한 가장 강력한 힘이죠. 일단 적어 놓으면, 스스로 목표가 성취되는 걸 볼 수 있지요."

"무슨 뜻이죠?"

"이것을 '창조적인 시각화'라고 하죠. 이 과정은 목표가 어떤 것이든 이미 얻었다고 상상하는 것이죠. 예컨대 어떤 집에서 사는 것이 목표라고 하면, 스스로 그 집에 살고 있다고 상상하는 거예요. 또 특정한 직업을 얻는 것이 목표라면 스스로 그 일을 한다고 상상하는 거죠."

"하지만 그건 희망 사항에 불과하지 않습니까?"

"지혜로운 노인이 내게 이렇게 말했죠. '간절히 바란다면, 그것은 더 이상 꿈이 아니다.' 이미 목표를 이루었다고 상상할 때, 그 목표는 더 현실적으로, 더 가능성 있게 변하죠. 이것은 모든 유명한 운동 선수들이 사용한 테크닉이죠. 왜냐하면 자신감을 증대시키고, 목표를 성취할 수 있다는 확신을 심어 주기 때문이죠."

"네! 이제 알겠습니다. 목표와 하나가 된다는 말씀이군요. 목표를 적어 놓고 그 성취를 시각화하는 것이 말입니다."

"맞아요. 하지만 목표를 세우는 과정을 좀더 강력하게 하기 위해서는 한 가지 추가할 일이 있죠. 왜 목표가 필요하고 왜 목표를 세우고 싶어 하는지 밝히는 거예요."

"왜 그렇습니까?"

"목표에 뚜렷한 방향을 부여하기 때문이죠. 예컨대 일정한 액수의 돈을 버는 것을 목표로 했다고 해요. 하지만 이는 아파트를 사거나 휴가를 가거나 아이를 대학에 보내기 위해서 돈을 벌어야겠다고 목표를 세우는 것보다 강력한 동기가 아니죠.

'10만 달러를 번다'는 목표와 '집을 구입하기 위해서 10만 달러를 번다'는 목표 중에서 어느 쪽이 더 강한 동기 부여가 될까요?

명심하세요! 부는 그 자체를 위해 돈이나 재산을 축적하는 것이 아니라, 삶의 목적을 성취하기 위해 부의 힘이 부여되는 겁니다. 목표의 배후에 깔려 있는 이유와 하나가 되면 끊임없이 명확한 목표의 힘이 창출되는 거죠."

명확한 목표의 힘

1_ 무엇을 원하고 왜 원하는지를 명확히 안다면 원하는 것은 무엇이든 가질 수 있다.

2_ 목표에 대해 명확해야 한다. 목표를 성취해야 하는 이유와 목표를 성취해야 하는 시기까지 포함해서 말이다(예컨대 부유해지고 싶다는 말만으로는 부족하다. 돈, 재산, 하고 싶은 일의 규모를 정확히 진술해야 한다).

3_ 목표는 늘 긍정적인 현재 시제로 서술해야 한다(예를 들면 나는 지금부터 몇 월 며칠까지 10만 달러의 돈을 벌고 있다).

4_ 목표를 적어 놓고 매일 아침·점심·저녁으로 3번씩 읽는다.

5_ 목표를 이루는 상황을 자주 '시각화' 한다.

6_ 목표를 성취해야 하는 이유를 명확히 밝힌다.

7_ 명심하라! 부는 그 자체를 위해 돈이나 재산을 축적하는 것이 아니라, 삶의 목적을 성취하기 위해 부의 힘이 부여되는 것이다.

불가능을 가능케 하는 10가지 계획
ㅡ 체계적인 행동 계획의 힘(에리카 힐)

"그렇군요. 세 번째 비밀을 깨달았다면 목표를 현재 시제의 긍정적인 표현으로 적어 놓았을 테고, 성취하고 싶은 시기도 설정해 놓았을 테죠. 또 목표의 성취가 왜 중요한지 그 이유도 알았겠구요. 그래서 지금은 명확한 목표 ― 무얼 원하고, 왜 원하고, 언제 원하는지 ― 를 갖고 있겠군요. 그렇다면 다음 단계는 뭐라고 생각하세요?"

에리카 힐이 내 맞은편에 앉아 말했다. 그녀는 큰 국제 출판사의 편집장인데, 명단에 적힌 네 번째 사람이었다. 힐 부인을 만났을 때, 나는 그녀의 모습에 깜짝 놀랐다. 그 정도 위치라면 적어도 중년은 됐을 거라고 짐작했는데, 이제 겨우 39살밖에 되지 않았고 게다가 실제 나이보다 10년은 더 젊어 보였다. 그녀는 긴 금발에 녹색의 밝은 눈을 가진 매력적인 여자였다. 게다가 아이가 셋이나 있는데도 몸매는 처녀처럼 날씬했다.

"솔직히 말해서…… 제겐 아무런 방법도 없습니다. 부인 말이 맞아요. 목표는 알고 있지만 어떻게 성취해야 할지 모르고 있죠."

"괜찮아요."

힐 부인이 나를 위로하며 말을 계속했다.

"12년 전엔 나도 마찬가지였으니까요. 프리랜서 저널리스트로 일을 시작했어요. 임신 중에도 계속해서 일을 했고, 아이를 키우면서도 일을 했어요. 당시 나는 젊은 엄마와 가족에 대해 흥미를 느끼고 있었죠. 그래서 가정에서 일어나는 모든 일에 대해 일정한 주제를 찾아 글을 썼어요. 대부분은 잡지와 신문에 실렸는데, 내가 세 아이를 키운다는 것을 고려하면 수입도 괜찮았죠.

하지만 전 더 큰 꿈을 갖고 있었어요. 진짜 하고 싶었던 일은 잡지를 직접 발행하는 거였죠. 그러기 위해서는 엄청난 자금이 필요했어요. 결국 내 목표는 현실이 아닌 몽상처럼 보인다는 게 유일한 문제였지요.

어느 날인가 인터뷰를 하기 위해 북쪽 도시를 여행했죠. 그 곳에서 나처럼 여행하고 있던 중국 노인을 만났어요. 길 맞은편에 앉아 있더군요. 노인은 아주 친절했고, 우리는 여행 내내 대화를 나누었죠. 내 직업이 저널리스트라는 것도 말했고, 언젠가는 잡지를 발행하고 싶다는 이야기도 했어요. 막대한 자금이 필요하기 때문에 평생 실현할 수 없을 것 같다는 고백도 했지요. 그러자 노인은 내 팔을 살짝 치면서 '의지를 갖고 있다면, 그건 꿈이 아닙니다'라고 말했어요."

"무슨 뜻이죠?"

"나도 그 때 그렇게 물었어요. 그러자 노인은 '마음이 품을 수 있고 믿을 수 있는 것은 무엇이든 성취할 수 있습니다'라고 말했죠."

나에게도 비슷한 충고를 한 것이 기억나서 노트에 받아 적기 시작했다.

체계적인 행동 계획으로 가능성을 넓혀라

힐 부인이 계속 얘기했다.

"바로 그 때 노인이 풍요로운 부의 비밀을 말했죠. 그는 10명의 명단과 전화 번호를 주면서, 이들이 그 비밀을 설명해 줄 수 있을 거라고 했어요. 난 그들의 사연을 들으면 좋은 이야기를 쓸 수 있을지 모른다는 생각에서 10명 모두를 만났어요. 정말로 그들 모두는 성공한 사람들이었죠. 그들이 들려 준 비밀 중에서도 내 삶에 엄청난 충격을 준 것은 바로 '체계적인 행동 계획의 힘'입니다."

"체계적인 행동 계획이란 도대체 무슨 뜻이죠?"

"먼저 무얼 원하고 왜 원하는지를 아는 것이 가장 중요해요. 그런 다음에 그 목표를 확실하게 성취하고 싶다면 반드시 효과적인 전략을 세워야 해요. 다시 말해서 체계적인 행동 계획을 세우는 것이죠.

성공한 운동선수는 어느 누구든 앞으로의 계획을 세우죠. 시합이 있으면 몸 상태가 최고조에 이르도록 훈련 계획을 짜고요.

최선의 상태에서 시합하기 위해서는 반드시 컨디션을 좋은 상태로 유지해야 하기 때문이죠.

우리의 삶도 마찬가지예요. 최초의 구상과 그에 따른 체계적인 행동 계획을 세우지 않고 돈을 번 백만장자는 없어요.

몇 년 전, 난 크게 성공한 기업가에게 성공의 비결이 무엇이냐고 물은 적이 있었어요. 그 때 그는 어떤 일을 하든 성공하려면 세 가지 일을 확실하게 해야 한다고 했죠.

첫째도 체계적인 행동 계획, 둘째도 체계적인 행동 계획, 셋째도 체계적인 행동 계획!

그의 충고는 상당한 의미가 있었죠. 집을 짓는 데 설계 도면이 없다는 걸 상상할 수 있나요? 어떤 자재와 어떤 장비가 필요할까? 어디에다 기초를 다지고 어떤 모양으로 짓고 몇 층으로 지을까? 이런 계획이 없다면 어디서부터 시작해야 할지 모르게 되죠."

그녀의 말에 계속 고개를 끄덕였다.

"동일한 원리를 하고자 하는 모든 일에 적용할 수 있어요. 집을 짓든, 배를 만들든, 차를 사든, 부를 이루든, 어떤 일에나 체계적인 행동 계획이 필요해요. 만약 그런 계획을 세울 수 있다면, 단순히 살기 위해 아등바등하는 것이 아니라 원하는 인생을 설계할 수 있어요.

하지만 체계적인 행동 계획을 세운다는 게 그리 쉬운 일은 아니죠. 아무리 사소한 일에서라도 말이에요. 예컨대 TV가 고장나서 새 것으로 바꿔야 하면 우선 어떤 브랜드에 어떤 스타일의 TV를 원하는지 알아야 하고, 그 다음 문제가 '어떻게 하면 그 TV를 살 수 있을까?'를 생각해야 하죠."

"어느 상점에서 파는지만 알면, 가서 살 수 있지 않습니까?"

"네, 좋아요! 그 매장을 찾아갔는데, 너무 비싸면 어떻게 하죠?"

"간단하죠. 안 사면 그만입니다."

"노인이 문제를 해결하는 황금률을 얘기했나요?"

그녀가 물었다. 나는 노트를 펼쳐서 그 부분을 찾아 읽었다.

모든 가능성을 다 시도해 보았다고 생각할 때, 이 한 가지를 명심하라. 여전히 가능성은 남아 있다.

"바로 그거예요! 길은 언제나 열려 있으니, 그 길을 찾아내기만 하면 되죠. 계속해서 TV 얘기를 해 보죠. TV를 사려면 200파운드가 필요한데, 100파운드밖에 없다! 이럴 때는 어떻게 해야 할까요?"

"음……, 기다리지요. 먼저 100파운드를 저축해 놓고, 나머지 100파운드를 다시 저축하는 거죠. 한 달에 10파운드씩 10개월이면 살 수 있어요."

"네, 그것도 하나의 방법이죠. 하지만 10달 동안은 TV를 보지 못하죠. 다른 방법은 없을까요?"

"돈을 빌리거나 신용카드를 씁니다."

"그것도 한 가지 방법이죠. 그러나 빨리 돌려주지 않으면 높은 이자를 부담해야 해요."

"그렇다면 전 더 이상 방법이 없는데요."

"좋아요! 그럼 할인이 되는지 물어 보세요. 대부분 상점들은 상품 가격을 비교적 높게 정해 고객과 흥정하려고 하니까요. 혹은 무이자 할부판매를 할 수 있는지 물어 보세요. 어떤 상점에서는 낡은 TV를 사들이면서 당신에게 몇 푼 줄 수도 있죠.

선택권은 늘 자신에게 있죠. 그러면 당신은 전액을 주지 않고도 새 TV를 살 수 있어요.

처음에는 불가능하게 보일 수 있지만, 체계적인 행동 계획을 세우면 아직도 많은 가능성이 있다는 걸 알게 되죠. 10가지 행동 계획을 세워 보세요. 그러면 10가지 가능성이 있게 되는 거죠."

목표를 성취하는 10가지 가능성

"예를 들어 줄 수 있습니까?"

힐 부인이 말하는 내용을 구체적으로 알고 싶었다.

"물론이죠. 내 경우는 20만 달러가 있어야 잡지를 발행할 수 있었지요. 그래서 난 10가지 가능성을 적었죠."

1. 20만 달러를 투자할 수 있는 개인이나 기업을 찾는다.
2. 10만 달러씩 투자할 수 있는 2명의 투자자를 찾는다.
3. 4만 달러씩 투자할 수 있는 5명의 투자자를 찾는다.
4. 2만 달러씩 투자할 수 있는 10명의 투자자를 찾는다.
5. 1만 달러씩 투자할 수 있는 20명의 투자자를 찾는다.
6. 4천 달러씩 투자할 수 있는 50명의 투자자를 찾는다.
7. 2천 달러씩 투자할 수 있는 100명의 투자자를 찾는다.
8. 1천 달러씩 투자할 수 있는 200명의 투자자를 찾는다.
9. 은행에서 대출을 받는다.
10. 잡지 발행의 아이디어를 기존 출판사에 판다.

"이렇게 가능성의 목록을 만들어 놓으면 전체적인 프로젝트가 그렇게 어려운 것만은 아니라는 것을 알 수 있어요. 이제는 나의 모든 프로젝트, 즉 모든 목표에 대해서 10가지 계획이 있는 셈이죠."

"네, 알겠어요. 그럼 이 계획이 모든 목표에 유효합니까?"

"예, 유효해요. 왜냐하면 목표를 성취하는 다양한 길을 탐색하도록 해 주기 때문이죠. 이것은 예전에 생각지도 못했던 거예요. 예를 하나 더 들어 보죠.

한 미국인 목사가 새로운 마을에서 새 교회를 시작하고 싶어했어요. 하지만 교회를 지을 돈이 없었던 그는 차분히 앉아서 10가지 계획을 세웠어요. 바로 이렇게 적었죠."

1. 학교 건물을 임대한다.
2. 사회 단체의 강당을 임대한다.
3. 사냥할 때 쓰는 작은 집을 임대한다.
4. 장례 때 쓰는 회당을 임대한다.
5. 비어 있는 곡식 창고를 임대한다.
6. 공공 건물을 임대한다.
7. 안식교의 예배당을 임대한다.
8. 유대교 교회를 임대한다.
9. 자동차 극장을 임대한다.
10. 비어 있는 땅, 천막, 접을 수 있는 의자를 임대한다.

"갑자기 10가지 가능성을 갖게 된 그는 '차를 타고 영화를 보는 자동차 극장'에다 교회를 세우기 시작했죠. 몇 년 후에는 예배에 참가하는 신도들이 고정적으로 이어졌어요. 그러자 목사님은 — 참, 그 목사님이 바로 로버트 슐러 박사였어요 — 다시 고딕식 교회 건물을 지어 마을에서 한눈에 볼 수 있도록 만들고, 교회 이름도 '희망의 탑'이라고 지어 기도와 배움의 장소로 이용되기를 원했어요. 교회가 마을 전체를 위한 희망과 영감의 원천이 되기를 바랐던 것이죠. 하지만 그러려면 2백만 달러가 필요했어요. 큰 난관이었죠. 사람들은 슐러 박사에게 불가능한 일이라고 말했지만, 그는 다시 10가지 계획을 세웠답니다."

1. 2백만 달러를 기부할 수 있는 사람을 찾는다.
2. 1백만 달러를 기부할 수 있는 2명을 찾는다.
3. 50만 달러를 기부할 수 있는 4명을 찾는다.
4. 20만 달러를 기부할 수 있는 10명을 찾는다.
5. 10만 달러를 기부할 수 있는 20명을 찾는다.
6. 5만 달러를 기부할 수 있는 40명을 찾는다.
7. 4만 달러를 기부할 수 있는 50명을 찾는다.
8. 2만 달러를 기부할 수 있는 100명을 찾는다.
9. 1만 달러를 기부할 수 있는 200명을 찾는다.
10. 2천 달러를 기부할 수 있는 1,000명을 찾는다.

"자금을 모으는 데 시간이 걸렸지만 슐러 박사는 결국 해냈어요! 그가 세운 10가지 계획이 목표를 이루는 데 큰 도움이 되었던 거죠."

불가능을 가능케 하는 10가지 계획

"그렇군요. 확실히 그런 사업에는 도움이 될 것 같습니다. 하지만 개인적인 일은 어떻게 하면 되죠? 제 목표 중 하나는 교외에다 다섯 칸짜리 집과 2에이커(1,200평)의 땅을 사는 겁니다. 하지만 지금의 월급으로는 불가능하죠. 한 칸짜리 아파트도 부담이 되거든요."

내 말을 유심히 듣던 힐 부인이 말했다.

"그럼 복권에 당첨되든, 아니면 어떤 식으로든 수입을 늘리는 방법을 찾아야 하겠군요. 결국 회사에서 승진을 노리거나, 아니면 월급이 많은 일자리를 찾아야 한다는 뜻이죠. 그것도 아니라면 새로운 사업을 모색해야 하고요. 여하튼 확실하게 목표를 이루기 위해서는 모종의 변화를 꾀해야 한다는 사실을 알고는 있겠죠?

그러면 처음엔 어려워 보이겠지만, 일단 10가지 계획을 먼저 작성해 보세요. 지금 하겠다면 도와 드릴 수도 있어요. 우선 어떻게 하면 수입을 늘릴 수 있는지를 생각해 보죠. 지금 연봉이 얼마나 되죠?"

"15,000파운드입니다."

"네, 좋아요! 매년 2배씩 더 벌 수 있다면 5년 내에 48만 파운드를 벌 수 있죠. 그 정도면 원하는 집을 사기에는 충분한가요?"

"그렇지요. 하지만 어떻게 수입을 매년 두 배씩 증가시킬 수 있습니까?"

내가 이의를 제기했다.

"10가지 계획을 작성하는 거죠. 머릿속에 떠오르는 아이디어는 뭐든지 적어 봐요."

나는 잠시 생각하다가 말했다.

"열심히 일해서 중역 수준으로 승진하는 거죠. 제 생각에 그들은 매년 30만 파운드는 벌 겁니다."

"그것도 한 가지 가능성이죠. 시간이 걸리지만 말이에요. 회사의 중역까지 올라가려면 보통 5년 이상은 걸릴 걸요."

그녀가 말했다.

"음……, 그러면 실적에 따라 커미션이 있는 일자리로 바꾸는 겁니다."

"좋아요! 하지만 그런 일자리는 이런저런 요구가 많죠. 더 좋은 학위나 자격을 따는 것은 어떨까요? 그러면 월급이 훨씬 많은 일자리를 찾을 수 있을 텐데요."

"하지만 지금 빚이 있어서 수입이 꾸준해야 합니다."

내가 방어 자세를 취했다.

"그래도 야간 학교는 다닐 수 있지 않나요?"

"그렇죠. 그건 생각하지 못했는데요."

"또 자기 사업을 하는 건 어때요?"

그녀가 제안했다.

"가능하지만 뭘 하죠?"

"일단 체계적인 계획을 세우면 도움을 받게 될 거예요. 대다수의 사람들이 평생 자신의 적성과는 완전히 상반되는 일을 하고 있죠. 자신이 무엇을 좋아하는지, 장점과 약점은 무엇인지, 어떤 방면의 일을 해야 하는지 모르고 있어요. 그렇게 되면 결국 먹고살기 위해서 일을 하는 데 불과하죠. 그들은 자신의 일에 대해 열성도 관심도 없기 때문에 그 분야에서 결코 뛰어난 인물이 될 수 없고, 사는 것도 빠듯할 거예요."

일을 시작하기 전에 반드시 자문해야 할 3가지

깊은 심호흡을 했다. 힐 부인의 말이 지금의 내 모습을 그대로 표현했기 때문이다. 정말로 일에는 관심이 없었다. 직업은 단지 청구서를 지불하기 위한 수단일 뿐이었다. 내가 어떤 종류의 일을 좋아하는지, 혹은 어떤 유형의 일에 능숙한지 한 번도 생각해 본 적이 없었다.

"당신이 잘되고 싶다면 이런 문제는 아주 본질적인 거죠. 왜냐하면 자신의 일을 즐기지도 못하고 능숙지도 않다면 일이 잘 될 리 없으니까요. 게다가 일을 잘하지 못하는데 어떻게 높은 급여를 기대할 수 있겠습니까? 이런 지혜로운 말이 있어요.

'좋아하는 일을 하면 돈은 따라온다.'

어떤 일을 정말로 좋아하면, 그 일을 잘하기 위해 많은 노력을 기울이게 되죠. 하지만 대부분의 사람들은 이와는 반대로 자신이 좋아하는 다른 것을 하기 위해서 지금 하는 일로 돈을 번다는 식이죠. 결과적으로 주말을 빼고는 재미없는 일에 시달리면서도, 자신이 왜 즐겁지 않은지 이해를 못 하죠."

그녀가 지금의 내 상태를 정확히 묘사하고 있다고 다시 한 번 느꼈다.

"하지만 진정으로 자기 일을 즐기며 하는 사람이 몇이나 될까요?"

"물론 극소수죠. 그렇다면 부유한 사람은 몇이나 될까요?"

"음! 이제야 무슨 말인지 알겠습니다. 부인의 뜻은 일자리를 얻거나 사업을 시작하기 전에 반드시 이런 것들을 생각해야 한다는 거죠?"

1. 나는 이런 종류의 일을 즐기면서 할 수 있는가?
2. 이 일이 나의 적성에 맞는가?
3. 이 일을 통해서 장기적인 사업과 경제적인 목표에 다가갈 수 있는가?

"바로 그거예요."

그녀가 미소를 지었다.

"이제 조금 그 의미를 이해하겠습니다. 대학에서 공부할 때 이런 걸 생각해 낼 수 있었다면 참 좋았을 텐데……."

"누구도 과거를 바꿀 수는 없어요. 하지만 미래는 창조할 수 있지요. 문제는 당신이 어떻게 하느냐에 따라 달라진다는 거예요."

힐 부인이 말했다.

"제가 여기에 오게 된 이유도 바로 그 때문이겠죠."

나는 곰곰이 생각하다가 말했다.

"제가 정말로 하고 싶은 것은 내 사업을 시작하는 거예요."

"아주 좋아요. 하지만 무엇부터 시작해야 하죠?"

"체계적인 행동 계획을 세우는 거죠."

"맞아요!"

힐 부인이 외쳤다.

"어떤 사업이든 사업 계획이 필요하죠. 또 심사숙고해서 체계적인 행동 계획도 준비해 두는 게 좋아요. 사업 자금을 모으기 위해서 돈을 빌릴 때, 경험 많은 투자자는 반드시 설득력 있는 사업 계획서를 부자고 해요. 그들은 당신이 모든 점을 고려했는지 알고 싶어하죠. 사업 방향에 대한 체계적인 행동 계획 없이는 어떤 사업도 성공할 수 없다는 걸 경험상 잘 알기 때문이에요. 따라서 모험적인 사업을 통해서 풍요로운 부를 창조하고 싶다면, 반드시 목표를 철저히 세운 다음 무엇을 어떻게 해야 할지에 대한 계획을 세워야 해요."

체계적인 행동 계획의 힘

1_ 목표를 확실히 성취하고 싶다면, 반드시 체계적인 행동 계획을 작성해야 한다.

2_ 문제를 해결하는 황금률을 항상 명심한다.

3_ 모든 가능성을 다 시도해 보았다고 생각할 때, '아직도 가능성은 남아 있다' 라는 이 한 가지를 명심하라.

4_ 어떤 일이든 성공하고 싶다면 다음 세 가지를 해야 한다. 첫째도 체계적인 행동 계획, 둘째도 체계적인 행동 계획, 셋째도 체계적인 행동 계획!

5_ 목표를 성취할 수 있는 10가지 방법을 작성하고, 목표마다 10가지 계획을 이용한다.

6_ 직업을 찾거나 사업을 시작하기 전에 스스로에게 다음의 세 가지 질문을 하라.

- 나는 이런 유형의 일을 즐길 수 있는가?
- 이 일은 나의 적성에 맞는가?
- 이 일을 통해 내 사업의 목표와 경제적인 목표에 다가갈 수 있는가?

필요한 지식을 어디에서 찾을 수 있는지가 중요하다
― 전문 지식의 힘(브라운)

글로리아 브라운 부인의 이야기는 놀랍고도 진실한 이야기였다. 7년 전 그녀는 직장에서 해고되었다. 조그만 소매상에서 컴퓨터와 씨름하는 관리 사원이었는데, 경제가 불황기로 접어들자 특별한 이유 없이 쫓겨난 것이다. 그 후 재취업의 가능성이 전혀 보이지 않자 그녀는 새로운 선택을 했다. 자신의 사업을 시작한 것이다. 그 결과 사무 직원이었을 때보다 5배나 많은 수입을 1년 안에 벌어들였다.

브라운 부인은 50대 중반으로 작고 귀여운 몸매의 소유자였다. 그녀가 입고 있는 체크 무늬 정장은 빨간색 긴 머리와 맑은 갈색 눈을 돋보이게 해 주었다. 하지만 나에게 가장 인상깊었던 것은 그녀의 잔잔한 미소였다. 친절하고 따뜻한 그 미소가 그녀의 얼굴을 환히 빛나게 했던 것이다.

어떻게 브라운 부인이 그런 악조건 속에서도 성공할 수 있었는지 빨리 알고 싶었다.

"풍요로운 부를 얻고 싶다면, 반드시 모든 경험에서 이익을 얻는 법을 배워야 해요."

그녀의 말을 듣다 보니 갑자기 중국 노인이 한 말이 기억났다.

'어떤 역경, 어떤 문제 속에도 그 역경에 걸맞거나 더 큰 번영의 씨앗이 있다.'

과연 정말일까? 나는 마음속으로 생각했다.

"실직하고 나서 처음 몇 달 동안은 전혀 적극적이지 않았죠."

브라운 부인이 미소를 지으며 말을 계속 이었다.

"앞날이 너무 불투명해 난 완전히 실의에 빠져 있었어요. 그 때 중국 노인을 만났죠. 어느 날인가 냉장고가 고장 나서 A/S를 불렀어요. 왜소한 중국 노인이 왔더군요. 그가 냉장고를 수리할 때 난 커피 한 잔을 주면서 이야기를 나누었죠. 내가 해고된 이야기를 하자, 노인은 돌아서서 나를 바라보며 이렇게 말하더군요.

'삶이 하나의 문을 닫으면, 당신은 또 다른 문을 열어야 합니다.'

풍요로운 부의 비밀에 관한 이야기를 들은 것은 그 때였죠. 당연히 난 의심이 갔지만 동시에 호기심도 생겼죠.

어느새 저축한 돈은 바닥이 났고 미래는 암담했죠. 게다가 냉장고마저 고장이 났어요. 이왕 아무것도 없으니 모험해 보는 것도 나쁘지 않겠다는 생각이 들었죠. 그래서 노인이 비밀의 힘을 가르쳐 줄 수 있는 10명의 명단을 주었을 때, 빨리 그들을 찾아가서 확실하게 알아내야겠다고 결심했어요.

난 너무나 운이 좋았어요. 여태껏 몰랐던 가장 중요한 교훈을 그들에게서 배웠으니까요. 나 자신의 운명은 내가 책임져야 한다는 사실까지 배웠죠. 어떤 일이 일어나든, 어떤 상황에 처해 있든 자신의 미래는 자기에게 책임이 있어요. 자신이 원하는 미래가 그 어떤 것이든 그것을 창조할 수 있는 힘이 있다는 배움이었죠."

전문 지식 없이 성공한 사람은 없다

브라운 부인의 열정적이면서도 확신에 찬 어조에 난 감동을 받았다. 그녀가 자신의 말을 진지하게 믿고 있다는 것은 의심할 바 없었다.

"특히 내게 강한 인상을 심어 준 비밀은 '전문 지식의 힘'이었죠."

브라운 부인이 말했다.

"그렇다면 '지식이 힘이다'라는 옛 격언이 진실이네요."

"아뇨! 그런 지식은 '잠재적인 힘'에 불과해요. 지식은 확고한 목적을 향한 실천적인 행동 계획을 통해서 체계화되고 잘 적용될 때만 힘이 되는 거죠."

내가 필기를 하자, 브라운 부인이 계속 말했다.

"일반적인 지식은 부를 축적하는 데 별로 쓸모가 없어요. 사람들이 알고 있는 사소한 지식은 돈을 버는 잠재적 능력이나 부를 끌어들이는 데 그다지 영향을 끼치지 않죠. 그저 TV에 나오는 퀴즈 대회 같은 데에 참가하는 데나 쓸모가 있을 뿐이죠. 반면에 전문 지식은 늘 수입을 낳게 할 수 있어요. 어떤 분야에 종사하느냐는 중요하지 않아요. 어떤 사업이든 그 사업에 대한 전문 지식이 없다면 성공하기 어렵다는 걸 발견할 수 있을 거예요. 만약에 한 친구가 자기가 시작하고 있는 새로운 사업, 가령 골동품 거래에 투자해 보도록 제안한다면, 먼저 무엇부터 묻는 게 좋을까요?"

"그가 골동품 거래에 대해 얼마나 알고 있는지 물을 겁니다."

"그렇죠. 거래 방식이나 골동품 시장에 대해서 그 친구가 잘 모른다면 투자해 보았자 성공하기 어렵다는 걸 알고 있기 때문이죠. 하지만 우리는 이런 질문을 우리 자신에게 몇 번이나 할까요? 우린 돈으로 살 수 있는 것을 갖고 싶어하지만, 돈 자체에 관해서는 도대체 얼마나 알고 있죠? 세무·투자·재정에 대해 얼마나 알고 있죠? 이런 것들은 모두 풍요로운 부를 창조하고 싶다면 꼭 알아 두어야 할 중요한 주제입니다.

예컨대 세법에 대해 까막눈이라면, 당신은 실제보다 더 많은 세금을 낼 수도 있어요. 내 뜻을 오해하지 마세요. 당신에게 탈세하라는 뜻이 아니라, 현행 세법을 잘 이해해야 한다는 거죠. 즉 전문 지식을 갖추고 있다면 결코 필요 이상의 세금을 내지 않을 거란 말이죠."

나는 요점을 기록했다. 세법이나 투자 계획에 대해서는 나 역시 까막눈이었다. 정말로 안심하고 싶다면 이런 점을 고칠 필요가 있었다. 혹시 아는가? 합법적인 방법으로 세금을 줄일 수 있을지도……

필요한 지식을 어디에서 찾을 수 있는지가 중요하다

"전문 지식이 있으면 불필요한 지출을 많이 줄일 수 있지요."

브라운 부인이 말했다.

"어떻게요?"

"가장 좋은 예가 신용카드 대출이에요. 대부분의 사람들은 신용카드 빚을 지고 있어서 다달이 카드 회사에서 부과하는 높은 이자를 지불해야 하지요. 하지만 훨씬 낮은 이자율을 부과하는 은행 대출을 이용하면 신용카드 청구서를 먼저 깨끗하게 처리할 수 있어요. 이렇게 하면 많은 사람들이 매달 지출하는 이자를 줄일 수 있죠."

"정말입니까? 제가 매달 신용카드 회사에 내는 이자를 줄일 수 있단 말입니까?"

"물론이죠."

"믿을 수 없군요. 내가 그렇게 바보였다니!"

나는 혼자 중얼거렸다.

"자신을 너무 탓하지 마세요. 이제 전문 지식이 왜 중요한지 알겠죠?"

"네, 알겠습니다!"

"마찬가지로 고액의 임금을 받는 직업을 갖고 싶다면 전문 지식이 아주 중요하죠. 높은 월급을 받고 싶다면 반드시 일의 성격과 어떤 전문 지식이 필요한지 알아야 해요. 또 필요한 자격과 그 자격을 얻을 수 있는 방법도 알아야 하죠. 자기 사업을 하려고 결심했을 때도 그 분야에서는 정통하다고 스스로 확신할 수 있어야 해요."

"무슨 말씀인지 알겠습니다. 하지만 모든 걸 알 수는 없는 노릇 아닙니까?"

"네, 그래요."

브라운 부인이 대답했다.

"내 말은 모든 답을 알라는 것이 아니라, 어떻게 하면 답을 찾을 수 있는지를 알라는 뜻이에요. 가령 당신이 세무에 대해 잘 모른다면, 그 분야에 해박한 사람을 고용할 필요가 있지요. 또 생산이나 서비스를 모른다면 역시 그 분야를 잘 아는 사람과 합작할 필요가 있어요. 그리고 또 마케팅에 대해 잘 모른다면 그쪽 경험자를 고용할 필요가 있는 거고요.

가장 뛰어난 변호사도 모든 법률을 다 알 수는 없어요. 한 사람의 머리에 그렇게 많은 내용이 들어갈 수는 없으니까요. 게다가 법률은 수시로 뜯어고치지 않습니까? 훌륭한 변호사는 필요한 법률을 어디에서 찾을 수 있는지는 알고 있죠."

수요에 대한 전문 지식을 쌓아라

"그렇다면 부인은 어떻게 부를 창조했습니까?"

"당시 내 처지로는 반드시 돈을 벌어야 했죠. 그런데 문제는 '난 무엇을 할 수 있는가?', '내게 어떤 전문 지식이 있는가?'였어요. 안타깝게도 제가 할 수 있는 건 거의 없었어요. 미미하나마 알고 있는 것이라곤 컴퓨터였죠. 그 때 난 컴퓨터에 대한 자격증도 없었고, 전문 지식도 전혀 없었어요. 하지만 부를 창조하기 위해선 반드시 이런 것들이 필요하다는 것은 알고 있었죠.

그래서 야간 학교를 다니면서 컴퓨터 기술을 배웠어요. 컴퓨터가 모든 분야에서 중요한 역할을 할 것이고, 따라서 컴퓨터 기술 자격증이 꼭 유용하게 쓰일 거라고 생각한 거죠. 난 열심히 배웠어요. 그리고 컴퓨터 한 대, 프린터 한 대, 전화 한 대로 집에서 컨설팅 사업을 시작했죠. 수많은 회사에 전화를 해서 사무실에서 컴퓨터를 쓰고 있는지, 쓴다면 어느 분야에 쓰이며 어떤 문제가 있는지 알아보았지요."

내가 웃으며 말했다.

"알겠습니다. 예견되는 고객과 그들의 수요에 대한 전문 지식을 쌓았던 거군요."

"그래요. 서비스를 제공할 수 있는 영역을 찾은 거예요. 아마도 가장 중요한 전문 지식의 영역이라 할 수 있는 고객 수요에 대한 지식이죠. 사람들이 원하는 것을 알면 어떤 일에서도 성공할 수 있어요. 대부분의 사업가는 자신들이 무엇을 제공할 수 있는가에 초점을 맞춰서 사업을 하지만, 정말로 성공한 사업가는 고객의 입장에서 접근을 하죠. 즉 먼저 '고객이 원하고 필요로 하는 것은 무엇일까?'를 물음으로써 그들의 요구를 만족시키죠.

고객의 요구를 파악한 다음에는 계획서를 작성해서 나의 서비스가 얼마만큼 효율을 높이고 돈을 절약할 수 있는지를 설명했어요. 특별히 그들의 요구에 부응하는 하드웨어를 설치하고 소프트웨어도 준비해서 어떻게 하면 컴퓨터를 더 효율적으로 이용할 수 있는지 보여 주었죠. 그리고 마지막으로 이 컴퓨터를 쓰면 적어도 1년 이내에 비용을 절감시켜 수수료를 공제하고도 남는다는 걸 설명했어요. 누구나 만족스럽게 생각했죠. 나의 첫 번째 손님이 어딘지 압니까?"

내가 머리를 저었다.

"날 해고한 회사였어요. 그 회사가 불황으로 악전고투하고 있다는 걸 알기 때문에, 난 전문 프로그램을 이용하면 비용을 적어도 25% 이상 줄일 수 있다고 설명했죠. 내 지식은 그 회사에 엄청난 도움을 주었어요. 새로운 컴퓨터를 설치하고 새로운 소프트웨어를 사용한 지 6개월도 채 안 돼서 35%의 비용 절감 효과를 냈으니까요. 회사는 내 서비스에 만족한 나머지 매년 일정한 액수의 돈을 지불하면서 내게 정기적인 상담과 수리를 맡겼어요.

그리고 1년 안에 25건을 계약했죠. 수입도 관리 직원이었을 때보다 5배는 많았어요. 다음 해에도 사람을 고용할 정도로 사업이 번창했고, 3년 만에 수입이 100만 파운드를 초과했죠. 결국 '어떤 역경이든 그 속엔 그것에 걸맞거나 더 큰 번영의 씨앗이 내포되어 있다'는 중국 노인의 말이 옳았지요. 내가 해고되지 않았다면 새로운 컴퓨터 기술을 배우지도 않았을 테고, 오늘의 이런 모습도 아니었을 거예요."

"그 모든 것이 전문 지식 때문이네요."

내가 웃으며 말했다.

"전문 지식만으로는 성공을 보장하지 못하죠. 10가지 풍요로운 부의 비밀이 똑같이 중요하다는 걸 명심하세요. 하지만 전문 지식 없이 풍요로운 부를 쌓은 사람은 하나도 없어요. 예컨대 세무·투자·재무관리의 전문 지식, 자기가 하는 사업에 대한 전문 지식, 고객의 수요와 요구에 대한 전문 지식 등등이죠."

"그 노인이 어떤 회사에서 일하고 있는지 알려 주십시오."

내가 떠나기 전에 한 마디 물었다.

"왜요? 노인과 연락하고 싶어서요?"

"네."

"벌써 시도해 보았죠. 노인을 만난 지 3개월 뒤였어요. 그 회사 사무실로 전화를 했는데……."

"결과는요?"

"이상하게도 그 회사에서는 중국 노인을 고용한 적이 없다는 거예요."

전문 지식의 힘

1_ 전문 지식 없이 풍요로운 부를 쌓은 사람은 하나도 없다. 예컨대 세무·투자·재무관리의 전문 지식, 자기가 하는 사업에 대한 전문 지식, 고객의 수요와 요구에 대한 전문 지식 등등이다.

2_ 지식은 확고한 목적을 향한 실천적인 행동 계획을 통해서 체계화되고 잘 적용될 때만 힘이 된다.

3_ 당신 스스로 모든 것을 알 필요는 없다. 그러나 목적에 대한 답을 어디에 가서 어떻게 찾아야 되는지는 알아야 한다.

성공은 실패를 뒤집은 것이다
— 끈기의 힘(에질리)

　다음 주말에는 명단에 적힌 여섯 번째 사람을 만나기로 했다. 스튜어트 에질리는 유명한 배우였다. 그의 활동무대는 다른 곳이었지만, 주말에는 항상 자신의 집이 있는 도시로 돌아왔다.

　그래서 토요일 아침에 도시 중심가에 있는 작은 카페에서 만나기로 약속했다.

　나는 유명 인사와 만난다는 것만으로도 흥분과 긴장감에 휩싸여 있었다. 하지만 내가 본 에질리는 아주 소박하고 겸손하였다. 실제로 그는 오랜 친구를 만난 듯이 나를 반갑게 맞아 주었다.

　에질리는 30대 후반의 나이였지만 10년은 젊어 보였다. 머리는 흑갈색이고 강아지처럼 커다란 눈에 금색 테두리 안경을 끼고 있었으며, 목둘레가 살색인 스웨터에 청바지와 재킷을 걸치고 있었다.

　"지난주에 중국 노인을 만났다고요?"

　"그렇습니다."

　중국 노인과의 만남을 그에게 간단하게 얘기했다.

　"난 12년 전에 그를 만났죠. 바로 이 카페에서……. 그와의 만남은 내 사업과 인생을 변화시켰어요."

"어떻게요?"

"음……. 당시 나는 연기자로서 내리막길을 향하고 있었어요.

늘 이 카페에서 일을 기다리며 죽치고 있었죠.

하루는 왜소한 중국 노인이 다가와, 지금 우리가 앉아 있는 이 테이블에 앉는 거예요.

한낮의 아주 조용한 때였죠. 우리는 서로 인사를 나누었고 이내 대화가 시작되었죠. 우선 실직한 배우라고 나를 소개한 후, 배우라는 직업의 문제점에 대해 푸념을 했어요. 기다리는 사람은 많지만, 기회는 아주 적다고 말이죠.

90% 이상의 배우가 할 일이 없거나, 아니면 짬짬이 다른 아르바이트를 해서 생계를 꾸려 가고 있거든요. 그러자 노인이 '앉아서 좋은 상황이 오기만을 기다리지 말고, 그 상황을 창조해 낼 수 있도록 나아가야 합니다'라는 말을 해 주더군요.

난 수세를 취하면서 변명했죠.

'난 캐스팅 시험에 수없이 응모했지만 늘 낙방이었어요.'

노인은 음식을 들면서 말했어요.

'그렇다면 당신은 석공이 되어야 합니다.'

내가 무슨 말이냐고 묻자 그가 대답했죠.

'돌을 깨려면 잘못 쪼개지지 않도록 조금씩 조금씩 깨 나가야 합니다. 그렇게 줄기차게 하다 보면 제대로 쪼개질 때가 오죠. 바위를 깨는 일은 단번에 되는 것이 아니라 지속적으로 조금씩 깨야 해요. 당신이 성공의 바위를 깨고 싶다면, 깨질 때까지 쉬지 않고 망치질을 해야 합니다.'

그래서 내가 물었지요.

'일자리를 찾을 때까지 계속 시도해야 한다는 말씀입니까?'

노인이 고개를 끄덕이며 말했어요.

'물론이오. 성공한 사람과 성공하지 못한 사람의 차이는 재능보다는 끈기에 달려 있소! 성공한 사람은 남들이 실패한 곳에서 성공을 시작하죠.'

그러고 나서 노인은 몇몇 은막의 스타 — 실베스타 스탤론, 클린트 이스트우드, 숀 코네리 — 를 예로 들면서 그들 또한 처음엔 다 거절당했다고 했어요.

실베스타 스탤론은 대사도 제대로 하지 못해 에이전트조차 구하기가 힘들었죠. 결국 자기가 각본을 써서 주연으로 출연하겠다고 마음먹고 여러 영화사에 보냈지만 모두 거절당했죠.

그래도 그는 포기하지 않고 끝까지 계속 시도했어요. 마침내 한 회사에서 그의 각본을 영화로 찍겠다는 응답이 왔어요. 그러나 조건이 있었죠. 다른 사람이 주연을 맡아야 한다는 거였어요.

당시 스탤론은 경제적으로 최악의 상황이었지만, 자신의 원칙을 끝까지 지켰어요. 그는 계속해서 각본을 보냈고, 마침내 한 회사에서 '록키'라는 영화의 주연으로 그를 받아들였죠.

이 영화는 수많은 다른 작품을 물리치고 오스카 최우수 작품상을 수상했어요. 그러므로 실베스타 스탤론의 성공은 그의 특출난 재능 때문이 아니라 끈기의 결과였죠.

나는 노인의 말에 강한 자극을 받았어요. 그 때까지 난 끈기의 중요성은 생각지도 못했거든요. 실베스타 스탤론 같은 슈퍼스타조차도 거절당했다는 겁니다.

나중에 알게 되었지만 많은 사람들이 거절당했을 뿐만 아니라, 그 중 몇몇은 수없이 거절당했다는 것도 알았어요. 그 때 중국 노인이 풍요로운 부의 비밀을 내게 말해 주었죠."

성공의 열쇠는 끈기에 있다

"그 비밀을 어떻게 생각합니까?"

"처음엔 의심했죠. 하지만 밑져야 본전이라는 생각에 정말로 날 도울 수 있는지 알아보기로 결심했어요. 내 인생의 변화는 바로 그 때부터 시작된 거예요. 내가 말한 변화는 엄청난 변화를 뜻하죠.

난 무일푼의 엑스트라로 시작했지만, 1년 정도 지난 다음엔 정식으로 배역을 맡아 25만 달러의 출연 계약을 맺었지요."

"정말요?"

내가 소리를 질렀다.

"정말 드라마틱한 변화입니다."

그가 고개를 끄덕였다.

"이것이 바로 비밀의 힘이죠. 노인을 만났을 때, 난 거의 자포자기 상태에 빠져 있어서 에이전트는커녕 일자리 하나 없었죠.

30명이 넘는 에이전트가 날 거절했으며, 그 중 몇몇은 다른 일을 찾아보라고 권고하기까지도 했으니까요. 그들은 나에게 연기할 재목이 아니라고 말했죠.

바로 그 때 중국 노인을 만나서 풍요로운 부의 비밀을 배운 거예요. 모든 비밀이 어떤 식으로든 영향을 주었지만, 그 중에서도 내게 가장 필요했던 비밀은 바로 '끈기의 힘'이었죠."

노트와 펜을 꺼내서 필기할 준비를 했다.

"끈기에 대해 미국의 제30대 대통령 존 캘빈 쿨리지는 '세상에 그 어떤 것도 끈기를 대신할 수 없다. 재능도 대신할 수 없다. 재능이 있는데도 성공하지 못한 사람은 흔하디 흔하니까. 천재도 대신할 수 없다. 보상받지 못한 천재도 흔하니까. 교육만으로도 안 된다. 세상은 교육받은 낙오자들로 가득 차 있으니까. 끈기와 의지만이 만능이다!'라는 말을 남겼지요.

자기 분야에서 부를 이루거나 정상에 우뚝 선 사람과 성공하지 못한 사람의 가장 큰 차이는 바로 끈기를 갖고 끝까지 포기하지 않았다는 거예요. 바로 자신이 뭘 원하는지 알고 있기 때문이지요.

그래서 어떤 장애나 좌절을 겪어도 목표를 달성할 때까지 끈기 있게 추구한 거죠.

실제로 역사에서 성공한 사람들 대다수는 끈기가 없었다면 성공하지 못했을 거라고 인정했어요.

새로운 제품을 발명하려고 애쓰는 순간을 상상해 보세요. 포기하기 전까지 몇 번이나 시도했겠습니까? 1백 번? 1천 번? 2천 번? 아니면 5천 번?"

나는 어깨를 으쓱했다.

"가장 위대한 발명가 토머스 에디슨은 세계 최초로 전구를 발명하기 전에 1만 번 이상의 실패를 겪었죠. 그가 끈기를 갖고 하지 않았다면, 오늘날 우리가 전등의 혜택을 누릴 수 있었을까요?

만약 당신이 록 밴드의 멤버였다면 포기하기 전에 몇 번이나 레코드 회사의 문을 두드리겠습니까? 5번? 10번? 아니면 20번?"

"제 생각에는 20번까지는 괜찮을 것 같습니다."

"그렇지 않은 밴드가 있었죠. 만약 그들이 쉽게 포기했다면 세계에서 가장 성공한 록 밴드가 되지 못했을 거예요. 비틀즈는 첫 음반을 내기 전까지 50번이나 거절을 당했죠!

한 가지 예만 더 들죠. 위대한 정치가를 꿈꾸는 청년을 상상하세요. 온갖 노력에도 불구하고 그는 32살 때 파산했으며 35살 때는 죽마고우인 애인이 죽었고, 1년 후에는 신경쇠약에 걸렸어요. 그리고 그 다음 몇 해 동안은 줄곧 선거에서 참패했죠. 그가 언제 포기해야 할까요?"

"잘 모르겠어요. 하지만 위대한 정치가가 될 사람 같지는 않은데요."

내 말을 듣고 에질리가 미소를 지었다.

"그 사람이 바로 에이브러햄 링컨이에요."

"그래요? 그토록 성공한 사람이 자주 실패하고 숱한 좌절을 겪었으리라고는 생각지도 못했습니다."

"물론이에요! 사실 성공한 사람은 엄밀히 말해서 수십 번 실패를 겪었기 때문에 성공할 수 있었던 거죠."

실패를 통해 배워라

나는 그의 말에 미소를 지으며 필기를 하다가 말했다.

"잘 모르겠습니다만, 끊임없이 시도하면 결국 성공한다는 말씀입니까?"

"그래요. 대부분의 경우는 그렇죠. 실패로부터 배우는 거죠. 에디슨이 전구를 발명할 때 똑같은 실험을 1만 번이나 한 것은 아니에요. 매번 실험을 통해 배우면서 적절한 변화를 겪었죠. 끈기는 누구나 유아기 때부터 갖고 있는 특성이죠. 엎어지고 넘어지면서도 끈기 있게 걸음마를 연습하는 아기를 본 적이 있었지요? 결국 그 아기는 걷고야 말죠."

"그런데 왜 그런 특성을 잃게 된 거죠?"

"우리는 때로 실패와 좌절을 두려워하고, 때로는 자신에 대한 믿음을 잃기도 하죠. 하지만 정말로 잊어버린 것은 실패와 좌절이 성공의 가장 중요한 요소라는 사실이죠. 실패와 좌절을 많이 겪을수록 성공할 가능성이 더 높다고 할 수 있어요."

"잘 모르겠는데요. 어떻게 그럴 수 있죠?"

"실패와 좌절이 성공의 사다리에서 필연적으로 거쳐야 하는 계단이기 때문이죠. 실수로부터 배우면 점점 목표에 다가갈 수 있어요. 조지 버나드 쇼의 얘기를 들어 볼래요?

'젊었을 때 나는 손대는 일 10가지 중에서 9가지는 실패했습니다. 하지만 실패자가 되고 싶지 않았기에 10배나 더 열심히 일했습니다.'

당신 또한 자신이 선택한 분야에서 가장 성공한 사람이 될 수 있어요. 그리고 남들도 성공하기 전에는 갖가지 실패와 좌절을 겪었다는 걸 발견할 거예요. 끈기의 중요성을 처음 발견했을 때의 나는 배우에 대한 희망을 거의 잃어가고 있을 때라서 유명한 배우가 되는 건 꿈도 꾸지 못했죠. 하지만 난 내 자신과 내 능력을 믿었어요. 정해진 목표가 있었기 때문에 체계화된 행동 계획을 세우고 끈기 있게 응모했어요. 마침내 9개월 뒤 기회를 얻었죠."

"하지만 계속 실패만 하면서 긍정적인 결과가 없었다면, 끈기를 유지하기가 쉽지 않았을 텐데요?"

"아무도 쉽다고는 말할 수 없죠. 쉽다면 누구나 할 수 있게요? 하지만 성공한 사람과 그렇지 못한 사람의 차이점은 성공한 사람에겐 실패가 단지 그것으로 배움의 경험이라는 것이죠."

"그게 무슨 뜻이죠?"

"아주 간단해요. 바라는 결과를 얻지 못했다면, 그 경험을 통해 배운 것을 다시 시도하라는 것이죠. 사실 실수를 감수하고 거기서 배워 나가지 않는 한, 어떤 일에서도 성공할 수 없어요.

루즈벨트 대통령은 이렇게 말했죠. '승리도 패배도 겪어 보지 못한 빈곤한 영혼에 속해 있기보다는, 설사 실패로 얼룩질지라도 위대한 일을 행하여 영광스러운 승리를 취하는 것이 훨씬 낫다. 왜냐하면 빈곤한 영혼은 승리도 좌절도 모르는 황혼 속에서 살고 있기 때문이다.'

성공한 사람이 거의 없는 이유 중 하나는 대다수가 실패와 좌절을 기꺼이 감수하려 하지 않기 때문이죠. 하지만 실패를 비교적 쉽게 받아들일 수 있는 한 가지 방법이 있어요."

늘 최선을 다했는지 자문하라

"그 방법이란 게 뭐죠?"

"자신의 시도를 분석하는 거예요. 즉 실패한 사람들은 통상 자신의 잘못에 초점을 맞춘다는 거지요. 따라서 자신의 잘못을 느끼게 되면 자신감을 잃으면서 더 이상 다시 시도하려고 하지 않죠. 그러나 성공한 사람들은 자기가 잘한 점에 초점을 맞추기 때문에 설사 바라는 결과를 얻지 못해도 자기 자신에게 늘 '그래도 내가 할 수 있는 한 최선을 다했어'라고 말하죠."

"잘 모르겠는데요."

"좋아요. 그럼 컴퓨터 영업 사원을 예로 들죠. 그는 고객에게 전화를 걸어서 자기 소개를 한 뒤 새 컴퓨터를 구입하지 않겠느냐고 물었어요. 고객이 구입하지 않겠다고 하자 대화는 거기서 끝났죠. 그는 자기가 할 수 있는 최선을 다한 걸까요? 그는 전화를 했어요. 적어도 그 고객이 컴퓨터를 사지 않는다는 걸 알았으니까요. 이 경험을 바탕으로 그는 다시 한 번 다른 고객에게 전화를 했는데, 이번엔 다른 질문을 했지요. 비즈니스에 사용할 수 있는 최신 컴퓨터 기술에 관심이 있냐고 말이에요. 고객은 관심은 있지만 연구할 시간이 없다고 했어요. 영업 사원은 무얼 잘했을까요? 그는 다른 질문을 함으로써 고객이 너무 바빠 새 컴퓨터를 살 생각이 없다는 걸 알았어요.

영업 사원은 다시 세 번째 고객에게 전화를 해서 이번에는 다른 식으로 말했죠. '저에게 5분의 시간을 주시면 사무실 비용 50%를 줄일 수 있는 방법을 알려 드리겠습니다.' 그 고객은 바쁘긴 했지만 비용을 줄이는 법에 대해서는 관심이 있었죠. 그래서 퇴근 전 5분 정도는 별로 문제가 없다고 생각해 영업 사원을 만나기로 했어요. 결국 영업 사원은 시간을 얻는 데 성공했고, 제품을 소개할 기회를 얻었죠.

위대한 발명가는 누구나 자기 자신에게 어떻게 하면 지속성을 유지할 수 있는지 묻죠. 우리 역시 그와 동일한 질문을, 제품을 팔든 부를 창조하든 끈기 있게 추진하고 싶다면 물어야 하는 거예요."

내가 재빨리 요점을 기록하자 에질리의 말이 계속 이어졌다.

"한때는 인생이 운명에 의해 예정된 거라고 생각했었죠. 별자리가 우리 운명을 좌지우지한다고 말이죠. 하지만 지금은 누구나 자신의 운명을 창조할 능력이 있다고 확신해요. 내가 가장 의미 있게 배운 것은 '나 자신'이야말로 내게 일어날 수 있는 그 어떤 일보다도 크다는 거예요. 무슨 일이 일어나든 석공의 정신으로 끈기 있게 내리친다면 반드시 성공할 거예요."

에질리가 안주머니에서 종이 쪽지 한 장을 꺼내 나에게 건네주면서 말했다.

"난 매일 이 쪽지를 지니고 다니죠. 항상 끈기의 힘을 상기하도록 해주니까요."

내가 종이를 펼치자 짧은 시가 적혀 있었다.

포기하지 말라!

일이 잘못되어 갈 때

걷는 길이 계속 오르막길처럼 보일 때

저금은 줄어들고 채무만 늘어날 때

그리하여 미소를 짓고 싶어도 한숨만 나올 때

걱정이 그대를 짓누를 때

필요하다면 휴식하라. 하지만 절대로 포기하지 말라!

인생은 변수와 의외로 가득하니

누구나 수많은 실패를 통해서 배운다.

조금만 더 버티면 성공할지도 모르니

포기하지 말라!

비록 발걸음은 느려질지라도

일거에 당신은 성공할 수도 있다.

성공은 실패를 뒤집은 것이다.
얼마나 성공에 가까운지는 결코 말할 수 없으리니,
아주 먼 곳처럼 보여도 실제로는 가까울 수 있다.
따라서 아무리 타격을 받아도 끝까지 분투할지니
포기하는 것이야말로 가장 헛된 것이다.

그 날 밤 나는 인생에 대해서 오랫동안 곰곰이 생각했다. 지난날을 되
돌아보니 끈기의 특성을 전혀 기르지 못했음을 알 수 있었다. 상황이
어려워지거나 장애가 생기면 즉시 포기하고, 다른 것을 시도하려고 찾
아다녔다. 하지만 에질리와의 만남을 통해, 성공하고 싶다면 자신의 이
런 단점을 고치고 석공의 정신을 배워야 한다는 걸 깨달았다. 어떤 장애
가 가로막든 끈기를 갖고 성공할 때까지 멈추지 말아야 한다.

끈기의 힘

1_ 성공은 한 번의 노력으로 성취되는 것이 아니라 수많은 노력이 쌓여서 이루어지는 것이다.

2_ 성공한 자와 성공하지 못한 자의 차이는 재능에 있는 것이 아니라 끈기에 있다.

3_ 어떤 행동이든 바람직한 결과를 낳지 못했을 때는 늘 이렇게 자문해 보라.
"내가 한 일이 지금까지 해 온 것처럼 오래 지속할 만한 것인가?"
이 방법은 늘 다시 시도하도록 용기를 북돋을 것이다.

4_ 석공의 정신과 끈기를 배워 결코 멈추지 않는다면, 그리고 모든 경험으로부터 배울 수 있다면, 당신은 노력으로 늘 성공할 것이다.

지출 통제가 미래의 부를 창조한다
— 지출 통제의 힘(오먼)

내 명단에 적힌 일곱 번째 사람은 주디 오먼이란 여인이었다. 이튿날 아침 그녀에게 전화를 걸어 오후의 약속을 확인했다.

오먼 여사는 시외에 위치한 자신의 저택에 사무실을 마련해 사업을 하고 있었다. 그녀는 흑인이었는데, 키는 나보다 약간 작았으며 40대 초반처럼 보였다. 그녀는 짙은 갈색 눈과 긴 곱슬머리의 매력적인 여성이었다. 밝은 붉은색 외투에 검정색 짧은 바지를 입고 있었는데, 피부색과 어우러져 건강해 보였다.

오먼 여사의 사무실은 자신의 집 뒤편에 있었다. 방은 밝고 넓었으며, 구석에는 참나무로 만든 책상과 높은 의자가 놓여 있었다. 책상 오른쪽에는 컴퓨터 한 대와 전화 두 대, 그리고 서류들이 놓여 있었다. 책상 왼쪽으로는 아주 매력적인 정원이 내려다보였다. 그 곳은 커다란 요크셔 돌로 이루어진 테라스로 프랑스식 창문이 나 있었다. 정원 잔디밭에는 버드나무 몇 그루가 심어져 있었는데, 가장 독특한 광경은 정원 뒤로 강이 흐르고 있는 모습이었다.

"경치가 너무 좋네요! 일하면서 이런 아름다운 경치를 볼 수 있다니 정말 멋지군요!"

오먼 여사가 웃으며 말했다.

"감사합니다, 정말 좋아요. 집에서 일하면서 강을 구경하는 것이 내 꿈 중 하나였죠. 물론 자택 근무의 가장 큰 장점은 가족들과 더 많은 시간을 보낼 수 있다는 거죠. 매일 교통지옥에 시달리면서 전철이나 버스를 타기 위해 애쓸 필요도 없죠. 대부분의 사람들이 회사와 집을 오가는 데 두세 시간 정도 소요되는 것으로 알고 있어요. 상상이 되나요? 일주일에 15시간을 출퇴근하는 데 소비하다니……. 그건 이틀 동안 일하는 거나 마찬가지죠. 시간은 세상에서 가장 소중한 상품이에요. 황금보다 훨씬 더 가치가 있죠. 왜냐하면 시간은 일단 가버리면 영원히 돌아오지 않기 때문이죠."

오먼 여사는 나에게 팔걸이 의자에 앉으라고 권한 뒤 자기는 맞은편에 앉았다.

"풍요로운 부의 비밀에 관해 알고 싶은 거죠?"

"그렇습니다. 부인이 처음으로 부의 비밀을 들은 건 언제쯤입니까?"

"음, 처음으로 들은 건 10년 전이었죠. 지금과는 전혀 다른 상황이었어요. 당시 난 전 남편과 헤어지고 산더미 같은 빚을 지고 있었죠. 신용카드로 수천 파운드의 빚을……. 게다가 대출금을 갚지 못해 은행에서는 집을 저당 잡으려고 했죠. 법원에서는 한 달간의 여유를 주면서, 빚을 갚지 않으면 모든 재산을 잃을 거라고 했어요."

"저런!" 내가 소리를 질렀다.

"어떻게 그 상황을 극복하셨나요?"

"그 날의 일이 아직도 생생하네요. 난 법원 밖에 있는 벤치에 앉아서 어찌하면 좋을지 고민하며 울고 있었죠. 정말 아무런 희망도 보이지 않았어요. 그 때 따스한 손길이 어깨에 닿는 걸 느꼈어요. 고개를 돌려 보니 왜소한 중국 노인이 내 곁에 앉아 있었죠. 몸에 딱 맞는 옷을 입고 있어서 법원 직원인 줄 알았어요. 그는 내게 도움이 필요하냐고 물었죠. 난 노인의 관심에 감사를 표했지만, 도울 수 있는 일이 아니라고 했어요. 그는 나에게 많은 말을 했는데, 전혀 귀에 들어오지 않았죠. 오직 한 마디만 뇌리에 남았는데, 그건 바로 문제를 해결하는 황금률이었어요. '모든 가능성을 다 시도했다고 생각할 때, 이 한 가지를 명심하게. 여전히 가능성은 있다'는 것을."

오먼 여사의 얘기에 언젠가 노인이 나에게도 그렇게 말한 것을 기억하고는 미소를 지었다.

"노인은 풍요로운 부의 비밀에 관해 이야기했죠. 물론 한 번도 들은 적이 없었지만, 노인의 말에 호기심을 느꼈어요. 그 때 처음으로 자신의 운명은 자신이 조종할 수 있다는 말을 들었지요. 인생은 달기도 하고 쓰기도 하며, 승리할 때도 있고 실패할 때도 있지만, 모든 것은 운명이나 행운에 달려 있다는 얘기는 그 전부터 많이 들었죠. 그러나 노인은 누구나 자신의 운명을 조종할 수 있고, 누구나 부를 창조하는 능력을 갖고 있다고 말했어요. 노인은 떠나기 전에 종이 쪽지 하나를 내게 주면서, 문제를 해결하는 데 도움이 될 거라고 했어요. 쪽지를 본 나는 몹시 당황하고 말았죠. 단지 10명의 이름과 전화 번호만 적혀 있었으니까요."

"그 당혹감…… 알 만합니다."

내가 웃으며 말했다.

"솔직히 말해서 별로 희망을 걸지 않았어요. 그래도 명단에 적힌 사람들과 연락해서 그들의 말에 귀를 기울였죠. 그들 모두가 매력적인 증인들이었어요. 처음에는 풍요로운 부의 비밀이 효과가 있을 거라고는 믿지 않았지만, 난 배운 것을 한번 시도해 보았죠. 그 결과 내 인생은 점점 변하기 시작했어요."

오먼 여사가 말했다.

번 돈으로 어떻게 잘 살 것인가

나는 노트를 펼쳐 놓고서 필기를 시작했다. 다 적고 난 다음 오먼 여사를 쳐다보면서 물었다.

"정확히 어떤 변화가 있었죠?"

"무엇보다도 내 삶을 조종할 수 있었기 때문에 더 행복해졌죠. 게다가 놀랍게도 3년 안에 모든 빚을 청산하고 저축한 돈으로 작은 사업도 시작했죠."

"어떤 비밀이 당신의 변화에 가장 큰 역할을 했습니까?"

나는 오먼 여사의 경험에 흥미를 느껴 물었다.

"모든 비밀이 도움이 되었어요. 하지만 그 중에서도 당시 내게 가장 영향이 컸던 비밀은 바로 '지출 통제의 힘'이었어요."

"지출 통제라니요? 예산을 말씀하시는 겁니까?"

"비슷해요."

"예산을 짜는 것이 부를 창조하는 데 어떤 도움을 줄 수 있습니까?"

의심스러운 듯이 내가 물었다.

"무엇보다 이 점을 명심하세요. 얼마나 벌었는지가 부를 결정하는 것이 아니라, 번 돈으로 얼마나 잘 살 수 있느냐가 부를 결정하는 거죠."

"그게 뭐가 다릅니까? 돈을 많이 벌수록 살 수 있는 물건도 많아지고 생활의 질도 개선되는 것 아닙니까?"

오먼 여사가 정색을 하면서 말을 이었다.

"그렇지도 않아요. 돈을 많이 벌면 벌수록 그만큼 쓰는 돈도 많아지고 손실도 더 늘어나는 걸 발견하게 될 거예요. 월급이 높을수록 일하는 시간은 많아지고, 가족과 함께 하는 시간은 줄어들지요. 설사 많은 돈을 벌더라도 아이들과 놀아 줄 시간이 주당 몇 시간도 없다면 그것을 부라고 할 수 있을까요?"

나는 턱을 문지르면서 말했다.

"네, 무슨 말씀인지 알겠습니다."

"부는 돈의 액수보다는 삶의 질과 관련되어 있죠. 풍요로운 부를 체험하는 데 수억의 돈은 필요 없어요. 원하는 방식으로 살 수 있는 수단을 갖추기만 하면 족해요. 풍요로운 부를 원한다면 먼저 자기 방식대로 사는 법을 배워야 해요. 자기 방식에 따라 지출을 통제하는 거죠. 1,000파운드를 벌어서 900파운드를 쓴다면 만족할 수 있겠지만, 1,000파운드를 벌어서 1,100파운드를 쓴다면 불행해져요. 말하자면 지출이 수입을 초과하면 곤란을 겪게 되는 거죠."

지출 통제가 수입을 창조한다

나는 고개를 끄덕이며 말했다.

"무슨 말씀인지 알겠습니다. 빚을 지지 않으려면 반드시 예산의 한도 내에서 살아야 한다는 말씀이죠? 하지만 그것이 수입을 증가시키는 건 아니잖아요?"

"아뇨, 증가시킬 수 있어요! 지출을 통제하는 것이 수입 안에서 즐겁게 생활하는 데만 필요한 건 아니에요. 오히려 더 많은 수입을 창조할 수도 있죠."

"그래요? 어떻게 가능하죠?"

"수입을 부지런히 저축하지 않으면 부를 창조해도 유지할 수 없어요. 이 점에 대해서는 동의하죠?"

내가 고개를 끄덕이자, 오먼 여사가 계속했다.

"재산이 아무리 많더라도 지속적인 수입이 없으면 그 재산은 점점 줄어들죠. 지속적인 수입을 창조할 수 있는 유일한 방법은 더 많은 돈을 벌거나, 일부의 돈으로 수입을 창조하는 거예요."

"저축이나 투자를 말씀하시는 겁니까?"

"그래요. 정기적으로 저축을 하거나 명석한 투자를 하면 이자가 계속 불어나지요."

"하지만 일단 그만한 돈이 있어야 저축이나 투자를 할 수 있는 것 아닙니까? 월말 청구서 대금마저 못 내는 형편인데, 저축이나 투자는 말할 나위도 없지요."

"날 믿어요. 당신도 할 수 있어요. 물론 당신은 스스로에게 약속해야 해요. 반드시 '내 수입의 일부는 나의 것'이라고 해야 하죠."

"농담 마세요. 내 수입은 전부 내 것이지요."

"당신은 그렇게 말할지 몰라도 현실은 전혀 그렇지 않아요. 청구 대금만 놓고 보더라도 당신의 수입은 진정으로 당신에게 속해 있지 않아요."

"음, 그렇긴 하지만……." 나는 말을 더듬었다.

"대다수 사람들은 평생 빚에 쫓기는 생활을 하고 있어요. 마치 빚을 갚기 위해 일하는 것 같죠. 나도 그 중 하나였죠. 왜 그런 삶을 살았을까요? 자신을 위해 수입을 남기지 않았기 때문이죠.

만약 풍요로운 부를 창조하고 싶다면 반드시 자신의 수입 일부분을 남겨야 해요. 그 돈으로 투자를 하거나 저축을 해서 계속 수입을 늘려야 하죠."

수입의 10%를 떼어 투자하라

나는 오먼 여사의 말에 이의를 제기했다.

"하지만 현실적으로 투자하거나 저축할 만한 돈을 모으기가 쉽지 않은 것 같은데요."

"그건 지출을 현명하게 통제하지 않기 때문이죠. 확신하건대 당신은 저축하거나 투자하려고 노력하지 않았어요."

"그럴 수도 있겠죠. 하지만 말은 쉬워도 실천하긴 어렵습니다."

"내가 당신에게 알려 주는 것은 내게도 도움이 되었던 방법이에요. 어쨌든 수입의 10%를 절약하는 데서부터 시작하세요. 얼마를 벌든 수입의 90% 안에서 살아가는 거예요. 날 믿어요. 이건 생각보다 쉽죠. 그렇게 할 수 있도록 훈련해야 하고 습관을 들여야 해요. 이것은 단기적으로는 비교적 사치스러운 지출을 포기하는 것이지만, 장기적으로는 상당히 가치 있는 일이죠."

오먼 여사가 계속 말했다.

"다시 예를 들죠. 매주 적어도 20파운드를 저축한다고 했을 때, 1년이면 1,000파운드 정도 되죠. 그리고 이 돈으로 정기예금을 하면 매년

8%의 이자를 받는데, 25년 후면 25,000파운드가 되지만, 이자가 계속 불어나서 총액은 78,950파운드가 되죠."

"정말입니까? 어떻게 그럴 수 있죠?"

"이자에 이자가 붙는 거죠. 첫 해의 이자는 1,000파운드의 8%이지만, 두 번째 해는 2,080파운드의 8% 이자지요. 이처럼 해마다 이자가 당신의 원금에 들어가므로, 이자에 이자가 붙는 방식으로 저축이 급격히 불어나죠. 예컨대 매년 1,000파운드씩 35년간 저축하면 총 35,000파운드를 불입하는 것이지만, 저축의 총액은 186,000파운드가 돼요!"

"그렇다면 인플레이션은 어떻게 하죠? 물가가 8%를 넘고 이자도 여전히 8%라면 저축을 해도 남는 것이 없지 않겠습니까?"

"맞아요. 하지만 일반적으로 이자는 인플레이션보다 높죠. 난 지출을 통제하고 정기예금을 함으로써 목돈을 만들 수 있는 방법을 설명하기 위해 8%의 예를 들었을 뿐이에요.

물론 저축이나 투자를 할 때는 전문 지식을 갖고 있거나 투자 전문가에게 상담할 필요가 있죠. 정기예금을 하든 투자를 하든, 자신의 요구에 가장 적합한 것을 택해야 합니다. 이것은 자신의 수입, 배우자의 유무, 재무 상황, 그리고 일정 기간 안에 돈을 불리는 것이 가능한지 등에 달려 있어요.

하지만 핵심은 지출을 통제해 저축이나 투자를 할 재원을 마련하자는 원리죠. 그래야만 현재의 돈으로 미래의 부를 창조할 수 있으니까요. 그리고 뻔한 소리이긴 하지만, 지출 통제가 빠르면 빠를수록 더 빨리 부를 창출할 수 있죠. 10년 일찍 하는 것이 커다란 차이를 가져와요. 젊었을 때부터 돈을 저축해야 하는 이유는 바로 이 때문이죠."

"20대가 아닌 30대부터 저축해도 차이가 별로 없을까요?"

"음, 스스로 판단해 보세요. 어떤 사람이 29살부터 매년 1,000파운드씩 저축해서 65살까지 했다고 해요. 또 다른 사람은 19살부터 매년 1,000파운드씩 29살까지만 저축했다고 해요. 똑같은 정기예금 방식을 사용해서 매년 8% 이자를 65살까지 받는다면, 어느 사람의 통장에 돈이 더 많을까요?"

"물론 29살부터 저축한 사람이죠. 비록 출발은 늦지만 36년을 지속해 왔으니까요. 10년 저축한 사람에 비해 4배나 되니 그의 저금이 당연히 많을 수밖에 없죠."

오먼 여사가 빙긋 웃으며 말했다.

"사실을 말씀드리죠. 첫 번째 사람은 65살 때까지 36,000파운드를 불입했으므로 원금과 이자를 합치면 모두 202,070파운드이죠. 하지만 두 번째 사람은 19살부터 29살까지 모두 10,000파운드를 불입했지만, 65살이 되었을 때는 원금과 이자를 합쳐서 모두 249,901파운드가 들어 있죠."

"정말입니까?" 내가 놀라서 소리를 질렀다.

"10년 차이가 그렇게 심할 줄이야?"

"숫자는 거짓말을 하지 않아요."

창업의 계기가 된 지출 통제

나는 깊게 심호흡을 했다. 순간 빨리 저축을 해야겠다는 생각이 들었다. 하지만 여전히 어떻게 여분의 돈을 마련해야 할지 자신이 없었다.

"지출을 통제하고 정기예금을 하는 것이 이론적으로 훌륭하다는 것은 인정하지만 실천도 쉬울까요? 당신은 어떻게 했나요?"

"나 역시 지출 통제의 중요성을 처음 들었을 때는 의심했어요. 특히 난 채권자가 많았거든요. 하지만 계속 살아가자면 할 수밖에 없었죠. 빚을 갚듯이 수입의 10%를 미래를 위한 투자로 남겨 놓았죠."

"어떻게 빚을 갚으면서 동시에 저축할 수 있었죠?"

"난 채권자들을 찾아가서 경제적 어려움을 설명했어요. 그러고는 매달 할부로 빚을 갚겠다고 약속했죠. 그들 역시 내가 단번에 빚을 갚을 수 없다는 걸 알기 때문에 동의했죠. 그러고 나서 예산을 짰어요. 수입의 70%는 생활비로 사용하고 20%는 빚을 갚았으며 10%는 남겨서 투자하기로 했어요. 빚을 갚아 나가는 데 기쁨을 느꼈고, 나 자신을 위해 부를 창조하고 있는 데 행복을 느꼈죠.

물론 쉬운 일은 아니었어요. 일부 사치스러운 지출은 줄여야 했죠. 점심은 직접 샌드위치를 싸 가지고 가서 회사에서 먹었으며, 채소류는 값이 싼 상점에서 샀어요. 저녁에는 거의 놀러 나가지도 않고, 옷도 세일 기간에만 샀어요.

이렇게 살다 보니 일에 대한 열성이 더욱 높아지더군요. 결국 몇 년 후에는 빚을 전부 갚았을 뿐만 아니라, 약간의 자본금도 모았죠. 작은 사업을 하기에는 충분한 돈이었어요. 실제로 나의 창업을 자극한 것은 지출 통제 덕이었죠."

"어떻게요?"

"나는 꽉 짜여진 예산 안에서 살아야 했죠. 그래서 늘 경매장에 가서 가장 싼 물건을 샀어요. 하루는 세일하는 물건을 친구에게 보여 주다가 갑자기 좋은 아이디어가 떠올랐죠. 다른 곳에서 열리는 경매는 어떻게 알 수 있냐는 친구의 질문이 계기가 되었어요. 난 경매에 관심을 갖고 있는 사람이 전국 각지에 많을 거라고 생각했죠. 일단 경매에 관한 자세한 정보를 실은 소식지를 정리하기 시작했어요. 전국 각지의 정보를 다 수집했지요. 그리고는 작은 돈을 들여서 지방 신문에다 구독자를 응모하는 광고를 냈어요. 적은 지출로 정기적으로 받아 볼 수 있다고 말이에요. 반응은 믿을 수 없을 정도로 좋았죠! 이에 자극을 받아 내 사업을 전국으로 확대할 생각으로 다른 지역의 신문에도 광고를 냈어요. 얼마 안 가서 각지에서 수많은 구독 신청서가 날아왔지요."

"정말 대단하네요!"

"네, 그래요. 모두가 지출을 통제한 덕분이죠. 내가 지출을 통제하지 않았다면 창업할 돈도 모으지 못했을 거예요. 그리고 비용을 절감하지 않았다면 사업도 성공하지 못했을 거고요. 새로 사업을 시작한 사람 중에서 80%가 1년 이내에 실패하는데, 그 이유는 과도한 투자를 하다 보니 지출을 감당할 수 없었기 때문이죠."

지출 통제는 미래의 부도 창조한다

오먼 여사의 말에 고개를 끄덕였다.

"그러나 더 중요한 것이 있어요. 지출 통제는 내 사업을 일으켜 세웠을 뿐만 아니라 미래의 부도 창조할 수 있게 했죠."

"정말 그렇게 중요합니까?"

"그럼요! 내 말은 청교도처럼 살라는 것이 아니라, 지속적인 부를 추구하기 위해 모든 사치를 물리치라는 뜻이에요. 부가 정말로 중요하다면 어느 정도의 사치는 희생할 수밖에 없지요. 예산 안에서만 지출을 하고, 절대로 갚을 수 없는 빚은 지지 말아야 하죠.

실내 인테리어를 하는 사람을 만난 적이 있는데, 그는 아주 적은 수입으로 부인과 네 아이와 함께 아주 작은 아파트에서 살고 있었죠. 그는 사업 밑천으로 6,000파운드를 빌렸는데, 이 돈을 갖고 가족과 함께 디즈니월드로 놀러 가서 6주 동안 다 써 버렸어요. 집으로 돌아왔을 때는 아이들에게 신발 사줄 돈조차 없었죠. 그는 아무런 대책도 없었기 때문에 결국 그 빚을 갚기 위해 늙을 때까지 일만 할 수밖에 없었어요. 바로 지출 통제의 중요성을 배우지 않았기 때문이에요.

알다시피 자신의 삶이 운명이나 행운, 환경의 통제를 받고 있다고 잘못 생각하는 사람이 아주 많아요. 사실은 정반대죠. 자신이 처한 상황에 대해 탓해야 한다면 오직 자신만을 탓해야 해요. 바로 이것이 내가 배운 가장 중요한 교훈이었죠.

자신의 운명은 사람들이 믿는 것처럼 별자리에 쓰여 있지 않아요. 자신의 운명은 매일매일의 삶 속에서 자신이 쓰는 거예요. 사람들은 자신의 문제를 경제, 정부, 부모 심지어는 날씨 탓으로까지 돌리는데, 자기의 삶을 책임질 수 있는 사람은 자기밖에 없어요. 오직 자신만이 삶을 변화시킬 능력을 갖고 있죠. 사고와 행동은 삶 속에서 취하고 버리는 과정을 결정하지만, 풍요로운 부의 비밀은 더 효율적인 과정을 취하는 법과 꿈을 성취하는 법을 가르쳐 주죠."

오먼 여사의 말을 열심히 적다가 순간 고개를 들어서 물었다.

"지출 통제가 하룻밤에 부를 가져다 줄 수는 없지만, 미래를 위한 풍요로운 부를 구축한다는 말이죠?"

"맞아요."

오먼 여사가 맞장구를 치며 계속 말했다.

"게다가 누구나 할 수 있죠. 첫 번째는 불필요한 채무에 빠지지 않게 하며, 두 번째는 당신의 돈으로 재테크를 할 수 있게 하죠."

"네, 알겠습니다. 하지만 오랫동안 기다려야 수확을 얻게 되겠죠. 저 역시 지출 통제와 저축이 노년의 생활에 도움이 된다는 건 인정합니다. 그러나 그것이 어떻게 현재의 부나 단기간에 효과를 볼 수 있는 미래의 부를 창조할 수 있습니까?"

"풍요로운 부를 원한다면 착실히 쌓아 가면서 확고한 기초를 다져야 해요. 지출 통제가 하룻밤이나 1년 사이에 부자로 만들어 주지는 못하지만, 미래를 위한 기초는 구축할 수 있죠. 아울러 가족을 더 잘 보살피게 되고, 빚을 지지 않고, 적어도 말년에 경제적으로 독립한 10% 이내의 사람 중 하나가 되도록 해 주죠. 매주 수입의 10%만 저축하면, 완만하긴 하지만 착실하게 돈을 모아 부를 창조하는 투자를 할 수 있어요. 하지만 늘 조심해야 하는 건 일확천금이죠."

오먼 여사가 경고했다.

"투기성 투자는 위험하니까, 후회하지 않도록 신중하게 결정하세요. 물론 살다 보면 모험을 해야 할 때도 있지요. 하지만 그 모험은 계산된 위험 부담이어야지, 도박이 되어서는 안 돼요."

부는 지속적인 수입을 창조하는 것

나는 일단 다 적고 나서 고개를 들며 말했다.

"일단 많은 돈을 모으면, 더 이상 지출을 통제할 필요는 없지 않을까요?"

"절대 그렇지 않아요. 지출을 통제하지 않으면 수입과 비례해서 지출도 늘어나죠. 아마 더 큰 집을 사고 더 좋은 차를 사고 더 화려한 휴가 계획을 짜고 유명 브랜드의 옷을 사고 더 비싼 식당을 가는 데 쓰일 거예요. 지출 통제를 의식적으로 결정하기 전까지는 말이죠. 물론 지출에 대해서 전혀 걱정할 필요가 없는 사람도 몇몇 있지만, 대다수의 사람들은 그렇지 못해요. 백만장자들도 마찬가지죠. 실제로 복권에 당첨된 사람들이 나중에 무일푼이 되는 이유는 역시 지출을 통제하지 못했기 때문이죠. 그들은 물 쓰듯이 낭비만 할 뿐 미래를 고려하지 않죠.

명심하세요! 부는 지속적인 수입을 창조하는 것이란 것을……. 지속적인 수입을 창조하지 못하면 결국 돈은 고갈되고 말죠. 마치 흘러 들어오는 물이 없는 호수처럼 말이에요. 그러므로 지출을 통제하지 않고서는 풍요로운 부를 창조하거나 유지할 수 없어요."

지출 통제의 힘

1_ 얼마나 벌었는지가 부를 결정하는 것이 아니라, 번 돈으로 얼마나 잘 살 수 있는지가 부를 결정한다.

2_ 지출을 통제하면 현재의 수입만으로도 행복하게 살 수 있으며, 더 많은 수입을 창조할 수도 있다.

3_ 소득이 일정한 사람은 지속적인 수입을 보장하기 위해 지출을 통제할 필요가 있다.

4_ 자기 수입의 일부를 나의 것으로 떼어 놓아라. 수입의 10%를 떼어 투자를 하라. 그것은 미래를 위한 부를 구축하기 위한 출발점이 된다.

속임수와 거짓은 결국 밝혀진다
— 성실의 힘(브룩스)

그 도시에서 어니스트 헨리를 모르는 사람은 거의 없었다. 그의 가게는 고가의 가정용품을 판매하는 유명한 체인점이었다. 유명해진 이유는 단순했다. 믿을 만한 제품을 사고는 싶은데, 유명 브랜드를 사기는 좀 그렇다면, 어니스트 헨리의 가게 제품을 이용하는 게 가장 좋았다. 상술에 의한 속임수는 전혀 없으면서 모든 제품은 깔끔하고 값이 적정했다. 게다가 물건을 산 후에도 제품에 이상이 있을 시에는 언제든지 환불을 받을 수도 있었다.

이 체인점의 창시자이자 사장은 헨리 브룩스였다. 그는 내 명단에 적힌 여덟 번째 사람이었다. 내가 사무실로 들어서자, 브룩스는 급히 의자에서 일어나 따뜻하게 맞아 주었다. 체구가 작고 얼굴이 통통한 54살의 남자였는데, 검은 테두리 안경을 끼고 있었으며 크고 둥근 얼굴에 두 눈이 반짝였다. 나는 중국 노인과의 만남에 대해서 간단히 말했다.

그러자 브룩스가 큰 소리로 말했다.

"훌륭해! 그래, 정말로 부유해지고 싶은가?"

"네!"

"지금까지 들은 풍요로운 부의 비밀에 대해 어떻게 생각하는가?"

"아주 흥미로웠어요! 사장님은요?"

"자, 이제 30년 전으로 돌아가 볼까? 20대 초반이던 나는 종일 돈 벌 궁리만 하고 있었네. 어떻게 돈을 벌든 상관없었어. 그저 40살 생일 때는 백만장자가 되겠다는 목표를 세웠을 뿐이네. 그런데 이것이 가장 큰 문제점이었지."

"왜요? 명확한 목표야말로 부를 창조하는 데 필수적이라고 생각하는데요."

"그렇기는 하지! 하지만 난 단순히 백만장자가 되는 것만을 목표로 삼지 않았어. 만약 그랬다면 좋았겠지. 문제는 어떻게 목적을 달성하든 상관없다는 태도였어. 백만장자가 되는 꿈에 너무 집착한 나머지 풍요로운 부의 비밀 중에서도 가장 중요한 '성실의 힘'을 소홀히 한 거야.

성경에 이런 말이 있지. '한 사람이 온 세상을 얻더라도 영혼을 잃는다면 무슨 소용이 있겠는가?' 이보다 더 진실한 말은 여태껏 없었다고 장담할 수 있네. 성실함이나 자존심을 잃은 사람보다 더 가난한 사람은 없어. 얼마나 많은 돈이 있느냐는 중요하지 않지. 가진 돈이 얼마든 스스로 부를 느낄 수 없기 때문이야. 또 자신이 쌓은 부에 성실함이 결여됐다면 그건 일시적인 부일 뿐이지. 불성실과 정당치 못한 행각으로 부를 쌓는 것은 모래 위에 집을 짓는 것과 같아서 결코 오래가지 못하네.

첫 직장은 이중 유리를 판매하는 회사였어. 그건 정말 완벽한 사기였지. 집집마다 방문하여 무료로 창문 검사를 해준다고 말하면서 자연스럽게 회사 제품을 판매했네. 방문한 집을 홍보 자료로 이용할 수 있게 해준다면 시중 가격의 절반으로 새 창문을 설치해 주겠다고 말하는 거야. 가령 창문을 설치하기 전과 설치한 후의 모습을 사진으로 찍을 수 있게 해주면 보통 6,000파운드가 드는 비용을 3,000파운드에 해 주겠다고 했지. 그 장사는 한 마디로 너무나 쉬웠네."

브룩스가 계속 말했다.

"난 사람들을 설득해서 계약서에 사인하게 만드는 데 재능이 있다는 걸 발견했지. 한 건 할 때마다 20%의 커미션에다 고객의 보너스까지 받을 수 있었네. 난 아주 잘 나갔어. 주당 2,000파운드 이상을 벌었으니까.

그러던 어느 날 모든 것이 변했네. 내가 어느 집 문을 두드리자, 한 중국 노인이 문을 열어 주었지. 집으로 들어간 나는 늘 그래 왔듯이 창문을 소개했어. 소개를 마치고 나자 노인이 물었네. '내가 새 창문을 사면 누가 혜택을 받죠? 당신 아니면 나?' 난 둘 다 이익이라고 대답했지.

그러자 노인은 내 눈을 가만히 응시하면서 말했어. '내게 정말 이 창문이 필요하다고 생각합니까? 전문가의 안목으로 볼 때 원래의 창문이 더 어울리지 않나요?'

노인에겐 범상치 않은 뭔가가 있었네. 하지만 그것이 무엇이든 간에 난 불편함을 느꼈어. 그를 더 이상 속일 수 없을 거라고 생각한 나는 그 일을 시작한 이래 처음으로 정직하게 말했네.

내가 일어나서 가려고 하자, 노인은 의자에서 몸을 일으켜 내 손을 잡으면서 고마움을 표시했어. 그러고는 내가 풍요로운 삶을 갈망하는 걸 느낄 수 있다면서, 그 방법을 알고 싶지 않느냐고 묻더군. 호기심이 동한 나는 그 자리에 남아서 노인의 말을 들었다네. 난 벼락부자가 되는 법을 알려 줄 거라고 기대했지만, 노인이 말해 준 것은 바로 풍요로운 부의 비밀이었지. 그는 내게 명단을 주면서, 그 사람들이 비밀에 대해 더 자세히 말해 줄 거라고 했어. 그래서 나는 명단에 나온 사람들을 하나하나 만나면서, 비밀에 대해 더 많은 것을 알아내게 되었다네.

그 비밀은 인생에 대한 나의 태도를 완전히 바꿔 놓았고, 그 결과 나의 삶도 변했어. 2년 후 내 수입은 최소한 4배는 늘어났지.

그리고 시장 노점에서 다양한 가정용품을 파는 것으로부터 이 일을 시작했어. 2년 후에는 내 소유의 점포를 내고, 3년 후에는 30개의 체인점을 차렸지. 다시 2년 후 연 수입은 수백만 파운드에 달하게 되었네."

정직과 성실은 성공의 필수 요소

브룩스의 성공담이 나를 격동시켰다.

"사장님의 성공이 풍요로운 부의 비밀과 관련되어 있다고 믿습니까?"

"말할 것도 없지! 그 중 가장 영향이 컸던 비밀은 '성실의 힘'이라고 생각하네."

"성실이라고요?"

이해할 수 없다는 듯이 내가 말했다.

"그렇지! 정직은 사업의 원칙이니까. 성공을 원하고 풍요로운 부를 창조하고 싶다면 성실과 정직은 필수적인 요소라네. 그 이유를 가르쳐주지. 첫 번째는 거래를 할 때 정직하지 못하면 어느 누구나 좋은 느낌을 가지고 일을 할 수 없지. 사람은 양심이라는 게 있으니까. 때문에 무슨 일을 하든 신명나게 일하기 힘들다네. 두 번째는 무슨 일을 하든 그 결과는 자신에게 돌아온다는 거야. '인생은 돌고 돈다'는 말을 들어 본 적이 있나?"

"물론입니다."

"이 말은 진실이라네. 삶의 기본 법칙이니까. 어느 종교나 이 법칙을 말한다네. 힌두교는 이것을 카르마라고 부르고, 성경에서는 심판이라고 부르지. 즉 '심은 대로 거둔다'는 말과 통하네. 그것을 뭐라고 부르든 아무도 빠져 나갈 수 없는 법칙이야. 우리의 행위와 말, 심지어 생각조차 부메랑이 되어서 우리에게 돌아오지."

"남을 속이면 자신도 속게 된다는 말입니까?"

"맞아, 맞아! 아무리 속은 사람이 되갚지 않는다 해도 결국은 똑같은 경우를 당한다는 말이지."

속임수와 거짓은 결국 밝혀진다

문득 지난 일들이 떠올랐다. 정말이지 정직하지 않았던 경우가 몇 번 있었다. 가장 선명한 기억은 아프지도 않으면서 아프다는 핑계를 대고 결근을 한 적이 있었다. 옳지 않은 일이란 건 알았지만, 남들도 다 하는 짓이라고 생각했었다.

"모두가 부정직한 짓을 한다면, 사장님은 어떻게 하겠습니까?"

"남이 무엇을 하든 그건 그들의 일이라네. 하지만 그들도 카르마의 법칙을 피할 수는 없지. 따라서 다른 사람의 행동으로 자신의 행위를 정당화하는 것은 매우 어리석은 짓이야. 게다가 온갖 속임수와 기만은 결국 밝혀지기 마련이지. 그건 늘 우리를 따라다니게 되어 있네. 무엇을 구축해 놓았든 결국 담장 무너지듯이 무너지기 마련이야."

"그러나 실제로 대다수의 부자는 정직하지 않은데요?"

"전혀 그렇지 않다네. 모든 부자가 부정직하다는 생각은 모든 가난한 사람은 성자라는 관념처럼 아주 어리석은 거야. 오히려 가난한 곳일수록 범죄가 많이 일어나기도 한다네."

"그건 왜 그렇죠?"

"가난과 결핍을 범죄에 대한 핑계로 이용하기 때문이야. 풍요로운 부는 성실과 정직만이 창조할 수 있다네."

"하지만 제 경험에 의하면 대다수 장사꾼은 거짓말을 하고 고객들에게 사기를 칩니다."

"혹시 자네는 잘못된 사람들과 많이 거래를 한 건 아닌가?"

"어떻게 무엇이 옳고 무엇이 그른지 판단할 수 있습니까? 특히 상대가 모두 부정직하다면 말입니다."

행동을 할 때 고려해야 할 5가지 질문

뭔가 골똘히 생각하던 브룩스가 말했다.

"행동을 할 때 몇 가지 질문을 스스로에게 던지는 것이 가장 쉬운 방법이지. 첫 번째는 '합법적'인가 하는 거야. 합법적이지 않은 행동이라면 저절로 곤경에 직면하게 되네. 두 번째는 '도덕적'이냐는 질문이지."

"도대체 두 번째 질문까지 던지는 이유가 뭡니까? 합법적이라면 곤경에 빠질 리도 없고, 아무 문제도 없을 텐데요."

내가 이해할 수 없다는 듯이 말했다.

"그 말이 경찰에 대한 것이라면 틀림없이 진실이지. 그러나 인생은 돌고 돈다는 것을 명심하게. 아무리 합법적이더라도 부도덕한 수단으로 돈을 벌었다면 결국 밝혀지게 마련이라네. 모든 사람이 그 때 한 짓을 알게 된다면 어떤 느낌이 들까? 부도덕한 행위가 사업이나 개인의 인생을 어떻게 파멸시키는지는 신문만 펼쳐 보아도 금방 알 수 있어."

그제야 나도 고개를 끄덕여 동감을 표시했다.

"세 번째 질문은 '이 일을 통해 나는 자부심을 느낄 수 있는가?'인데, 자신의 일에 긍지를 갖지 못하면 뭔가 잘못된 일을 하고 있다는 뜻이지. 네 번째 질문은 '가족이 나의 행위를 알기를 원하는가?' 하는 것이라네. 어머니가 내가 하는 일을 알고 나서 자랑스러워하실까? 내 행위가 가족에게 자긍심보다 수치심을 느끼게 한다면 그거야말로 올바른 일을 하고 있지 않다는 반증이지.

마지막으로 '이 일을 하는 자기 자신을 존중하는가?'라는 질문이네. 원칙을 어기는 일을 하면 자존심을 잃게 마련이지. 대개 자신이 존중하지 않는 사람과 함께 사는 일은 아주 힘들다네. 하물며 그 사람이 자기 자신인 경우에는……

이런 질문들의 궁극적인 원칙은 아주 간단하다네. 말이나 행동으로 남이 나에게 하지 않기를 바라는 것은 나 또한 남에게 절대로 하지 말아야 하네."

돈보다 목표에 초점을 맞추면 쉽게 이룰 수 있다

브룩스의 이야기를 적은 뒤 고개를 들어 그에게 물었다.

"이 질문에 대해 한 가지라도 부정적인 대답이 나온다면 아무리 이익이 남는 사업이라도 하지 말라는 말씀입니까?"

"그렇지! 사람들은 흔히 돈을 벌거나 부를 추구하는 데 골몰한 나머지 자신의 원칙이나 도덕적인 옳고 그름의 문제를 소홀히 하기 십상이지. 그래서 과오를 저지른다네. 그들은 돈을 목표라고 생각하지만 실제로는 정반대라네. 돈은 목표를 얻기 위한 수단에 불과할 뿐이야. 그리고 돈보다 목표에 초점을 맞추면 훨씬 더 쉽게 그것을 성취할 수 있다네."

"좋은 말씀 정말 감사합니다."

나는 일어나서 갈 준비를 하다가 문득 떠오르는 질문을 던졌다.

"확실히 여러모로 생각해 볼 만한 시간이었습니다. 마지막으로 하나 묻고 싶은데요, 아직도 그 집에 중국 노인이 살고 있습니까?"

"글쎄, 그 곳에 사는지는 잘 모르겠네."

"무슨 뜻이죠?"

"몇 개월 후 그 노인을 만난 집을 다시 찾아갔었지. 노인의 도움에 감사를 표시하고 내 삶이 얼마나 변했는지 말씀드리고 싶었다네. 하지만 그 집엔 어느 노부부가 살고 있었어. 그들은 여기서 산 지 20년이 넘는다고 하면서, 한 번도 중국 노인을 본 적이 없다고 하더군. 이웃들에게도 물어 보았지만 어느 누구도 중국 노인을 알지 못했지."

성실의 힘

1_ 온 세상을 얻는다 해도 영혼을 잃는다면 무슨 소용이 있는가?

2_ 우리의 행위와 말, 심지어 생각조차도 부메랑과 같다. 늘 자신에게 되돌아오기 마련이다.

3_ 불성실한 수단과 속임수로 부를 쌓는 것은 모래 위에 집을 짓는 것과 같다. 결코 오래가지 못한다.

4_ 일이나 개인적인 삶 속에서 어떤 행동을 고려할 때, 먼저 자신에게 몇 가지 질문을 하라.

- 이것은 합법적인가?
- 이것은 도덕적인가?
- 이것은 자부심을 느끼게 하는가?
- 가족이 이 일을 알기를 원하는가?
- 이 일을 하는 나 자신을 존중하는가?

실패하지 않을 거라고 확신하라
― 신념의 힘(루이스)

다음날 나는 평상시보다 일찍 일어났다. 마음은 여전히 곤혹스러웠다. 풍요로운 부의 비밀이 내가 만났던 사람들에겐 커다란 도움을 주었지만, 과연 내게도 그런 도움이 될 수 있을까? 이것이 문제였는데, 아무리 생각해도 확신할 수가 없었다.

새로운 사업을 구상해 보기도 했지만 망설여지기는 마찬가지였다. 실패하면 어떻게 하지? 지금보다 더 비참한 상태로 끝난다면? 밤새도록 이 문제와 씨름했지만 해답을 찾지 못했다. 그리고 지금까지 중요한 결정을 내려 잘된 적이 없었다.

이번에도 잘못된 선택을 한다면 그것이 재난이 되어 남은 여생에 큰 영향을 미칠 것이다. 나는 아홉 번째 만나는 사람이 이런 문제를 푸는 데 도움이 되기를 간절히 바랐다.

대머리에다 60대 중반이란 나이에도 불구하고, 사이몬 루이스는 여전히 젊음을 유지하고 있었다. 그는 규칙적인 운동과 야외 활동을 즐기는 것이 젊음을 유지하는 데 큰 도움이 된다고 했다. 외모만으로도 성공한 기업가로 보였다. 짙은 회색 정장에 붉은색 넥타이와 손수건이 조화를 이루었다.

루이스는 교외에 있는 자기 소유의 큰 종합 회사에서 생명보험 에이전시를 맡고 있었다. 그의 회사는 작년도 매출액이 경쟁사보다 10배나 더 많았다.

지금까지 봐 왔던 사람들처럼 그 또한 늘 성공적이고 부유한 사업가는 아니었다. 실제로 그는 평생토록 ─ 엄밀히 말해서 60살 생일을 맞을 때까지 ─ 심한 재정적 문제에 시달렸다. 5년 전까지만 해도 그는 가난한 사람들이 사는 빈민촌에서 방 한 칸짜리 아파트를 세내서 살았다. 또 사무실 임대료를 부담할 수 없어 아파트 4층에 있는 빈집의 주방을 빌려야 했다.

그러나 지금 이 순간 내 앞에 앉아 있는 이 사람은 전국에서도 가장 성공한 생명보험 회사의 설립자였다. 어떻게 그가 짧은 시간 내에 부를 쌓을 수 있었는지 상당히 궁금해졌다.

실패하지 않을 거라고 확신하라

잠시 후 루이스가 말했다.

"내 삶의 변화는 대략 5년 전부터 시작됐네. 사무실로 사용하고 있는 주방에 앉아서 어떻게 하면 상황을 개선시킬 수 있을까 고민하고 있었다네. 당시 내 나이는 이미 60세로 다른 사람들 같으면 편안한 은퇴 생활을 즐기고 있을 때였지만, 나는 저축은커녕 빚만 지고 있는 신세였지. 그러던 어느 날 무심코 「타임」지를 읽고 있었는데, 65살에 경제적으로 독립한 사람은 8% 미만의 남자와 2% 미만의 여자에 불과하다는 기사가 실려 있었다네. 또 부유하다고 할 수 있는 사람은 1%도 되지 않는다고 쓰여 있더군. 정말 실망스런 기사였지. 내 상황도 거의 가망이 없었기 때문에, 나는 두 손을 모으고 제발 이 상황에서 벗어날 수 있게 해 달라고 기도했다네.

그 순간 갑자기 어디선가 힘찬 목소리가 들려 왔지.

'걱정 마시오. 당신은 벗어날 수 있어요!'

고개를 들었더니 한 중국 노인이 방 안에서 미소를 짓고 있었지. 그는 왜 주방에서 일하느냐고 묻더군. 그 질문에 나도 모르게 '사는 게 너무 힘들다'고 푸념했지. 그러자 노인은 고개를 끄덕이면서 '힘든 나날은 지속되지 않을 겁니다. 하지만 강인한 사람만이 그럴 수 있죠'라며 말을 걸었다네.

우린 대화를 나누었지. 그 노인은 풍요로운 부의 비밀에 대해 이야기했다네. 한 번도 들어 본 적이 없는 내용이었지만, 노인의 말은 한 마디 한 마디가 의미심장했지. 그는 떠나기 전에 10명의 이름과 전화 번호가 적힌 종이 쪽지 한 장을 주면서, 삶을 바꾸고 풍요로운 부를 창조하고 싶다면 그 사람들과 연락해 보라고 했다네.

말할 필요도 없이, 나는 명단에 적힌 사람들을 모두 만나 보았지. 그리고 기적이 정말로 일어났어. 당시 내가 믿던 것보다 더 극적으로 내 삶이 바뀐 거야. 난 정말 풍요로운 부의 비밀을 알게 되어 너무 감사했다네."

"어떤 면에서 도움을 얻으셨나요?"

"그들은 내 삶의 상황은 나만이 책임질 수 있으며, 나에겐 그 상황을 바꿀 수 있는 능력이 있다고 했지. 특별히 내게 도움이 되었던 비밀은 '신념의 힘'이라네. 그 당시는 미래에 대한 희망과 자신감도 잃고 있었을 때니까."

"신념이요?"

내가 다시 물었다.

"신념이 부와 무슨 관계가 있습니까?"

"있다마다……. 삶의 모든 일은 신념에서 시작되지. 하고 있는 일에 대해 신념을 갖지 못하면 꿈을 추구할 수도 없고, 사업을 시작할 수도 없고, 미래를 위한 투자나 저축도 할 수 없다네. 일단 의심에 사로잡히면 더 이상 노력하지 않고 포기하고 말지.

중국 노인을 만날 무렵, 난 사업을 개선하는 방법에 대해 무척 고민하고 있었지. 내가 생각해 낸 유일한 아이디어는 전국의 경제 신문에 특이한 광고를 내서 홍보하는 것이었네. 그러나 광고비가 비싼 반면 딱히 효과가 있다는 보장도 없었기 때문에, 위험 부담이 컸지. 만약 광고 효과만 있다면 그 보상이 꽤 큰 사업이었네."

"그럼 어떻게 했습니까?"

"아무것도 하지 않았네. 그저 '성과가 없으면 어떻게 하지?'라며 끊임없이 생각했지. 까딱하다 잘못되면 난 완전히 파멸될 수도 있었으니까. 광고 홍보를 위해 은행에서 큰돈을 빌렸기 때문에, 만약 성과가 없을 시엔 5년 동안 빚을 갚아야 했던 거지. 게다가 성공할 수 있는 요인이 하나도 떠오르지 않았네. 과거에도 성공한 적이 없는데, 어떻게 오늘 성공한다고 확신할 수 있었겠나? 그 때 노인이 준 명단에 적힌 첫 번째 사람을 만났지. 그는 내게 주저되고 의심이 들 때는 한 가지 질문밖에 없다고 말했네.

'당신이 실패하지 않는다는 걸 안다면 어떻게 하겠습니까?'

'실패하지 않을 거라는 확신만 선다면, 당장 광고 홍보를 시작할 겁니다'라고 대답했더니, 그 사람이 다시 말하더군.

'그것이 바로 정답입니다. 실패할 수 없다는 걸 알면 당신은 반드시 하게 되어 있습니다.' 그리고 그 사람은 종이 위에 뭔가를 써서 내게 건네주었지. 단 한 마디가 쓰여 있었는데, 내게 아주 깊은 인상을 남겼네.

'용감하라! 전능의 힘이 도울 것이다.'

용감하라! 난 결코 용감한 적이 없었지. 과거에는 항상 두려움과 의심이 행동을 가로막았다네. 나중에야 알았지만, 실제로 일을 잘 할 수 없었던 이유 중 하나는 두려움과 의심이었지. 중요한 결정을 내려야 할 때는 늘 의심과 두려움이 내 발목을 잡았다네."

실패로 가는 유일한 길은 시도하지 않는 것이다

루이스의 말을 충분히 이해할 수 있었다. 나 역시 중요한 결정에 직면해서는 질질 끄는 습성이 있었기 때문이다. 일에서 성공하지 못하게 만드는 독소였지만, 어쩔 도리가 없었다.

루이스의 이야기는 계속되었다.

"난 전혀 시도하지 않는 것보다는 시도하다가 실패하는 것이 낫다는 말을 평생토록 들어왔지. 그러나 내 경험에 의하면, 많은 사람들은 결코 그것을 진심으로 믿지 않네. 오히려 시도하지 않는 것이 낫다고들 생각하지. 시도하다 실패하기보다는 차라리 처음부터 그만두는 게 낫다는 거야. 또 일단 시도했으면 꼭 성공해야 한다는 바람을 갖고 있지.

많은 사람들이 실패나 실수를 두려워한다네. 그러나 진실로 실패하는 유일한 길은 바로 시도하지 않는 거야! 정말로 시도해 본다면, 완전히 실패하지 않을 수도 있다네. 왜냐하면 그 경험을 통해서 적어도 뭔가를 배우기 때문이지. 실패의 두려움 때문에 부를 창조할 기회를 놓치는 사람이 너무나 많다네. 그들은 결코 위험 부담을 지지 않으려고 하지. 그러나 인생 자체가 모험이 아니겠나? 이걸 한번 보게."

루이스는 시가 적힌 액자를 나에게 보여주었다.

모험

웃는 것은 바보처럼 보일 위험이 있다.

우는 것은 감상적으로 보일 위험이 있다.

남에게 도움의 손길을 뻗으면 얽힐 위험이 있다.

감정을 드러내는 일은 자신의 진정한 자아를 드러낼 위험이 있다.

대중 앞에서 이상과 꿈을 드러내는 것은 그 이상과 꿈을 상실할 위험이 있다.

사랑하는 일은 짝사랑이 될 위험이 있다.

살아가는 일에는 죽음의 위험이 있다.

기대할 때는 실망의 위험이 있다.

하지만 그래도 위험은 필요한 것이다. 왜냐하면 인생에서 가장 큰 위험은 한 번도 모험을 하지 않는 것이니까.

모험을 하지 않는 사람은 아무것도 하지 못하며 아무것도 얻지 못하며 그리하여 아무것도 아닌 존재이다.

이런 사람들은 고통과 슬픔을 회피할 수는 있지만, 배우고 느끼고 변화하고 성장하고 사랑하고 살아가는 일은 불가능하다.

이런 사람들은 자신의 태도에 갇힌 노예라서 자유를 상실한 존재이다.

오직 모험을 무릅쓰는 사람만이 자유롭다.

— 작자 미상

실제 그런 것처럼 행동하라

이 시를 읽고 나서 루이스에게 물었다.

"모험을 무릅쓰기 위해선 반드시 신념이 있어야 하나요?"

"그렇다네! 하지만 도박하는 심정으로 자기가 가진 모든 것을 룰렛 게임의 회전판에다 걸라는 뜻은 아니야. 그런 위험은 너무나 어리석은 짓이라서 지속적인 부를 가져다 줄 수 없다네. 내 뜻은 자신이 믿는 프로젝트와 관련된 계산된 모험을 하라는 거야. 실패나 좌절에 대한 두려움 없이 체계화된 행동 계획을 통해 목표를 추구하라는 거지.

삶의 변화는 스스로 변화를 창조하고 그 변화를 창조하는 자신의 능력을 신뢰할 때만 일어난다네. 모든 변화에는 불확실한 요소가 있기에 모험은 불가피하지. 하지만 첫발을 디딜 용기가 없고서는 영원히 두 번째 발을 디딜 수 없다네."

"그렇지만 올바른 결정을 내렸다는 걸 어떻게 확신할 수 있죠?" 내가 물었다.

"만약 의심이 든다면 자신의 감정에 충실하고 직관을 믿어야 하네. 설사 그것이 불합리하고 비논리적일지라도……. 진실한 감정은 꿈을 추구하도록 만들지. 신념이 그토록 중요한 것은 바로 이 때문이야. 일단 신념을 갖고 그 신념을 자신의 삶에 적용하면, 그 때는 기적이 일어나는 걸 보게 될 거야."

"그렇다면 신념은 어떻게 가질 수 있죠? 종교적인 신앙 교육을 받은 적도 없는데, 어디서부터 시작해야 할지 모르겠습니다."

"음, 특별한 종교나 신앙은 필요 없다네. 그저 열린 가슴만 갖고 있다면, 무엇을 요구하든 종파나 교의에 상관없이 자네에게 주어질 거야. 신념은 배울 수도 있고 창조할 수도 있지. 신념과 관련해서 내가 들은 최고의 충고가 있다네.

'실제 그런 것처럼 행동하라!'

나는 늘 이 말을 명심하고 있다네. 성공한 것처럼 행동하고, 목표를 이룰 수 있는 것처럼 행동하고, 무슨 일을 하든 정당함이 입증된 것처럼 행동하게. 끊임없는 노력으로 결코 실패할 수 없는 것처럼 행동하면, 자네의 목적은 필연적으로 이루어지기 마련이지."

"실제 그런 것처럼 행동한다!"

루이스의 말을 반복하면서 필기를 했다.

"그렇게 하면 성공의 경험과 목표의 실현을 처음으로 맛볼 수 있지. 또 모든 일이 점점 제대로 돌아가는 걸 알 수 있다네. 일단 일이 제대로 돌아가기 시작하면 자기 자신과 삶에 대한 신념도 강해진다네.

신념을 창조하기 위해서 자기 암시를 되풀이할 수도 있지. 자기 암시는 잠재의식 속에 자리잡은 믿음에 영향을 끼치기 때문이라네. 자주 반복하다 보면 그것은 잠재의식의 일부가 되지. 예를 들면 이런 자기 암시가 있다네.

'신의 풍요가 나의 삶 속으로 흘러들면서 모든 욕구와 욕망을 충족시켜 준다.'

'나의 삶 속에서 풍요로운 부를 실현시키는 것을 그 어떤 것도 막거나

지연시킬 수 없다.'

'모든 일이 나의 목적을 위해서 일어나고, 나의 삶을 풍요롭게 하기 위해서 일어난다.'

'삶에 대해 무엇을 요구하든 가장 좋은 시간, 가장 좋은 곳에서 그것을 얻는다.'

이런 자기 암시를 나는 매일 반복한다네. 심지어 조그만 카드에다 적어서 지갑에 넣고 다니면서 스스로를 깨우치기도 하지."

루이스가 잠시 쉬었다가 계속 말했다.

"신념을 갖고 있으면 어떤 것도 성취할 수 있다는 게 내가 평생 배운 교훈 중에서 가장 중요한 것이라네. 다시 말하지만, 신념만 있다면 그어떤 것도 성취할 수 있어!"

"좋은 말씀 감사합니다."

나는 일어나서 작별 인사를 나누었다.

"정말 많은 것을 정리하는 데 도움이 되었습니다."

"도움이 됐다니 나도 기쁘군."

루이스는 나에게 작은 카드를 건네주었다.

"이게 도움이 될 걸세."

카드에는 이렇게 적혀 있었다.

그가 말했다.

"가장자리 끝으로 오라!"

그들이 대답했다.

"우린 두려워요."

그가 다시 말했다.

"가장자리 끝으로 오라."

그들이 왔다.

그는 그들을 밀어 버렸다.

그리하여 그들은 날았다.

— 기욤 아폴리네르

신념의 힘

1_ 자신이 믿는 프로젝트에 대해 그것이 가능하다고 확신할 수 있는 체계적인 행동 계획을 세운 뒤 이렇게 자문하라.
"실패할 수 없다는 것을 안다면 나는 어떻게 하겠는가?"

2_ 용감하라. 전능의 힘이 도울 것이다.

3_ 실제 그런 것처럼 행동하라. 그러면 성공할 수 있다.

4_ 자신의 감정에 충실하고, 자신의 직관을 믿고 따른다.

5_ 자기 안에 신념을 창조하기 위해 자기 암시를 반복하라. 자주 반복하다 보면 잠재의식의 일부가 된다.

6_ 이제는 신념을 가지고 용감하게 행동할 때가 왔다.

남을 돕는 것은 자기를 돕는 것이다
— 관용의 힘(레버)

풍요로운 부의 비밀은 나를 흥분시켰다. 정말 처음으로 부를 창조할 수 있다는 느낌이 들었다. 매일 아침에 일어나 긍정적인 자기 암시를 반복했는데, 이는 나 스스로 부를 끌어들이는 잠재의식상의 신념을 창조하기 위한 것이었다. 내가 삶에서 원하는 것 — 경제적으로, 사회적으로, 직업적으로, 정서적으로 — 에 대해 심사숙고했다. 그리고 목표를 적어 놓고 창조적인 시각화를 실천함으로써 마음으로는 목표의 완성을 볼 수 있도록 했다.

나의 가장 큰 꿈은 작가가 되는 것이었다. 단순한 글쓰기가 아니라, 남들이 읽어서 도움이 되는 책을 쓰고 싶었다. 물론 또 다른 꿈도 있었는데, 대지가 딸린 커다란 저택을 갖고 싶었다. 매일 아침 공원을 산책하면서 지나쳤던 그런 집! 또 나는 가족을 부양할 수 있는 충분한 부를 소유하고 싶었다. 그래서 목표를 성취하기 위해 자세한 행동 계획표를 작성했다. 또 지출을 통제하는 예산안도 짰다. 채권자들을 만나 내 경제적 상황을 알려 주고, 비록 모든 채무를 당장 갚을 수는 없지만 다달이 할부로 갚겠다고 약속했다. 매달 수입의 20%를 빚을 갚는 데 쓰니까 채권자들도 기꺼이 그 방식을 받아들였다. 내가 수많은 다른 채무자들처럼 자신들을 회피하기보다는 성실하게 마음을 열고 정직하게 대했기 때문이다.

또한 수입의 10%는 투자용으로 저축하기로 했다. 이를 위해 입고 먹는 것을 아끼고 불필요한 지출을 줄여야 했지만, 이런 것은 다 작은 희생에 불과했다. 왜냐하면 결과적으로는 부채를 청산하고 미래의 부를 구축할 수 있으니까.

풍요로운 부를 창조하고 싶다면, 모든 일에서 정직하고 성실해야 한다는 것을 이제는 이해하게 되었다.

"인생은 부메랑과 같아서 무엇을 던지든 결국 자신에게로 되돌아온다."

나는 브룩스가 한 말을 기억하고 있었다. 그리고 전문 지식의 필요성을 깨달았다. 또 체계적인 계획을 세워 창작과 기업 경영을 배우는 야간 학교에 등록했다. 이제는 신념도 지니게 되었다. 노인의 명단에 적힌 사람들을 만나고 나서 마침내 풍요로운 비밀이 그들에게 유효한 만큼 나에게도 유효할 거라는 신념을 갖게 되었다. 자신이 생각하거나 믿는 것은 무엇이든 반드시 성취한다는 걸 믿었다.

이제 명단에는 한 사람만 남았는데, 그 사람을 어서 빨리 만나고 싶었다. 풍요로운 부의 마지막 비밀이 무엇인지 알고 싶었기 때문이다.

사랑과 고통, 눈물이 깃든 그림

조프리 레버의 대저택은 4층 건물로 시내에서 가장 호화로운 동네에 자리잡고 있었다. 가로수를 따라 주택들이 늘어섰는데, 이 곳은 학력이 높거나 부자들이 사는 고급 주택가였다. 명단에 적힌 사람들을 만나기 위해 몇 주일 동안 연속해서 멋진 집을 방문했지만, 레버의 저택이 가장 고급이었다. 그의 집은 18세기에 지은 하얀 건물이었다.

건물 내부는 마치 「집과 정원」 잡지에 나오는 사진 같았는데, 전문 디자이너가 특별히 설계한 것임을 알 수 있었다. 내부 장식은 아주 정교하였으며 가구들도 모두 골동품이었다.

집사인 듯한 사람이 문 입구에서 나를 맞아 거실로 안내했다. 거실은 삼 면이 바닥에서 천장까지 책들로 차곡차곡 진열되어 있었다. 네 번째 벽면에는 전통적인 벽난로가 설치되어 있었는데, 작은 불꽃이 따뜻하게 타오르고 있었다.

벽난로 옆 벽면에는 예전에 본 적이 있는 아주 인상적인 유화 한 점이 걸려 있었다. 불구인 두 손을 맞잡고 마치 기도하는 자세로 하늘을 향해 뻗고 있는 그림이었다.

이 때 방문이 열리면서 백발에 눈이 파란 한 노인이 들어왔다. 서로 악수를 하고 자기소개를 한 뒤 벽난로 앞에 있는 팔걸이 의자에 앉았다.

"방금 이 그림을 감상하고 있었나?"

레버가 벽난로 위에 있는 그림을 가리키면서 말했다.

"예, 저는 예술에 대해 잘 모르지만, 이 그림에는 범상치 않은 뭔가가 깃들어 있는 것 같습니다."

"이 그림엔 아름다운 이야기가 얽혀 있지."

그가 계속 말을 이었다.

"이것은 실제 있었던 일이야. 약 500년 전, 독일 뉘른베르크 부근의 작은 마을에 18명의 아이가 있는 한 가족이 있었다네. 아버지는 알브레히트 뒤러라고 금 세공인이었는데, 하루 18시간을 일해야만 아이들을 먹이고 입힐 수 있었지.

그 중 두 아이는 미술에 재능이 있어서 둘 다 미술가가 되는 꿈을 가지고 있었네. 하지만 아버지의 능력으로는 뉘른베르크에 있는 미술 학원에 둘 다 다닐 수 없다는 걸 잘 알고 있었지. 그래서 두 아이는 동전을 던져서 결정하기로 했어. 진 사람이 그 지역 탄광에서 일을 하고, 거기서 나온 수입으로 이긴 사람의 미술 공부를 뒷바라지하기로 했지. 그리고 4년 후 이긴 사람이 졸업하면 임무를 교대하기로 했네. 즉 먼저 졸업한 사람이 그림을 팔든, 탄광에서 일을 하든 돈을 벌어서 학비를 대주기로 한 거야.

동전을 던진 결과 동생 알브레히트가 이겨서 미술 학원으로 갔네. 형 알베르트는 탄광 일을 해서 동생의 학비를 마련했지. 알브레히트의 재능은 금방 인정을 받았기 때문에 4년 후 졸업할 때는 자신의 작품에 대해 상당한 값을 부를 수 있게 되었네. 그는 고향으로 돌아와서 축하 파티를 마치고, 사랑하는 형에게 술잔을 올렸네.

'형! 형의 희생이 없었다면, 난 성공할 수 없었을 거야.'

그는 말을 마치면서 마지막에 이렇게 말했지.

'이제는 형 차례야. 뉘른베르크에 가서 형의 꿈을 이루어 봐. 내가 보살펴 줄 테니까.'

온 가족이 알베르트의 희생과 그의 미래를 위해 축배를 들었지. 바로 그 때 알베르트는 울기 시작했어. 두 뺨으로 눈물이 흘러내리는데, 그는 '아냐, 아냐, 아냐……'라고 부르짖었네. 방 안이 조용해지자, 그는 눈물을 닦으면서 말했다네.

'너무 늦었어. 난 뉘른베르크에 갈 수 없어. 이것 봐!'

알베르트는 기형적으로 구부러진 자신의 손가락을 보여 주었다네. 탄광에서 4년 동안 일하다 보니 관절마다 성한 곳이 없었지.

'너무 아파서 축배의 술잔을 들기도 힘들어. 그러니 그림을 그리는 건 엄두도 못 내. 난 이미 너무 늦었어!'

그 후 동생 알브레히트는 유명한 화가가 되었지. 오늘날 그의 작품은 전세계 미술관과 화랑에 걸려 있다네. 그러나 자신의 성공이 형의 희생 덕분이란 걸 결코 잊을 수 없었지. 그래서 영원히 형을 기념하기 위해 이 그림을 그린 거야. 이처럼 사랑과 고통과 눈물이 깃든 그림은 없을 거야. 그는 형의 손에 난 상처와 고통을 있는 그대로 충실하게 재현했으니까. 형의 손은 예술가의 양심의 가책과 죄의식을 그대로 반영하고 있는데, 마치 진지하게 감사 기도를 드리는 것처럼 하늘을 향해 뻗고 있지. 용서를 구하는 것처럼……."

남을 돕는 것은 자기를 돕는 것이다

레버는 잠시 쉬었다가 계속 말을 이었다.

"내가 이 그림을 여기에 걸어 놓은 이유가 뭔지 아나? 내 평생 배운 것 중에서 가장 중요한 교훈을 담고 있기 때문이네. 그 교훈은 바로 다른 사람의 도움 없이는 어떤 풍요도 성취하기 힘들다는 거야. 이 사실을 거부하는 사람이 있다면, 설사 아무리 많은 재산을 가지고 있더라도 결코 풍요로운 부를 느낄 수 없다네. 마지막 열 번째 비밀, 즉 '관용의 힘'을 배우지 않는 한 말이야."

"관용이요?"

내가 중얼거렸다.

"그렇다네! 관용은 풍요로운 부의 필수적 요소라 할 수 있지. 물론 자신과 가족을 위해서만 부를 쌓는 일은 관용 없이도 가능하네. 하지만 그 때는 결코 풍요로운 부를 경험하지 못할 거야. 명심하게. 부는 자신이 소유한 돈이나 재산의 양이 아니라, 오히려 삶의 질과 더 관계가 있다는 것을……."

"그렇다면 관용과 삶의 질이 무슨 관계가 있죠?"

"아무런 동기 없이 남을 도운 적이 있나? 단순히 도울 수 있었기 때문에 남을 도운 적이 있느냐는 얘기야. 아주 간단한 예를 들면, 길을 건너가는 노인을 돕거나 길 잃은 사람에게 길을 찾아 준다든지……."

나는 고개를 끄덕였다.

"그 때 어떤 느낌이 들었나, 좋지 않았나? 의미 있는 일을 한 것이 기쁘지 않았나?"

레버가 물었다.

"그야 물론이지요."

"그럼 자네가 길을 건널 때, 도움이 필요한 사람을 무시하면 어떤 느낌이 들지?"

"양심의 가책을 느끼겠죠."

"바로 그거야. 관용을 실천하면 저절로 좋은 느낌이 든다는 걸 알 수 있지. 자신이 사회에 공헌할 수 있는 것처럼 느껴진다네. 그렇게 되면 잠재의식에서는 자신에 대한 가치를 더욱 믿게 되지."

"좋은 느낌을 갖는 데는 도움이 되겠지만, 부를 창조하는 데는 도움이 될 것 같지 않습니다."

"십일조의 원칙을 들은 적이 있나?"

"네. 기독교 신도들이 소득의 일부를 교회에 바치는 것 아닙니까?"

"맞아! 하지만 그 원칙은 소득의 일정 부분을 꼭 필요한 이들에게 베풀었던 사람들에 의해서 시작된 거지. 지금은 부자만이 아니라 모든 사람이 다 돈을 바치고 있네. 궁핍한 사람은 빼고 말이야.

신학자들이 모여 십일조의 원칙이 어떻게 가능한지 토론했네. 어떤 사람은 원시적인 세금의 형태라고 주장했으며, 어떤 사람은 일종의 사회복지라고 주장했어. 그러나 대다수가 돈을 베푼 것보다 훨씬 가치 있는 걸 경험한다는 사실을 소홀히 했지."

"자기 자신에 대한 좋은 느낌을 말하는 겁니까?"

"물론 그것도 포함되지. 하지만 실제로는 남에게 줌으로써 우리도 받는 게 있다네. 바로 무엇을 하든 다 자신에게 돌아온다는 원리지. 이것을 생명의 윤회든, 업이든 뭐라 불러도 상관없어.

자기가 준 것은 뭐든지 자기에게로 돌아오는데, 그것도 다양한 형태로 돌아오지. 몇 년 전 나는 생존을 위한 씨름을 하고 있었네. 사업을 위해서 오랜 시간을 일했지만, 원하는 만큼은커녕 더 이상의 진전이 없었어. 어느 날 그를 만나기 전까지는……."

남을 도우면 다양한 보답이 따라온다

레버가 잠시 회상에 잠기는 사이 내가 끼어들었다.

"중국 노인이요?"

"또 누가 있겠나?"

그가 미소를 지었다.

"노인에게서 풍요로운 부의 비밀 ─ 특히 관용의 힘 ─ 을 배웠지. 당시 난 관용이나 자선을 베풀 여유가 없다고 반박했다네. 그러나 노인은 내가 관용을 베풀 여유가 있다고 주장했지. 당연히 난 그의 말을 의심했어. 다른 한 사람을 만나기 전까지는 말이야.

그 사람은 소득의 10%를 필요한 사람에게 주고 나서부터 경제적인 상황이 개선되었다고 말하더군. 그래서 나도 해 보기로 결심했는데, 놀랍게도 정말 효과가 있었지. 나는 점점 힘을 얻었으며 일도 더 열심히 했네. 수입도 늘어나기 시작했지. 내 인생에 가장 드라마틱한 충격을 준 것이 바로 관용의 힘이었다고 자신 있게 말할 수 있다네.

지금 난 풍요로운 부를 소유하고 있네. 이 집말고도 바베이도스에 별장이 있고, 스위스에는 스키장이 있지. 또 롤스로이스를 몰고 있으며, 총재산은 천만 파운드가 넘지."

"정말 관용의 원칙이 도왔다고 믿습니까?"

"그렇다네. 물론 관용만이 유일한 힘은 아니지. 풍요로운 부의 비밀 전체가 그 역할을 한 거네. 그러나 소득의 10%를 베풀면서부터 풍요로움을 느끼기 시작했고, 동시에 수입도 늘어났지. 온갖 기회와 주문이 밀려 들어왔네. 이 모든 걸 우연의 일치라고도 할 수 있겠지만, 내 체험과 비슷한 이야기를 하는 사람도 많이 있지."

내가 고개를 숙여서 요점을 적자, 레버가 계속했다.

"부는 일종의 비료와 같다네. 주변에다 약간 뿌리면 식물의 성장을 도울 수 있으며, 결과적으로는 자네 역시 부유해지지. 그러나 비료를 쌓아 둔 채 건드리지 않으면 기분 나쁜 악취를 풍길 뿐만 아니라, 위험한 세균과 박테리아의 온상이 되네. 자신의 부를 도움이 필요한 사람과 나누면, 돈은 축복의 원천이 되면서 다양한 방식으로 보답을 해 주지."

"일단 남을 도울 정도의 부가 있어야만 도울 수 있는 것 아닙니까?"

내가 이의를 제기했다.

"많은 사람들이 자네의 견해에 동감을 표할 거야. 그러나 인생은 그런 식으로 작용하지 않아. 만 파운드를 버는 사람이 천 파운드를 내놓는 것보다 10만 파운드를 버는 사람이 만 파운드를 내놓는 것이 쉽다고 생각하나?"

나는 입술을 깨물고 눈을 깜박이면서 잠시 생각하다가 말했다.

"그렇지 않을 것 같은데요."

"소득의 10%로 남을 돕는 습관을 기르면 풍요의 느낌 – 실제보다 더 많이 가진 느낌 – 이 잠재의식 속에 각인될 거야. 그렇게 되면 자네의 삶에 풍요로운 부가 끊임없이 흘러들기 시작하지. 이 그림이 바로 모든 것을 말해 주고 있네."

레버가 벽난로 위에 걸린 유화를 가리키면서 말했다.

"혼자서는 어떤 것도 성취할 수 없다네. 자네가 어떤 사람이든, 혹은 어디에서 왔든 항상 자네의 성공과 부를 돕는 사람이 있을 테니까. 이 때문에 사람과 사람 사이에 관용을 끊임없이 이어지게 하는 것이 중요한 거야."

그 날 밤, 나는 10명의 사람들과 만나서 기록한 내용을 정리했다. 하나하나의 비밀을 읽어 나가면서 내 인생이 한층 더 풍요로워짐을 절감할 수 있었다.

관용의 힘

1_ 남으로부터 도움을 받거나 남을 돕지 않고서는 어떠한 부도 성취하기 힘들다.

2_ 남을 돕는 것은 자기를 돕는 것이다.

3_ 소득의 10%를 필요한 사람에게 베풀도록 하라. 무엇을 베풀든 몇 배로 보답을 받을 것이다.

4_ 남을 도우면 풍요의 느낌이 잠재의식 속에 각인된다.

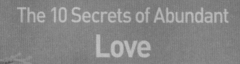

The 10 Secrets of Abundant
Love

두 번째 이야기

사랑의 힘을
얻은 사람들

세상에서 지극히 훌륭하고 지극히 아름다운 것들은
볼 수도 없고 만질 수도 없다.
오직 가슴으로만 느낄 수 있을 뿐이다.
— 헬렌 켈러

결혼식에 온 손님

✳

손님들이 2백 명도 넘었기 때문에 아마도 사람들은 내 존재를 알아차리지 못했을 것이다. 나는 연회장 한구석에 있는 테이블에 혼자 앉아 있었다. 그저 평범하기만 한 20대 후반의 젊은이! 키와 체구도 보통이고 외모도 평범했다. 방 안에 있는 다른 사람들과 마찬가지로 검정색 예복을 입고 있었다.

그런데도 유독 나 혼자만이 눈에 띄는 것 같았다. 테이블에 앉아 식사를 하던 사람들 모두 댄스홀로 나갔다. 하지만 나는 선천적으로 수줍음을 잘 타고 여자 친구도 없었기 때문에, 계속 자리에 앉아 파티를 구경할 수밖에 없었다.

아무리 보아도 이 파티는 비용이 많이 든 호화로운 연회였다. 샴페인, 칵테일에 이어 6가지 요리가 올라왔는데, 한 가지 요리가 나올 때마다 7인조 재즈 밴드가 춤을 추며 음악을 연주하였다. 연회장은 품위 있었을 뿐만 아니라 장관이었다. 도시 중심가에 위치한 최고급 호텔의 로열 연회장이었다.

모든 것이 화려하기 그지없었지만 나는 즐거움을 느낄 수 없었다. 사교에 능하지 못한 탓인지 2백 명이 넘는 낯선 사람들과 한 방에 있는 것조차 부담스러웠다. 이 파티에서 내가 아는 사람이라곤 신랑뿐이었다. 그 또한 몇 년 동안 얼굴 한 번 보지 못했던 옛 친구였기 때문에, 사실

두 번째 이야기 사랑의 힘을 얻은 사람들

내가 초청되리라고는 전혀 생각지 못했다.

살며시 신부와 뺨을 맞댄 채 춤을 추고 있는 친구의 모습을 바라보았다. 너무나 행복해 보였다. '나에게도 이런 날이 올까'라고 속으로 중얼거렸다.

'왜 그럴까? 다른 사람들은 모두 결혼해서 안정된 생활을 꾸리고 아이도 낳는데, 나는 왜 한 여자와 몇 개월도 못 사귀는 걸까?'

문제는 데이트할 여자를 찾지 못하는 게 아니었다. 인생을 함께 보내고 싶은 여인을 찾지 못했을 뿐만 아니라 어떤 여인과도 지속적인 관계를 유지하지 못하는 것이 큰 문제였다.

가끔 나 자신의 처지를 생각하기만 해도 기가 꺾이고 맥이 풀렸다. 지속적이고 의미 있는 관계를 유지하지 못하는 나에게 틀림없이 잘못이 있다고 생각했다. 그러다가도 그저 재수가 없었을 뿐이라고 자신을 합리화하기도 했다. 아마도 친구들이 나에게 말한 것처럼, 사랑은 모두 운명의 문제일는지도 모른다. 내 운명에 사랑이 아예 없거나, 아니면 사랑이 찾아오든 찾아오지 않든 그것을 변화시킬 힘이 나에겐 없는 것이다.

물론 나에게도 사랑이 찾아온 적이 한 번 있었다. 2년 전에 한 여자와 사랑에 빠졌던 것이다. 하지만 불행하게도 우리의 연애는 3개월밖에 가지 못했다.

실연을 한 후 나는 완전히 절망에 빠져 몇 주 동안 먹지도 자지도 못했다. 그 후로 다시는 어느 누구에게서도 그렇게 깊은 상처를 받지 않겠다고 결심했다.

연회장에는 아직도 많은 사람들이 있었다. 나는 홀로 앉아서 방 안에 있는 커플들을 바라보았다. 어떤 커플들은 팔짱을 낀 채 앉아서 담소하고 있었고, 또 다른 커플들은 춤추고 노래하고 있었다. 나는 스스로에게 독신이 제일 좋다고 말했다. 이들 가운데 결국 몇 사람이나 진정한 관계를 유지할 수 있단 말인가? 몇 커플이 계속 함께 있을 수 있단 말인가? 하지만 독신은 적어도 이별과 상실의 고통을 겪을 필요가 없다. 독립적이라서 전혀 구속받지 않고 자유롭게 행동할 수 있으며, 어느 곳이든 아무 때나 마음 내키는 대로 갈 수도 있다.

바로 그 때였다. 연회장을 둘러보다가 내 생각을 뒤흔드는 광경을 보았다. 댄스홀 한복판에서 한 쌍의 노부부가 서로를 꼭 끌어안고 정겨운 눈길을 주고받고 있는 게 아닌가! 이는 사랑이 오랫동안 지속될 수도 있다는 사실을 말해 주는 것이었다. 노부부가 춤추는 모습을 바라보면서, 혹시 기적이 일어나 어디선가 나를 기다리는 사람이 있을지도 모른다는 생각이 들었다.

만남

※

"혼자인가?"

소리 나는 곳으로 몸을 돌리자, 한 중국 노인이 내 곁에 서 있었다. 왜소한 몸집의 노인은 귀밑머리의 백발을 제외하곤 거의 대머리였는데, 커다랗게 미소 짓고 있는 갈색 눈 때문인지 얼굴이 환해 보였다. 방 안에 있는 다른 손님들처럼 노인도 검정색 연회복을 입고 흰 셔츠에 검은 나비 넥타이를 매고 있었다.

"네, 혼자입니다."

"나 역시 혼자라네. 같이 앉아도 괜찮은가?"

"좋도록 하십시오."

내가 퉁명스럽게 대답했다.

"사랑이 넘치는 결혼식 아닌가?"

"이런 걸 좋아한다면 말이겠죠."

"왜? 젊은이는 이런 결혼식 피로연이 싫은가?"

"요즘 세상엔 이런 일이 어떻게 보면 한바탕의 희극 같지 않습니까?"

나는 몸을 뒤로 젖혀 의자에 기댄 채 대답했다.

"어떤 일이?"

"결혼이요."

"서로를 사랑하지 않는 결혼이야말로 저속한 희극이지."

노인이 말했다.

"사랑이라고요!"

내가 큰 소리로 계속 말했다.

"무엇이 사랑입니까? 사람들은 항상 제멋대로 사랑에 빠졌다가는 제멋대로 빠져나옵니다. 어느 날은 상대를 위해 모든 것을 바치지만, 어느 날엔 상대의 눈길을 견디지 못합니다. 만약 당신이 나에게 묻는다면, 사랑은 너무 과대평가되고 있고 실제로는 고통과 불행을 불러올 뿐이라고 말하겠습니다."

"냉소적인 태도를 취하기는 쉽다네. 하지만 내가 장담하건대, 사랑에 대해 냉소적인 태도를 취하는 것이야말로 자네의 인생에서 가장 큰 잘못일세."

나는 노인을 향해 얼굴을 돌리며 물었다.

"왜 그렇죠?"

"그건 내가 겪었던 일이기도 하기 때문이지."

노인은 잠시 침묵을 지키다가 말했다.

"인생의 종착역에 도달했을 때, 자네가 의미를 둘 수 있는 것은 오직 살면서 주고받은 사랑뿐이라네. 저승으로 갈 때 가져갈 수 있는 것도 오직 사랑뿐이며, 이 세상에 남겨 놓을 만한 가치가 있는 것도 오직 사랑뿐이지. 그 밖엔 아무것도 없다네. 인생을 살면서 온갖 고난을 겪은 사람들은 많이 보아 왔지만, 사랑 없는 삶을 견딜 수 있는 사람은 보지 못했네. 이것이야말로 바로 삶의 가장 위대한 선물이 사랑인 이유이지."

노인은 계속해서 말했다.

"사랑은 자네의 삶에 의미를 부여하며, 자네의 인생을 살 만한 가치가 있는 것으로 만들어 주네."

사랑은 사과파이

나는 노인의 말을 전적으로 믿을 수 없었다.

"저는 그렇게까지 확신하지는 못합니다."

"왜 그렇지?"

나는 잠시 침묵을 지키다가 대답했다.

"제가 어떻게 생각하는지 아세요? 사랑에 빠진다는 것은 로맨틱한 환상에 불과하다고 생각합니다. 우리 모두는 어느 날 누군가를 만나서 사랑에 빠질 거라고 믿고 있죠. 하지만 그런 일은 쉽게 일어나지 않으며, 설사 일어나더라도 오래가지 못합니다."

나는 노인에게로 얼굴을 돌렸다.

"음…… 알겠네. 물론, 자네 말이 맞네. 사랑에 빠지는 것은 로맨틱한 환상이지!"

노인이 말했다.

"잠시만 기다리게. 내 생각엔…… 사랑은 우리가 빠지는 어떤 것이 아니라네."

노인이 미소를 지으며 말을 이었다.

"사랑은 우리가 창조하는 그 무엇이며, 우리 모두는 사랑을 창조할 수 있는 능력을 갖고 있지. 사람들은 사랑에 빠질 수 있다고 잘못 생각하고 있네. 어느 날 길을 가다가 누군가를 보고서 팍! 하고 불꽃이 튀기는 걸 상상하지. 하지만 그건 사랑이 아닐세."

"그럼 그건 뭡니까?"

내가 의혹에 찬 목소리로 물었다.

"그건 육감적인 매력에 빠지고 심취한 것이지, 절대로 진실한 사랑은 아니라네! 물론 사랑은 성숙한 육체적 매력으로부터 성장할 수도 있지만, 진실한 사랑은 결코 육체적인 것만은 아닐세. 사랑하기 위해서, 진정으로 사랑하기 위해서 자네에게 필요한 것은 상대를 이해하면서 존중하는 것이라네. 그리고 상대의 행복에 대해 진정으로 배려하는 마음이 필요하다네. 마치 사과파이처럼 말이지."

"사과파이처럼이라고요? 무슨 뜻이죠?"

"자넨 사과파이의 겉만 보고 파이가 맛있는지 맛없는지 판단할 수 있는가?"

"물론 아니죠. 직접 먹어 봐야 알겠지요."

"바로 그거라네. 이를테면 자네는 사과파이의 속 모습도 겉모습과 똑같이 좋은지 알 필요가 있지. 그렇지 않은가?"

"그렇습니다."

"사람도 마찬가지라네. 자네는 외모만 보고 그 사람이 어떻다고 판단해선 안 되네. 한 사람을 완전히 사랑하기 위해선 그 사람의 내적인 본성과 영혼을 볼 필요가 있지. 하지만 이런 것은 눈으로는 볼 수 없네. 사랑 속에 있는 자네의 가슴만이 이런 본질적인 것들을 볼 수 있지.

그렇기 때문에 지속적인 사랑의 관계는 결코 우연이 아니야. 단순히 그냥 일어나는 것도 아니고, 행운의 결과도 아니라네. 지속적인 사랑의 관계는 양분을 주면서 키워 나가야 하는 것이지."

"어떻게 해야 합니까?"

내가 그 방법을 물었다.

"아주 어렸을 때, 나의 어머니께서는 사랑의 황금률을 가르쳐 주었지. '그건 아주 단순하단다. 네가 사랑 받고 싶다면, 반드시 네가 사랑하고 있어야 해.' 어머니는 이렇게 말씀하시곤 했네.

우리 모두는 자신의 삶 속에서 사랑하고 사랑 받으며 사랑의 관계를 창조할 수 있는 능력을 갖고 있지. 사랑이 없는 삶을 선택했을 때 사람들이 그토록 슬퍼 보이는 이유도 바로 이 때문이라네."

"어떻게 그런 말씀을 하실 수 있습니까?"

내가 몸을 돌리면서 노인의 말을 반박했다.

"왜 사랑이 없는 삶을 택하는 사람들이 있다는 거죠?"

노인은 내 눈을 똑바로 바라보면서 대답했다.

"이별과 상실의 고통을 겪기보다는 차라리 사랑하지 않는 걸 택하는 것이지."

노인의 말에 나는 얼굴이 화끈거리고 목이 메이는 듯했다. 마치 속내를 들킨 사람처럼 좌불안석이 되었다.

사랑하면 사랑의 관계도 저절로 뒤따른다

잠시 후 노인이 다시 말했다.

"내가 자네에게 보증하지. 사랑은 누구나 쉽게 할 수 있지만, 반드시 우리가 선택해야 하는 거란 걸 말일세."

노인은 테이블 근처에서 논쟁에 열을 올리고 있는 한 커플을 향해 고개를 끄덕이면서 말했다.

"저들이 좋은 실례이지. 두 사람은 사랑에서 이기기보다는 논쟁에서 이기길 더 좋아하는 사람들이지. 삶은 온갖 선택들로 가득 차 있네. 정의를 택할 수도 있고, 혹은 사랑 받는 걸 택할 수도 있지. 용서를 택할 수도 있으며, 혹은 복수를 택할 수도 있다네. 독신을 선택할 수도 있고, 아니면 동반자를 선택할 수도 있지. 모든 것은 선택일세. 자신의 삶 속에서 사랑의 관계를 갖지 못한 사람들은 흔히 의식적으로든, 무의식적으로든 자신들의 상황을 선택하지."

"자신들의 상황을 선택한다고요?"

내가 노인의 말을 되풀이했다.

"그렇다네. 자네가 인생의 어느 방향을 향하고 있든, 또는 어떤 상황에 처해 있든 그것은 자네가 선택했기 때문에 그런 것일세. 자네가 행복한 관계 속에서 독신으로 있든, 아니면 불행한 관계 속에서 독신으로 있든, 그 독신 상태는 자네가 선택한 것이야. 따라서 오직 자네만이 그 상태를 바꿀 수 있는 힘을 갖고 있는 것이지!

많은 사람들이 타인의 삶 속에서 사랑을 발견할 때만 자신들의 삶 속에서도 사랑을 가질 수 있다고 오해하고 있지. 그들은 정상적인 사람은 타인의 삶 속으로 들어가자마자 사랑을 경험할 거라고 생각하고 있네. 하지만 자기 안에서 먼저 사랑을 발견하기 전에는 주변 사람에게서 사랑을 발견하지 못할 걸세.

지금의 자네는 바로 자네가 삶 속에서 이룩한 것이며, 자네가 이룩한 것은 바로 지금의 자네일세. 이를테면 관계는 우리에게 사랑을 가져다주지 않으며, 우리가 사랑을 관계로 이끄는 것도 아니지. 우리가 사랑하게 되면 사랑의 관계는 필연적으로 뒤따르게 되어 있어. 이 때문에 어느 누구라도 사랑하고 사랑 받을 수 있으며, 자신이 처한 환경이 어떻든 간에 누구나 사랑의 관계를 창조할 수 있는 걸세."

"그럴 수도 있겠죠. 하지만 딱 맞는 사람을 만나기 위해선 운도 따라야 하지 않을까요? 매력적인 사람을 발견하기 위해선 말이죠."

내가 말했다.

"운은 사랑의 방정식에 끼어들지도 못한다네."

노인이 말했다.

"좋아요. 그럼 운명이라고 하죠."

노인이 미소를 지었다.

"운명은 도움의 손길을 내밀 수 있고, 통상 그렇게 하기도 하지. 하지만 자네는 자기 역할을 해야만 하네. 자네는 연회장 한구석에 홀로 앉아 아무도 만나려 하지 않고 있어. 지금 당장 이 자리에서 일어나서 나가야만 사랑의 사건도 일어날 수 있는 거야."

두려움을 던져 버려라

"항상 그렇게 쉬운 것은 아니죠."

내가 이의를 제기했다.

"아무도 쉽다고는 말하지 않았네. 하지만 사랑을 원한다면 두려움을 버리고 삶의 다양한 기회를 잡아야 해."

"무슨 기회 말입니까?"

"내가 옛날 이야기 하나를 들려 주지. 어느 날 밤, 한 남자에게 천사가 찾아와 앞으로 그의 인생에 엄청난 일이 닥칠 거라고 말했네. 즉 엄청난 부귀영화를 누릴 뿐만 아니라 아름다운 아내를 맞게 될 기회가 온다고 말이야.

평생토록 남자는 약속된 기적을 기다렸지만, 아무 일도 일어나지 않왔네. 결국 그는 평생 가난하게 살다가 쓸쓸히 죽고 말았지. 천국의 문에 도달했을 때 그는 이전에 자기를 찾아왔던 천사를 발견하고는 강하게 따졌지.

'당신은 나에게 부귀영화와 아름다운 아내를 약속했소. 나는 그 말을 믿고 평생토록 기다렸지만, 나에겐 아무 일도 일어나지 않았소.'

그러자 천사가 말했지.

'난 그런 약속을 한 적이 없네. 그대에게 부귀영화를 누리고 아름다운 아내를 맞을 수 있는 몇 가지 '기회'를 약속했을 뿐이야. 하지만 그대는 그 기회들을 그냥 지나치고 말았네.'

그 남자는 몹시 혼란스러워 하며 '난 무슨 뜻인지 전혀 모르겠소'라고 말했다네.

그러자 천사가 '예전에 그대는 벤처 사업을 하려고 했지만 실패를 두려워해 실행에 옮기지 못했지. 기억하는가?' 하고 물었어.

남자가 고개를 끄덕였지.

'그대가 실행에 옮기지 않았기 때문에 그 사업 아이디어는 몇 년 뒤 실패를 두려워하지 않는 다른 사람에게 넘어가고 말았지. 그가 세계 최고의 부자 중 한 사람이 되었다는 건 그대도 기억할걸. 그대가 기억할 일이 또 하나 있지.'

천사가 계속 말했네.

'그대가 살고 있는 도시에 대지진이 일어났을 때 대형 건물이 파괴되면서 수천 명의 사람들이 건물 더미에 깔린 것을 기억하는가? 그대는 생존자들을 찾아내 구해 줄 기회가 있었지만 가지 않았네. 약탈자들이 그대 집에 침입해서 모든 재산을 훔쳐갈까 두려웠던 거야. 그래서 도와

달라는 애원을 무시하고 그냥 집에 머물렀네.'

남자는 부끄러운 기색을 띠며 고개를 끄덕였지.

'그건 수백 명의 생명을 구할 수 있는 엄청난 기회였어. 그렇게 했다면 아마 도시의 모든 생존자들이 틀림없이 그대를 칭송했을 거야.

그리고 그대는 한 여인을 기억할 거야. 붉은 머리카락의 아름다운 여인에게 그대는 강렬하게 끌렸었지. 그토록 아름다운 여인은 전에도 본 적이 없고, 그 후에도 본 적이 없었을 거야. 하지만 그대는 그녀가 나 같은 사람과는 결코 결혼하지 않을 거라고 지레짐작하고 그냥 지나치고 말았어. 거절당할까 봐 두려웠던 거지. 그렇지 않은가?'

다시 고개를 끄덕이는 남자의 두 눈에는 눈물이 가득 고였다네.

'그렇다네, 벗이여. 그대가 그녀에게 다가갔다면 그녀는 지금 그대의 아내가 되었을 것이고, 그대는 그녀와 귀여운 아이들을 많이 낳는 축복을 함께 누렸을 것이네. 그녀와 함께 지내면서 그대는 몇 배의 행복을 누렸을지도 모르지.'

이처럼 온갖 기회들이 매일매일 우리 주변을 둘러싸고 있네. 사랑의 기회까지 포함해서 말이야. 하지만 방금 들려 준 이야기 속의 남자처럼 우리는 두려움 때문에 그 기회를 놓치고 말지."

풍요로운 사랑의 비밀

나는 노인이 들려 준 이야기를 되새겨 보았다.

"두려움 때문이라고요?"

"그래, 두려움일세. 거부당할까 봐 두려워 우리는 사람들에게 못 다가가고 있네. 또 비웃음 당할까 봐 두려워 자신의 감정을 전달하지 못하고 있네. 그리고 상실의 고통이 두려워 타인에게 자신을 열지 않는 것이지."

거절에 대한 두려움 때문에, 매력을 느꼈던 여인들에게 말을 건네지 못했던 일들이 모두 떠올랐다. 너무 심각하게 생각하다가 주어진 온갖 기회를 제대로 잡지 못한 것이다.

"그러나 우리는 이야기 속의 남자와 달리 한 가지 이점을 갖고 있네."

"그게 뭐죠?"

"아직 살아 있다는 거야. 따라서 기회를 잡아 일을 시작할 수도 있고, 기회를 창조할 수도 있지."

중국 노인이 말한 것 중에 많은 부분이 분명히 나와 관련이 있었다. 나는 늘 사랑과 사랑의 관계는 모두 행운이나 운명의 문제라고 생각해 왔다. 이를테면 딱 맞는 사람을 만날 수도 있고 그렇지 않을 수도 있으며, 또 누군가를 보았을 때 금방 매력을 느껴서 사랑에 빠질 수도 있다고 생각했었다. 그것이 내가 생각하는 사랑의 방식이었다. 그러나 이제 노인의 말을 듣고 나서부터는 지금까지의 생각에 확신을 가질 수 없었다.

중국 노인이 일어섰다.

"자네는 먼저 사랑하는 법을 배워야 하네. 그렇지 않고서는 결코 사랑의 관계를 맺을 수 없을 걸세. 일단 사랑하게 되면, 사랑의 관계는 저절로 따라온다네."

"노인께선 누구나 사랑하는 법을 배울 수 있다고 말씀하셨습니다."

"물론이지."

노인이 미소를 지었다.

"세상에서 가장 자연스러운 상태가 바로 사랑에 머물러 있을 때야. 자신을 사랑하는 것, 남을 사랑하는 것, 그리고 인생을 사랑하는 것이지. 살아가면서 어떤 환경에 처하든 그리고 어떤 위치에 놓여 있든, 우리는 모두 사랑하고 사랑 받을 수 있는 능력을 갖고 있지. 뿐만 아니라 그 사랑을 풍요롭게 즐길 수 있는 능력도 갖고 있어. 다만 모든 사람이 사랑의 몇 가지 비밀은 알 필요가 있네."

"비밀이라고요?"

"바로 풍요로운 사랑의 비밀일세."

"풍요로운 사랑의 비밀? 그게 도대체 뭐죠?"

"얘기해 주지. 이 비밀은 수천 년 전 고대의 성자와 예언자들이 제일 먼저 말했던 것일세. 그 비밀엔 10가지 원리가 있는데, 이 원리를 통해서 자신의 삶 속에 단순한 사랑이 아닌 풍요로운 사랑을 창조할 수 있지. 뿐만 아니라 그 사랑은 일생 동안 자네와 함께 있을 걸세."

"농담하시는 것 아닙니까? 누구나 사랑과 사랑의 관계를 발견할 수 있다고 말씀하시지 않았습니까? 그런데 사랑의 비밀이라니요……."

"아닐세. 난 누구나 사랑과 사랑의 관계를 창조할 수 있다고 말했지, 발견할 수 있다고는 하지 않았네."

10명의 이름과 10개의 전화 번호

내가 한 번 더 노인에게 물었다.

"어떻게 그 비밀을 확신할 수 있습니까?"

"가령 내가 이렇게 손뼉을 치면 소리가 나지? 또 내가 이 테이블을 밀면 테이블이 움직이지? 이른바 자연의 법칙이나 우주의 법칙은 물결의 움직임에서부터 태양의 운행까지 모든 것을 지배하고 있다네. 만물이 한 치의 오차도 없이 그러한 법칙의 지배를 받고 있는 것이지. 과학자들은 수많은 법칙을 발견했어. 물리의 법칙, 운동의 법칙, 중력의 법칙 등등. 하지만 또 다른 법칙이 있네. 인간의 본성과 관련된 법칙, 부나 행복과 관련된 법칙……. 그리고 사랑과 관련된 법칙도 있지."

"사랑과 관련된 법칙이라고요? 방금 말씀하신 대로 그런 '법칙'이 존재한다면, 왜 우리는 그걸 모르고 있는 겁니까?"

"왜냐하면 때때로 우리는 삶 속에서 길을 잃기 때문이지. 이따금 낙담을 하거나 환멸을 느끼게 되면 이 법칙을 잊게 되지. 따라서 다시 상기할 필요가 있는 거라네.

자네의 삶 속에 사랑이 없다면, 세상은 아주 차갑고 쓸쓸한 곳이 될 수 있네. 하지만 사랑과 함께 한다면 세상은 낙원이 되지. 미국의 위대한 시인 중 한 사람인 손톤 와일더는 이렇게 쓴 적이 있네.

'생명의 땅과 죽음의 땅이 있는데, 둘을 연결하는 다리는 바로 사랑이다……. 사랑이야말로 유일한 생존자이고 유일한 의미이다.'

풍요로운 사랑의 비밀을 따르게나. 그렇게 하면 사랑의 의미를 발견하게 되고, 자네를 둘러싼 세상과 자네의 인생이 바뀔 걸세."

"어떻게 말입니까?"

노인은 미소를 지으며 종이 쪽지 한 장을 내밀었다. 나는 주의 깊게 그 쪽지를 살폈지만, 쪽지에는 10명의 이름과 전화 번호만이 달랑 담겨 있었다. 뭔가 더 있을까 기대하면서 쪽지를 이리저리 뒤집어 보았지만 뒷면은 아무것도 없는 공백이었다.

"이게 뭐죠?"

이렇게 내가 말하면서 고개를 들었을 때, 노인은 더 이상 그 곳에 없었다. 자리에서 일어나 연회장 안을 둘러보았다. 심지어 의자 위에 올라서면서까지 살펴보았지만 노인은 보이지 않았다. 나는 노인이 돌아오길 기대하며 의자에 앉아 기다렸다. 그렇게 30분이 지나자, 오늘 저녁엔 두 번 다시 중국 노인을 보지 못할 거라는 사실을 알았다.

떠나기 전에 신부와 신랑에게 작별 인사를 했다. 초대해 줘서 감사하다는 말과 신랑, 신부의 행복을 기원한 뒤 중국 노인을 알고 있냐고 물었다. 그러나 그들은 초대인 명단에 중국 노인은 없었다고 말했다.

그렇다면 중국 노인은 웨이터가 아닐까? 그래서 도중에 빠져나간 것은 아닐까? 나는 수석 웨이터에게 중국 노인을 어디 가면 찾을 수 있느냐고 물었다. 하지만 그 역시 그런 사람은 들은 적도 본 적도 없다고 했으며, 다른 사람들도 노인에 대해선 전혀 알지 못했다.

점점 더 호기심이 생겼다. 중국 노인은 도대체 누구인가? 그는 어디서 왔는가? 노인이 말한 풍요로운 사랑의 비밀이란 무엇인가? 결혼식 축하연을 떠나면서 10명의 이름과 10개의 전화 번호가 적힌 종이 쪽지를 움켜쥐었을 때, 노인을 찾을 수 있는 유일한 길은 바로 그 쪽지뿐이라는 것을 깨달았다.

마치 슈퍼마켓에서 쇼핑하는 것처럼
— **생각의 힘(푸치아)**

　다음날 목록에 있는 사람들 전부에게 전화를 걸었다. 긴장과 당혹감은 여전히 떠나지 않았다. 10명의 낯선 사람들에게 '풍요로운 사랑의 비밀'에 관해 물어 보았다. 그런데 정말 놀랍게도 그들 모두는 내가 말하려는 것을 정확히 아는 듯했다. 또 자신들에게 전화해 준 것을 진실로 기뻐하는 것 같았다. 다음 주부터 그들을 차례로 만나기로 했다.

　먼저 명단에 적힌 첫 번째 사람을 만났는데, 나는 만나기 전부터 그에 대해 특별한 호기심을 느꼈다. 휴고 푸치아 박사는 은퇴한 사회학 교수였다. 인간관계에 대한 나름의 솔직한 견해로 학계에 널리 알려진 인물이었다. 그 주제에 대한 몇몇 저술은 베스트셀러가 되기도 했으며, 라디오나 TV 토크쇼에 자주 출연을 하기도 했다. 그 때마다 그는 인간이 과학과 경제의 발전을 추구하는 과정에서 삶의 가장 본질적인 것들을 무시하게 되었다고 주장하였다. 그는 자주 고대 인도의 예언을 인용하였다.

　마지막 남은 나무마저도 베어졌다. 마지막 남은 강물마저도 독으로 오염되었다. 마지막 남은 물고기마저도 잡혔다. 오직 그 때에만 인간은 돈은 먹을 수 없다는 사실을 발견하리라.

푸치아 박사는 60대 중반의 대단히 사교적인 사람이었다. 백발을 늘어뜨린 중후한 풍채의 신사였는데, 얼굴은 나이에 걸맞지 않게 20대 후반의 청년처럼 보였다. 그는 마치 오랜만에 친구를 만난 것처럼 두 팔을 벌려 나를 꼭 껴안았다. 그 순간 나는 어떻게 해야 할지 몰라 당황했다. 낯선 사람과 껴안는 것이 생소했고, 실제로 나는 어느 누구와도 포옹해 본 적이 없었다. 심지어 내 가족과도 말이다. 인사할 때는 통상 절제된 악수만 했을 뿐이었다.

"그래, 어제 노인을 만났다고?"

푸치아 박사가 자리를 권하면서 물었다.

"자넨 노인을 보고 어떤 느낌이 들었는가?"

"말로 표현할 수 없을 정도로 좋았습니다. 그런데 도대체 그분은 누구죠? 어디에서 오신 분입니까?"

"나 역시 자네와 같은 의문을 갖고 있다네. 난 그 노인을 30여 년 전에 딱 한 번 만났을 뿐이야. 하지만 그는 삶과 교육에 대한 나의 접근 방식을 송두리째 바꿔 놓았지.

이곳 대학에서 강의를 처음 시작할 무렵이었어. 그 때 노인을 잠깐 만났지. 강단에 선 지 10주 정도 되었을 때 나는 내가 가르치는 학생 중 한 명이 잘못되어 가는 걸 발견했어.

그 학생은 예쁘고 쾌활하고 지적인 여학생이었네. 강의 시간에는 그 학생의 명석함이 유감없이 드러났었네. 그런데 언제부터인가 강의실에 나타나지 않는 거야. 난 우리 과 학생들에게 그 학생이 어디 사는지 알고 있냐고 물었지. 그런데 아무도 알지 못할 뿐만 아니라 어느 누구도 그 여학생에게 신경조차 쓰질 않았어. 심지어 이름조차 모르고 있었다네! 정말 믿을 수 없는 일이 아닌가?

그 날 강의가 끝난 뒤 교무처에 가서 그 여학생이 어디에 살고 왜 결석했는지 물어 보았네.

'저런! 저는 선생님께서 이미 알고 있다고 생각했는데요.'

교직원이 나를 곁으로 부르면서 말했어. 그러고는 자신의 사무실로 데리고 가, 그 학생은 2주 전에 자살했다고 말해 주었지. 그 아름답고 쾌활했던 여학생이 10층 아파트 옥상에서 투신했다는 거야.

그 소식에 충격을 받은 나는 로비에 앉아 생각에 잠겼지. 도대체 무엇 때문에 그토록 잠재력이 풍부한 학생이 스스로 목숨을 끊었단 말인가. 난 그 곳에서 시간 가는 줄 모르고 앉아 있었지. 그가 내 곁에 앉아 있는 걸 알아차리기 전까지는 말일세."

생각을 바꾸면 사랑을 체험할 수 있다

"그게 누구였는데요?"

"바로 그 중국 노인일세."

푸치아 박사가 계속 말했다.

"무엇 때문에 그렇게 괴로워하느냐고 노인이 묻길래 난 그 학생 이야기를 해 주었지. 노인은 몇 분 동안 침묵을 지키다가 곧 내게 결코 잊을 수 없는 말을 해 주었어.

'당신도 알다시피, 우린 초등학교 아이들에게 읽기와 쓰기, 덧셈과 뺄셈을 가르칩니다. 그렇게 하면서 우리의 가르침이 훌륭한 교육의 정수

라고 생각하지요. 하지만 가장 중요한 것을 소홀히 하고 있어요. 바로 사랑하는 법이죠.'

노인의 말에 철퇴를 맞은 듯한 느낌이었지. 그건 내가 느끼고는 있었지만 분명히 인식하지는 못했던 것이었네. 우린 잠시 동안 사랑과 인생에 대해 대화를 나누었는데, 노인을 통해 처음으로 풍요로운 사랑의 비밀에 대해 들었어. 우리 자신의 삶과 우리 주변 사람들의 삶 속에 사랑을 가져다 줄 수 있는 10가지 영원한 원리를 말일세."

"박사님은 그 10가지 비밀이 정말로 활용될 수 있다고 생각하십니까?"

"물론이지. 나 자신에게 적용해 보았을 뿐만 아니라, 수백 명의 학생들에게도 이 비밀이 어떻게 그들을 도울 수 있는지 시험해 보았네."

"믿을 수 없군요. 너무나 뜻밖이라 진실 같지가 않아요. 그렇게 쉽게 활용할 수 있는 거라면, 왜 모든 사람이 그 원리를 따르지 않는 거죠?"

"좋은 질문일세."

푸치아 박사가 대답했다.

"영혼 깊숙이 내려가 보면, 우리는 모두 그 어느 것보다도 사랑을 원하고 있네. 하지만 이따금 그 사실을 잊어버리지. 우린 다른 목표 — 화려한 경력, 더 많은 돈과 부의 축적 등 — 를 추구하느라고 사잇길을 가고 있어. 여가와 오락에 빠진 나머지 인생에서 훨씬 중요한 것을 놓치고 있지. 인생에서 사랑보다 더 중요한 것은 없다네.

그 중국 노인은 떠나기 전에 이름과 전화 번호가 적힌 한 장의 종이를 나에게 건네주었네. 난 명단에 적힌 사람들을 일일이 만나 보았지. 그들을 통해 풍요로운 사랑을 체험하는 단순하면서도 실제적인 방법들을 배웠어. 그 방법을 통해 우린 지속적인 사랑의 관계를 구축하는 법을 배울 수 있네. 풍요로운 사랑의 비밀은 10가지 모두 다 중요하지만, 내 인생에 가장 큰 영향을 끼친 것은 바로 '생각의 힘'일세."

"생각이요?"

"그렇다네. '우린 우리가 생각한 대로의 존재가 된다'는 이 말은 단순하지만 거역할 수 없는 사실일세. 가령 자네가 분노를 일으키는 생각을 한다면 분노를 체험할 것이고, 흥분되는 생각만 한다면 흥분을 체험할 것이고, 행복한 생각만 한다면 행복을 체험할 것이네. 따라서 사랑스런 생각이나 느낌을 가슴에 채운다면 사랑을 체험할 수 있을 거야. 자네의 생각을 바꾸게나. 그러면 자네의 경험도 바뀌게 되지. 아주 단순한 원리라네."

생각을 바꾸는 첫걸음

나는 눈썹을 치켜세우며 말했다.

"생각을 바꾼다는 것이 말하기는 쉽지만, 실천하는 것도 그렇게 쉬운지는 확신할 수 없습니다."

"그렇지, 늘 쉬운 것은 아니지. 쉬웠다면 '자신의 영혼을 정복한 자는 도시를 정복한 자보다 훨씬 위대하다'는 말이 왜 있겠는가? 하지만 생각은 바꿀 수 있는 것이야. 우리는 모두 자신의 생각을 선택하지만, 때로는 성장 과정에서 잘못된 생각을 선택하도록 교육을 받기도 한다네. 즉 다른 사람들을 판단하라는 교육을 받기도 하고, 자기와 다른 사람들을 차별하라는 교육을 받기도 하지.

그러나 아이들은 어떤 이념이나 피부 색깔에도 신경 쓰지 않는다네.

아이들은 단순히 사람들을 볼 뿐이지. 아이를 사랑하게나. 그러면 그 아이도 자네를 사랑할 걸세. 왜냐하면 서로를 사랑하는 것은 우리 본성의 일부이기 때문이지. 문제는 아이가 사랑을 지각知覺하는 방식이 부모에 의해 일차적으로 결정된다는 데 있네."

"무슨 뜻이죠?"

"아이들을 다루는 부모의 방식은 사랑에 대한 지각의 기초를 형성하지. 가령 아이에게 끊임없이 언성을 높이거나 회초리를 든다면, 아이들은 반드시 사랑의 행동이 소리를 지르거나 체벌하는 거라고 받아들이게 되네. 이 때문에 우리는 사랑이란 진정 무엇이고, 사랑한다는 것이 진정 무슨 의미인지 다시 배워야 하는 것일세. 우리는 사랑에 대한 우리의 생각과 태도를 바꾸어야 하네."

"하지만 이미 그런 식으로 길들여졌는데 어떻게 쉽게 바꿀 수 있겠습니까?"

"자신의 신념과 태도, 나아가 생각까지 바꾸는 첫걸음은 바로 자기 긍정을 통해서일세."

"무엇이 자기 긍정입니까?"

"자기 긍정은 큰 소리로 자기 자신을 확인하는 하나의 진술인데, 이를 충분히 반복한다면 자네의 생각과 신념이 바뀔 거야. 예컨대 자네가 지속적인 사랑의 관계는 이루어질 수 없다고 믿는다면, 자기 긍정을 통해 자네의 그러한 생각을 바꿀 수 있지. 이렇게 한번 해 보게.

'사랑함으로써 나의 삶 속에 사랑을 창조할 수 있다. 오늘 만나는 사람마다 사랑하겠다.'

'사랑의 관계는 내게 쉽게 찾아온다.'

'내 삶 속에 사랑의 관계를 창조할 수 있는 힘을 갖고 있다.'

그리고 이상적인 연인이나 영혼의 동반자를 만날 수 없을 거라고 믿는다면, 자네는 '나의 이상적인 연인은 적당한 시기와 적당한 장소에서 나의 삶에 들어올 것이다'라고 자기 긍정을 할 수 있네. 자기 긍정은 우리의 생각과 잠재의식에 깔린 신념들을 바꾼다네. 또 생각은 우리의 행위actions를 결정하며, 행위는 우리의 행동behaviours을 낳고, 행동은 우리의 운명을 형성하네."

상대가 필요로 하는 것을 먼저 살펴라

얘기를 듣는 순간 푸치아 박사가 언급한 자기 긍정 기법에 호기심이 생겼다.

"그렇다면 생각을 바꾸기 위해 자기 긍정을 얼마나 자주 반복해야 합니까?"

"가능한 한 자주 해야 해. 심지어 어떤 사람들은 차 안이나 냉장고 같은 곳에 써붙여 놓고 늘 읽는다네. 그렇게까진 아니더라도 하루에 최소한 세 번은 해야 해. 아침에 일어나서 한 번, 낮에 한 번, 그리고 밤에 잠자기 전에 한 번."

"그럼 생각을 바꾸기 위해 해야 할 일은 오직 자기 긍정을 반복하는 것뿐입니까?"

내가 물었다.

"아닐세. 자기 긍정은 잠재의식에 깔린 신념들을 바꾸는 데 도움을 주지만, 자네 역시 의식적으로 사랑이 무슨 의미이고 누군가를 사랑하는 것이 무슨 의미인지 심사숙고해야 하네. 이 문제는 언뜻 명백해 보이는 듯하지만, 내 경험에 의하면 이 문제를 충분히 생각한 사람은 거의 없었어. 자네라면 이 문제에 대해 어떻게 대답하겠는가?"

순간 망설였다.

"음…… 글쎄요. 누군가를 사랑한다는 것은 상대를 돌보아 주고, 나를 필요로 할 때 같이 있어 주고, 상대를 도와 주는 것이 아닐까요?"

"훌륭하네!"

푸치아 박사가 계속 말했다.

"다른 말로 바꾸어 말하면 지극한 선善을 향해 행동하는 것이지. 하지만 상대가 필요로 하는 것을 먼저 생각하지 않는다면, 어떻게 돌보아 주고 도와 줄 수 있겠는가? 자네는 할 수 있겠나?"

"아니요, 할 수 없습니다."

"결국 어느 누구를 사랑하거나 어떤 대상을 사랑하고 싶을 때 무엇보다 먼저 해야 할 것은 상대에 대해 생각하면서 그의 욕구를 살피는 일이야.

내가 처음 고등학교 교사였을 때, 순진하게도 나는 수학이나 물리·지리·사회 등 교과목을 가르치는 것이 교사라고 생각했지. 하지만 곧 훌륭한 교사는 교과목을 가르치는 것이 아니라 학생들을 가르치는 것이란 걸 깨달았네. 학생들은 저마다 나름대로의 개별적인 요구가 있지. 수준도 다르고, 이해하는 방식도 다르지. 훌륭한 교사는 이런 개별적인 특성을 다 헤아릴 줄 알아야 하는데, 그렇지 않으면 학생들은 싫증을 내거나 좌절하게 되네.

인생도 마찬가지야. 사랑의 관계를 갖고 싶다면, 다른 사람의 욕구도 염두에 둘 줄 알아야 하지. 말하자면 스스로를 상대의 눈높이에 맞출 필요가 있고, 상대의 관점에서 사물을 살필 줄도 알아야 한다네.

예를 들면, 사랑이 없는 관계 속에서는 대부분의 사람이 자기는 덫에 걸렸다고 느끼며 상대가 자기를 사랑하지 않는다고 불평하지. 하지만 '그는 왜 나를 위해 이런 것들을 해 주지 않을까?'라고 생각하기보다는 '상대방을 위해 난 무엇을 할 수 있을까?'라고 자문한다면, 반드시 상대의 사랑을 느끼면서 두 사람은 더 많은 사랑을 키워 갈 수 있을 것이네. 문제는 상대의 욕구보다 자기의 욕구를 더 생각한다는 데 있지. 상대의 욕구를 생각하지 않는다면 둘 사이에 사랑의 싹을 틔우기는 어려울 걸세."

푸치아 박사가 말을 이었다.

"이 세상 모든 일은 생각과 더불어 시작하지. 사랑이 담긴 생각은 사랑의 행동과 사랑의 경험을 이끌어 낸다네."

이상적인 연인의 모습을 머리에 그려라

그래도 나에게는 여전히 의문이 남아 있었다.

"문제가 하나 있습니다. 박사님이 방금 하신 말씀은 사랑의 관계를 발견하거나 창조하는 데 도움이 될 것 같지 않습니다."

"뜻밖이구먼! 난 자네 생각과는 정반대일세. 생각은 사랑의 관계를 이끄는 데 도움을 줄 뿐만 아니라, 꿈에 그리던 여인을 만났을 때 알아볼 수 있도록 도움을 주기도 하지."

"무슨 말씀인지 도무지 이해가 되질 않습니다."

"누구나 영원히 지속되는 유일하면서도 특별한 사랑을 찾고 싶어하지. 그렇지 않은가?"

내가 고개를 끄덕였다.

"그럼 자네의 유일하면서도 특별한 사랑은 누구인가?"

"모르겠습니다. 그게 저의 문제죠. 아직까지 그런 사람을 찾지 못했습니다."

"찾을 수 있네. 내가 보증하지. 자넨 아직 그녀를 만나지 못한 것뿐일세. 문제는 그 여인이 자네의 삶 속에 들어왔을 때 어떻게 알아보느냐인데……."

푸치아 박사의 말을 끊으며 급하게 물었다.

"그 사람을 만났을 때, 내가 찾던 사람인지 어떻게 알 수 있겠습니까?"

"한 가지 확실한 방법이 있지. 그 사람을 만나기에 앞서 어떤 유형이 자신의 이상적인 파트너인지 분명히 알고 있으면 간단하다네. 그리고 그렇게 할 수 있는 유일한 길은 상대에게 요구하고 싶은 몇 가지 특성을 생각하는 것이지."

"어떤 종류의 특성입니까?"

"육체적·정신적·정서적 그리고 영적인 특성들이지. 예를 들면 이렇다네. 그녀의 피부색은 검은색인가 흰색인가? 체구는 큰가 아니면 작은가? 그녀의 눈은 어떤 색깔인가? 어쩌면 그녀의 육체적 특성들은 자네에게 별로 중요하지 않을지도 모르지. 그렇다면 이런 질문이 필요하지. 그녀는 어떤 직업을 갖고 있으며, 취미와 기호는 무엇일까? 그녀는 어떤 영적인 신앙을 가지라고 요구할까? 또 그녀는 어떤 성향을 갖고 있을까? 외향적인 성격일까, 아니면 내성적인 성격일까? 그녀는 지성적인 사람을 요구할까?"

170

"정말이지 저는 그렇게 많이 생각해 본 적이 없습니다. 그게 그렇게 중요한가요?"

"물론이지! 가령 어떤 부류의 사람인지도 모른 채 함께 살기를 원한다면, 그녀가 다가왔을 때 어떻게 알아볼 수 있겠는가?"

"하지만 상대를 만났을 때 딱 맞는 사람인지 아닌지 한눈에 모른단 말입니까?"

내가 이의를 제기했다.

"아마도 몇몇 사람들은 알 것이네. 하지만 그런 사람들조차도 대개는 이상적인 파트너에 대한 일종의 심리적 이미지를 미리 만들어 놓지. 자신이 바라는 이상적인 파트너의 특성이 뭔지 생각하지 않는다면 자네는 성적인 매력이나, 혹은 단지 고독에 대한 두려움에 의해서도 쉽게 흔들릴 수 있지. 그렇게 되면 결국 잘못된 사람을 만날 수 있네.

예컨대 동물에 대한 사랑이 자네에게는 무엇보다 중요하다고 하세. 그런데 자네가 한눈에 반한 그녀가 동물을 싫어한다면 어떻게 하겠는가? 아무리 그녀가 성적으로 매력이 있을지라도 이상적인 파트너라고는 여기지 않을 걸세.

자네는 사랑이 맹목적이 아니란 걸 알고 있어. 하지만 욕망과 성적인 매력도 그러하다네. 자네가 사랑하는 사람에게 요구할 사항을 생각하지 않았다면, 완전히 상반된 상대와는 쉽게 끝장을 낼 수 있겠지. 반면에 인생을 나누고 싶은 상대에 대한 마음의 이미지를 갖고 있다면, 상대를 만나게 될 때 훨씬 잘 알 수 있을 걸세."

슈퍼마켓에서 쇼핑하는 것처럼……

"상상 속의 연인에 대한 이미지만으로는 다소 한계가 있지 않을까요? 제 말은 실제의 연인과 그 이미지가 얼마나 유사하냐는 겁니다."

"전혀 유사하지 않지. 그건 확실하네! '생각의 힘'의 본질은 바로 여기에 있네. 자신의 삶 속에 누군가를 끌어들이기 위해서는 이미 그것이 자기 것이라고 먼저 상상해야 하네. 물론 자네가 적어 놓은 이상적 파트너에 대한 몇 가지 특성들이 자네에겐 그다지 중요한 것이 아닐 수도 있어. 하지만 적어도 이상적 파트너에 대해 마음에 그림을 그려 놓으면 어떤 특성들이 자네에게 중요한지 생각하게 될 걸세.

그건 마치 슈퍼마켓에서 쇼핑하는 것과 같아. 자신이 무얼 원하는지 알지 못하거나 혹은 자신이 갖고 싶어하는 것이 무엇인지 알지 못하면, 광고나 판촉 활동에 쉽게 영향을 받아 필요치 않은 것까지도 잔뜩 사게 될 걸세. 그렇게 되면 필수적인 것들은 제대로 사지 못한 채 집으로 돌아올 수도 있지. 반대로 자신이 무얼 원하는지 미리 알고 있다면, 곧장 그 물건을 파는 코너로 가서 사게 될 거야.

동일한 일이 인간관계에서도 일어난다네. 사랑하는 사람에게 바라는 특성이 무엇인지 전혀 생각하지 않고 살아간다면, 육체적 또는 성적인 매력에 영향을 받을 수 있어. 하지만 나중에 그 매력이 시들해지면 자신이 선택한 사람이 내가 원하는 특성들을 전혀 갖지 못했다는 사실을 발견하게 되지. 즉 사랑하는 사람에게 바라는 특성들에 대해 미리 생각해 왔다면, 그런 사람을 만나게 되었을 때 훨씬 잘 알아볼 수 있다는 말일세."

내가 노트에 써 내려가자 푸치아 박사가 계속 말을 이었다.

"자네의 삶과 인간관계 속에서 사랑이 투쟁이 되어선 안 되네. 진실로 사랑을 잘 영위할 필요가 있네. 즉 사랑을 진실로 원한다면 사랑을 창조하는 필수적인 것들을 해야만 해. 바로 이것이 풍요로운 사랑의 비밀이 함축하고 있는 전부라고 생각하네. 이 비밀들은 창조적인 사랑을 영위하는 데 필요한 본질적인 것들을 다시 생각하도록 만들지."

"네. 그럼 올바른 생각을 선택하는 것도 그 중 하나입니까?"

"바로 그렇다네! 사랑을 하고 사랑을 받는 능력, 지속적인 사랑의 관계를 창조하는 능력, 이상적인 연인을 끌어들이는 능력은 모두 생각의 힘에서부터 시작하지."

그 날 저녁 푸치아 박사와 나누었던 대화 내용을 정리했다. 내 이상적인 파트너는 어떤 모습일까! 이런 상상의 나래를 펴는 동안 내 마음은 방황하기 시작했다. 눈을 감으니 하나의 이미지가 잡혔다. 그녀는 아름다웠으며 나보다는 키가 좀 작았다. 다갈색의 긴 머리가 어깨까지 내려왔고, 커다란 녹색 눈에 매혹적인 미소를 띠고 있었다. 그녀는 자신감에 넘쳤으며 친절하면서도 너그러웠다. 지적이긴 했지만 너무 심각하지는 않으며 다정다감했다. 그녀는 동물을 사랑했으며 환경에도 관심을 가졌다. 인생의 단순한 기쁨을 즐겼는데, 이를테면 시골 길을 걷는다든가 추운 겨울밤 벽난로 근처에 앉아 있는 것을 좋아했다. 흐뭇한 마음으로 종이에 이런 특징들을 적은 뒤, 몸을 젖히고서 다시 한 번 읽어 보았다.

생각의 힘

1_ 사랑은 우리의 생각에서부터 시작된다.

2_ 사랑이 담긴 생각은 사랑의 체험과 사랑의 관계를 낳는다.

3_ 자기 긍정은 자신과 타인에 대한 신념과 생각을 바꿀 수 있다.

4_ 누군가를 사랑하고 싶다면, 먼저 상대가 바라는 것을 염두에 둘 필요가 있다.

5_ 이상적인 파트너에 대해 미리 생각하는 것은 그녀를 만났을 때 제대로 알아볼 수 있도록 도움을 줄 것이다.

나 자신을 먼저 존중하라
― 존중의 힘(홉킨스)

　명단에 적힌 두 번째 사람은 밀리 홉킨스 박사였다. 홉킨스 박사는 시립대학의 심리학 교수였는데, 그 대학 역사상 교수직에 임명된 최초의 여성이었다. 그녀는 학생과 동료들로부터 사랑과 존경을 한몸에 받는 대단히 인기 있는 교수였다. 홉킨스 박사가 내 전화를 기쁜 마음으로 받고 있다는 걸 그녀의 말투에서 확인할 수 있었다. 그녀는 특별히 날짜를 잡을 필요 없이 다음날 만나자고 했다. 그래서 오후 5시에 대학 내의 홉킨스 박사 연구실에서 만나기로 했다.

　예순 넷의 나이임에도 홉킨스 박사에게서는 대학 1학년생의 에너지와 정열이 느껴졌다. 중국 노인에 대해서 말하자, 그녀는 목소리에 생기를 띠며 흥분하기 시작했다. 그녀는 작고 아담한 여성으로 고전적인 해군 복장에 하얀 블라우스를 잘 맞춰 입고 있었다. 어깨까지 늘어진 다갈색 머리를 뒤로 묶은, 선이 굵긴 했지만 다정다감한 얼굴이었다.

　홉킨스 박사가 먼저 말을 꺼냈다.

　"난 20년 전에 중국 노인을 만났어……. 당시에 난 지금과는 전혀 다른 모습이었지. 거리의 부랑아로 살고 있었으니까."

　너무나 놀란 나머지 나는 입을 딱 벌렸다.

"농담하시는 거 아니지요?"

그녀는 전혀 부끄러워하거나 당황하는 기색 없이 말했다.

"전혀 아니야. 난 마약 과용으로 병원을 들락거리며 많은 시간을 허비했지. 그러던 어느 날 위세척을 다시 하고서야 병원 침대에서 깨어났어.

그 때 내 곁에 한 의사가 앉아서 내 손을 잡고 있었지. 그는 친절하고 온화한 모습이었는데, 진지하고도 부드럽게 내게 말을 건넸어. 나를 한 인간으로서 진정한 관심을 갖고 대해 준 사람은 아마 그가 처음일 거야. 얼굴을 직접 맞대고 대화를 나눈 사람도 수년 동안 그가 처음이었으니까.

우린 오랫동안 대화를 나누었어. 예전에는 어느 누구에게도 말하지 않았던 것을 그 노인에게 얘기했지. 나의 가족, 나의 어린 시절, 거리에서의 삶 등 모든 것을 말이야.

자네가 알 수 있을까? 단지 모든 것을 노인에게 얘기하는 것만으로도 내가 좋아지고 있다는 것을……. 노인은 내게 도움을 줄 수 있는 몇몇 친구가 있다고 말했지. 그러고는 그들의 이름과 전화 번호를 적어 주었어. 난 그 사람들과 만났지. 마침내 난 하느님께 감사드렸어. 그들이 살아가는 법을 내게 다시 보여 주었기 때문이야."

나 자신을 먼저 존중하라

홉킨스 박사의 얘기는 한마디로 충격이었다.

"혹시 그들에게 배웠다는 것이 풍요로운 사랑의 비밀인가요?"

"그렇지! 나의 삶 속에 사랑이 없었던 건 나 자신을 사랑하지 않았기 때문이었어. 그걸 배운 거야. 그래서인지 풍요로운 사랑의 두 번째 비밀은 내겐 아주 중요해. 바로 '존중의 힘'이지.

난 어느 누구도, 어떤 대상도 존중하지 않았어. 존중하는 마음이 없다면 사랑도 없는 거야. 상대를 먼저 존중하지 않는다면 어느 누구도, 어떤 대상도 사랑할 수 없어. 그리고 존중할 필요가 있는 최초의 사람은 바로 자기 자신이야.

스스로를 존중할 수 없다면 자기 자신을 사랑할 수 없지. 그리고 자기 자신을 사랑하지 못하면, 다른 사람을 사랑하는 건 아주 어려운 일이야."

내가 노트에 써 내려가자, 홉킨스 박사는 말을 이었다.

"나의 가장 큰 문제는 바로 나 자신을 사랑하지도, 존중하지도 않았다는 것이지."

"왜 자신을 사랑하지 않았죠?"

"어린 시절을 떠올리기 싫었기 때문이야."

홉킨스 박사는 창 밖을 바라보며 말을 이었다.

"난 사생아였어. 어머니는 내가 3살 때 재혼했지. 그녀는 늘 나를 부끄럽게 여겼어. 계부는 아무 이유도 없이 나를 미워했어. 6살 땐 이런 일도 있었지. 어머니가 이복동생들을 껴안고 있길래 나도 안아달라고 달려갔는데……. 그 때 갑자기 누군가 내 등을 냅다 떠밀어서 내동댕이 쳐지고 말았어.

내 앞에 우뚝 솟아 있던 계부의 얼굴을 평생 잊지 못할 거야. 또 그 목소리도……. '이 여자는 이제 내 아이들의 엄마야, 이 망할 년아!' 그렇게 말했지."

지금 듣고 있는 이야기를 도저히 믿을 수 없었다.

"그 때 어머니는 뭐라고 말했습니까?"

"아무 말도 없었어! 그녀는 나를 무시한 채 마치 내가 그 자리에 없다는 듯 이복동생들만 껴안고 있었지. 믿어지지가 않지? 어머니가 그토록 잔인할 수 있다니 말이야. 하지만 부모로부터 이보다 더 심한 일을 겪은 사람들도 많지.

정기적으로 심하게 두들겨 맞았다고는 할 수 없지만, 어쨌든 부모의 사랑이나 관심을 전혀 못 받았지. 어느 모로 보나 가족에게 무시당하고 버림받은 거야. 버림받고 사랑 받지 못한다는 느낌 때문에 내 인생을 증오했지.

자네도 알다시피 이런 문제는 아주 일반적인 것이야. 많은 사람들이 스스로를 존중하지 않지. 자신의 외모나 목소리, 성격, 지능 등을 싫어한 나머지 자기를 존중하는 마음을 상실하게 되고, 결국 스스로를 남들보다 열등하다고 생각하게 되는 거야. 이 때문에 누군가와 사랑을 경험하기 전에 먼저 자기 자신을 사랑하고 존중하는 법부터 배워야 하는 게 순서지."

나 자신에게 존중할 만한 것이 있는지 자문하라

"그럼 박사님은 자기 자신을 존중하는 법을 어떻게 배웠죠? 그게 쉬운 일이라고는 도저히 상상할 수 없는데요."

홉킨스 박사가 미소를 지었다.

"자네 말이 맞아. 쉽지는 않은 일이지. 그러나 할 수 있는 일이야. 다른 사람이 뭐라고 말하든 우리는 스스로를 받아들이고 인정하는 법을 배워야 해. 어느 누구든, 어떤 사물이든 이 지상에 자기 자리를 갖고 있다는 사실을 배워야 하네. 우리 모두는 독특한 존재이니까. 예컨대 자네와 똑같은 사람은 이전에도 존재하지 않았고, 앞으로도 존재하지 않을 거라는 사실을 자네도 알고 있겠지? 이 사실이야말로 모든 사람, 모든 살아 있는 영혼 – 가난한 자든 부자든, 흑인이든 백인이든, 남자든 여자든 – 을 존중할 만한 존재로 만들지.

'자기의 영혼을 구한 자는 온 세상을 구한다'라는, 유대교에 전해지는 아름다운 옛 금언이 있어. 이 말은 피부색이 어떻든, 종교가 어떻든 누구나 귀중한 존재라는 것이지. 누구나 이 세상에 존재할 권리가 있다는 말이야."

"실천하는 데는 차이가 있겠는데요."

"물론, 모든 일이 그렇지. 하지만 할 수 없다고는 말하지 못할걸. 내가 할 수 있다면, 누구라도 할 수 있어. 문제는 오직 자기 자신을 존중하고 남을 존중하는 일들을 찾는 거지."

"그게 무슨 뜻이죠?"

"우리의 두뇌는 믿을 수 없을 만큼 정교한 기계라고 할 수 있지. 의학이 발달한 오늘날에도 여전히 인간 두뇌에 관해서는 극히 일부만을 알고 있어. 두뇌가 갖고 있는 믿기 힘든 기능 중 하나는 자네가 입력한 어떤 질문에 대한 답도 찾아낸다는 거야. 물론 답을 잘못 찾을 수도 있지만, 반드시 몇 개의 답을 찾지. 예컨대 자기 자신을 좋아하고 존중할 만한 것이 무엇이 있는지 물으면 두뇌는 그 답을 떠올리지.

실제로 중국 노인은 내게 엄숙하게 그 질문을 했어. 처음에는 나 자신을 좋아하고 존중할 만한 것이 아무것도 없다고 말했지. 그러자 노인은 '알겠네, 하지만 혹시 뭔가가 있다면 자넨 그것이 뭐라고 생각하는가?'라고 물었어. 그래서 좀더 생각해 보았더니 몇 가지가 마음속에 떠오르는 거야. 학교 다닐 때는 늘 반에서 1등을 했기 때문에 공부에는 자신이 있다는 생각을 했지. 또 내 식대로 살아왔다는 것과 절망적인 상황 속에서도 결코 훔치거나 속이거나 남을 해치는 일 따위는 하지 않았다는 사실에 자부심을 느꼈어. 점점 나 자신에 대해 호감을 느끼기 시작한 거야!"

남의 존중할 만한 점에 초점을 맞춰라

나는 메모를 하다 말고 홉킨스 박사를 바라보며 말했다.

"그렇다면 자기 자신을 좋아하거나 존중할 만한 일들을 자문하는 것이 무엇보다 중요하겠네요. 그것이 자신을 존중하는 마음을 발견하는 길일 테니까요."

"그래, 그 방법은 확실히 내게 도움이 되었지. 나뿐만 아니라 어느 누구라도 그 방법이 도움이 될 거야. 그 이유는 '내가 나 자신을 존중할 만한 것이 무엇이 있을까?'라고 물을 때, 머릿속에서 몇 가지 답을 내놓기 때문이지."

"만약 아무것도 내놓지 못하면 어떡하죠?"

"뭐든지 하나라도 있게 마련이야. 마음에는 많은 것들이 자주 떠오르거든. 예컨대 자네는 정직하다거나, 직업을 갖고 있다거나, 규칙적인 운동을 한다는 사실을 존중할 수도 있지. 사실 스스로를 존중할 만한 것을 찾아낼 수 있다면, 그것이 무엇인지는 별로 중요치 않아. 다른 사람에 관해, 특히 자네가 싫어하는 사람에 관해 그런 식으로 묻는 것도 좋은 방법이지."

"왜 그렇죠?"

"자네의 마음이 상대의 싫은 면보다는 존중할 만한 면에 초점을 맞추기 때문이지. 일단 그렇게 하기만 하면 상대를 대할 때도 기꺼이 좀더 사랑스럽게 대할 수 있을 거야."

"사랑스럽게 대한다구요? 무슨 뜻인지…….."

"친절하면서도 사려 깊게 상대를 대한다는 거야. 상대를 쓸모 없는 사람처럼 대하는 경우가 많다는 것을 자네도 알고 있지?

하지만 우리 모두가 동일한 조물주에게서 나왔고, 그 조물주의 이미지에 따라 만들어졌다는 것을 명심할 필요가 있어. 인생을 살면서 범할 수 있는 가장 큰 과오 중 하나는 한 개인의 힘을 과소평가하는 것이지. 어떤 개인이든 세상을 변화시킬 힘을 갖고 있으며, 따라서 그만의 작은 방식으로 각자는 세상을 변화시키고 있네. 개인의 진실한 가치를 존중할 때 비로소 사람들을 다르게 대하기 시작하지.

내가 거리에서 거칠게 살고 있을 때의 일이야. 어느 날 밤 골목에서 잠을 자다가 깨어났는데, 한 경찰관이 내 얼굴에다 오줌을 누고 있지 뭔가!"

"저런! 도대체 무엇 때문에 그런 거죠?"

"그는 나처럼 집 없는 사람들을 단지 모욕했을 뿐이야. 나를 한 인간으로 존중하지 않았던 거지. 나는 그 때 내 앞에 서서 비웃고 있던 그의 모습을 영원히 잊지 못할 거야. 그에겐 자신의 행동이 단순한 장난에 불과했겠지만 말이야.

나는 세상의 모든 문제가 존중하는 마음을 잃었기 때문에 일어난다고 확신하고 있어. 자기 자신을 존중하는 마음, 다른 사람을 존중하는 마음, 그리고 삶을 존중하는 마음을 잃었기 때문이지. 그 결과 우린 사랑을 갖지 못하게 된 거야. 전세계에 걸쳐서 그 결과를 볼 수 있어. 아랍인과 유대인, 흑인과 백인, 프로테스탄트와 가톨릭 등 단지 상대방의 신앙을 존중하기만 해도 우린 서로에 대한 사랑을 시작할 수 있지.

일단 자기 자신의 가치를 인정할 수 있다면, 비로소 다른 사람의 가치도 인정하고 그들을 존중할 수도 있어. 그리고 누군가를 존중할 때 비로소 그에 대한 사랑도 시작할 수 있지. 나 자신을 존중하고 사랑하는 법을 배웠을 때, 비로소 다른 사람들과 편안히 사귈 수 있는 거야. 다른 사람들 속에서 존중할 만한 것을 찾았을 때, 그들에 대한 나의 태도가 바뀌면서 더욱더 그들을 사랑할 수 있다는 걸 느끼지."

존중은 새로운 사랑의 시작

박사의 말은 아주 단순했지만 함축된 의미는 매우 풍부했다. 하지만 예전의 나는 사랑과 '존중하는 마음'의 중요성 자체를 생각해 본 적이 한 번도 없었다.

"좀더 말씀해 주시죠. 거리의 유랑 생활을 하다가 어떻게 해서 교수가 되셨습니까?"

홉킨스 박사가 미소를 지었다.

"중국 노인의 명단에 있는 사람 중 하나는 수녀였어. 그 수녀는 경이로운 사람으로 내게 많은 도움을 주었지. 나를 거리 생활에서 구해 주었을 뿐만 아니라 지역 수도원에다 거처를 마련해 주기까지 했으니까. 그 곳에 머무는 대가로 청소나 부엌일, 정원을 가꾸는 일 등 허드렛일을 하기로 했어. 그 날부터 수녀원 자매들의 일원이 되어 그들에게 가족으로 대접받았지. 그들은 결코 나를 쓸모 없는 술주정뱅이나 비천한 사람으로 보지 않았어. 단지 도움이 필요한 동료일 뿐이었으며, 실제로 그들은 내게 많은 도움을 주었지.

나에겐 정말 새로운 경험이었어. 내가 필요한 존재란 걸 느낀 건 평생 처음이었거든. 내게 공부를 더 하라고 용기를 불어넣어 준 사람도 그 수녀였어. 그녀는 내가 좋은 두뇌를 타고났기 때문에 그걸 써먹어야 한다고 말했지.

다시 학교로 복귀해 야간 과정에 다니게 되었지. 수녀원에 있는 모든 사람들이 격려해 주었어. 7년 뒤에는 1등으로 졸업했고 그 다음 해에는 석사 학위를, 다시 3년 뒤에는 박사 학위를 땄지.

그 날은 내 생애 최고의 날이었어. 수녀원의 모든 자매들이 졸업식에 참석했지. 내 이름이 불리면서 학위를 받기 위해 계단을 오르던 그 순간을 영원히 잊지 못할 거야. 학위 증서를 받았을 때, 청중들에게 얼굴을 돌렸지. 그건 정말이지 내 평생 소중히 간직될 순간이었어. 20명의 수녀들이 일어서서 박수를 치고 휘파람을 불며 기뻐하는 모습이 한눈에 들어오는 거야.

그러고 나서 무대를 내려오다가 관중석 뒤에 서 있는 사람을 보았지. 바로 그 왜소한 중국 노인……. 그는 두 손을 번쩍 쳐들어 손뼉을 치면서 만면에 웃음을 짓고 있었지."

존중의 힘

1_ 상대를 먼저 존중하기 전에는 어떤 사람이나 대상을 사랑할 수 없다.

2_ 존중할 필요가 있는 첫 번째 사람은 바로 자기 자신이다.

3_ 스스로를 존중하는 마음을 갖기 위해선 먼저 이렇게 자문하라.
"나는 나 자신의 무엇을 존중하는가?"

4_ 다른 사람들, 심지어 싫어하는 사람들에게도 존중받으려면 이렇게 자문하라.
"난 그들의 무엇을 존중하는가?"

사랑을 주는 것이 사랑을 잃지 않는 비결이다
— 베풂의 힘(윌리엄스)

제럴딘 윌리엄스 부인의 행복과 사랑을 찾기 위한 투쟁은 태어날 때부터 시작되었다. 그녀는 두 발과 한쪽 팔이 없이 어머니의 자궁에서 나왔다. 1960년대 탈리도마이드(진통제의 일종으로 이 약을 복용한 임산부는 기형아를 낳곤 했다 – 옮긴이)에 의해 불구가 된 수천 명의 아이 중 하나였던 것이다. 이로써 임산부에게 투여된 한 알의 약이 아기에게 육체적 기형을 초래한다는 엄청난 사실이 밝혀졌다.

휠체어에 앉은 윌리엄스 부인이 의수와 의족을 뻗치면서 인사할 때, 나는 솔직히 겁먹지 않을 수 없었다.

"당신의 메시지를 보고 매우 기뻤어요!"

그녀는 내 겁먹은 표정에도 개의치 않고 나를 거실로 안내했다.

"중국 노인을 만난 지 10년이 지났어요. 하지만 난 그 때의 일을 마치 어제의 일처럼 선명하게 기억하고 있어요."

한 장애자의 불굴의 정신

윌리엄스 부인은 나에게 소파에 앉으라고 권하면서 자신은 그 맞은 편에 자리를 잡았다.

"어느 여름날 저녁, 공원에서 그 노인을 만났어요. 그 날은 대학 무도회가 열리던 날이었지요. 석양이 질 무렵, 그 곳에 앉아서 부모를 제외하곤 아무도 날 있는 그대로 사랑해 주지 않을 거라고 생각하고 있었어요. 나와 춤을 추고 싶어하는 사람이 있다고는 상상할 수도 없었지요. 그래서 난 울기 시작했어요.

갑자기 괜찮냐고 묻는 남자의 목소리가 들리더군요. 난 고개를 들어 소리가 난 쪽을 바라보았어요. 바로 그 중국 노인이 내 곁에 서 있는 것이 아니겠어요! 그는 눈물을 닦으라고 손수건을 건네준 다음 내 곁에 앉았어요. 그러고는 손을 뻗어서 내 팔을 가볍게 어루만진 뒤 말했어요.

'내가 도와 줄까요?'

'아무도 날 도울 수 없어요!'

'왜죠?'

'그 어떤 것으로도 내 문제를 풀 순 없으니까요.'

'우리 나라에선 모든 문제는 우리의 삶을 풍요롭게 할 수 있는 더 큰 선물과 함께 온다고 믿고 있어요.'

'내 문제는 결코 내 인생을 풍요롭게 할 수 없어요. 이건 당신에게 장담할 수 있어요.'

'나에게 친구 하나가 있소.' 노인이 계속 말했어요.

'정말 대단한 친구였지. 그 친구는 10년 전 오토바이를 타다가 트럭과 정면으로 부딪치는 사고를 당했죠. 당시 그는 트럭과의 충돌을 피할 겨를이 없자 생명을 구하기 위해 트럭 밑으로 미끄러졌지. 그 때 휘발유 통이 터지면서 순식간에 화염에 휩싸이고 말았어. 타는 듯한 고통

속에서 사흘 뒤에 깨어났는데, 온몸의 70% 이상이 3도 화상으로 망가졌지. 얼굴은 추한 몰골로 변해 버렸으며, 손가락은 화상으로 다 문드러졌고 허리 아래로는 마비가 되었어. 사고 후 그 친구의 아내조차 떠나갔지. '기름에 튀겨진 장애자'라고 불리는 남편과는 살고 싶지 않다고 하면서…….

하지만 그에겐 다른 사람에게 없는 무언가가 있었지. 바로 불굴의 정신이었네. 그는 자신의 삶을 계속 영위해 나갔을 뿐만 아니라, 마침내 백만장자가 되었지.

이건 휠체어를 벗어나지 못할 뿐만 아니라 화상으로 손가락 하나 남지 않은 처참한 몰골을 가진 한 남자의 진실된 이야기라네. 더 이상의 가혹한 핸디캡은 상상할 수 없을 정도였지. 아무도 그가 정상적인 생활을 영위하고 사랑의 관계를 가질 수 있을 거라곤 믿지 않았으니까. 누구나 그가 자신의 운명을 한탄하고 저주할 거라고 말했지. 그의 삶에 무엇이 남았겠나? 하지만 틀린 것은 바로 그런 말을 한 사람들이었지. 그는 결코 운명을 저주하거나 한탄하지 않았어.

어떻게 그럴 수 있었을까?

자신의 내면 세계는 예전과 마찬가지란 걸 알았기 때문이야. 그는 여전히 미래에 대한 희망을 추구할 수 있는 꿈을 갖고 있었으며, 실제로 그 꿈을 실현했지. 또한 성공적인 사업가가 되어서 그를 아는 모든 사람에게 신선한 자극이 되었네. 게다가 꿈꾸던 여성과 만나서 결혼까지 했단 말이야!'

나는 중국 노인에게 얼굴을 돌리면서 말했어요.

'정말 그런 사람이 있습니까?'

'날 믿게나. 삶에 대한 그의 태도는 극히 단순했지. 즉 살아갈 수도 있고 죽을 수도 있었지만, 결코 죽겠다는 생각은 하지 않았네.'

바로 그 때 노인에게 사랑의 관계를 발견하기 위해 그 친구가 어떻게 했는지 물었어요. 노인은 덤덤하게 대답하더군요.

'다른 사람과 마찬가지라네. 풍요로운 사랑의 비밀을 따르는 거지.'

처음으로 그 비밀에 대해 들었어요. 누구나 자신의 삶에서 단순한 사랑이 아닌 풍요로운 사랑을 끌어올 수 있는 10가지 비밀을 알 수 있다고 말이에요."

사랑을 주는 것이 사랑을 잃지 않는 비결이다

"너무나 거창해서 진실처럼 들리지 않는데요."

"나도 처음엔 그렇게 생각했지만, 그 원리들을 내게 적용했어요. 그리고 내게 적용할 수 있다면, 누구에게도 적용할 수 있다고 생각했지요. 나의 삶에 가장 큰 충격을 준 그 비밀은 바로 '베풂의 힘'이었어요."

윌리엄스 부인이 말했다.

"베풂의 힘이요?"

"그래요. 베풂의 힘이 내겐 모든 비밀 중에서 가장 눈에 띄었어요. 왜냐하면 가장 단순했기 때문이지요. 만약 누군가의 사랑을 받고 싶다면, 우리가 해야 할 일은 사랑을 주는 것이에요. 사랑은 주면 줄수록 더 많이 받을 수 있어요."

"수긍이 잘 안 되는데요."

내가 펜을 내려놓으며 말했다.

"실제 사례를 들어 줄 수 있겠습니까?"

"물론이에요. 만약 당신이 사람들에게 미소 지으면, 그들은 대체로 어떤 반응을 보이나요?"

"미소로 답하죠."

"음, 또 당신이 누군가를 포용하면, 그 사람도 마찬가지로 포용할 거예요. 친절한 말, 선물, 전화 통화, 편지…… 어떤 거라도 상대에게 관심을 표하면 그 배로 되돌아오지요."

"하지만 누구나 그런 식으로 반응하지는 않습니다."

"그래요. 물론 전부는 아닐지라도 대부분은 그렇게 해요. 사랑은 부메랑 같은 것이라서 항상 되돌아오지요. 내가 베풀었던 상대가 아니더라도 누구에게서든지 항상 되돌아올 거예요. 그리고 그 때는 배로 되돌아오지요.

하지만 늘 이 점을 명심해야 해요. 물질적인 재산이나 돈과는 달리, 사랑은 무한정으로 베풀 수 있다는 것을……. 사랑을 주는 것이 사랑을 잃지 않는 비결이에요. 실제로 사랑을 베풀지 않는 것이야말로 우리 안에서 사랑을 잃을 수 있는 유일한 길이에요."

윌리엄스 부인이 말했다.

"그렇지만 어떤 사람들을 사랑하는 것은 시간과 에너지의 낭비일 때도 있습니다."

내가 말했다.

"왜 그렇지요?"

"어떤 사람들은 증오로 가득 차 있기 때문이죠. 그들의 가슴은 텅 빈 것 같습니다."

"당신에게 하나 물어 봐도 될까요? 가장 아름다운 꽃을 피울 수 있는 나무나 식물의 씨앗을 갖고 있다면 어디에 그 씨앗을 심겠어요? 아름다운 숲, 풍성한 녹색 초원, 아니면 빈 들판……?"

"무슨 뜻인지 잘 모르겠는데요?"

"가장 씨앗을 필요로 하는 곳이 어디일 것 같냐고요? 씨앗의 두드러진 특성이 잘 나타날 것 같은 곳 말이에요."

"빈 들판이죠."

"맞아요. 그럼 그 씨앗이 사랑이라면, 어느 곳에서 가장 필요로 할까? 이미 사랑으로 가득 찬 가슴일까요, 아니면 상처받고 외로운 사람들의 가슴일까요?"

무조건 베풀어라

"부인의 말씀을 이해는 하겠습니다. 그렇지만 그렇게 쉬운 일은 아니죠."

"찡그리는 것보다는 미소를 짓는 것이 훨씬 힘이 덜 들지요. 비난하는 것보다는 다정하고 용기를 북돋는 말을 하는 것이 훨씬 시간을 절약하고요. 우리가 쉽게 불친절이나 무관심을 택할 수 있듯이, 사랑도 쉽게 선택할 수 있어요.

문제는 대부분의 사람들이 먼저 베풀고 싶어하지 않는다는 데 있어요. 우린 받았을 때만 주려고 하고, 사랑을 할 때도 조건적으로 하는 경우가 많아요.

즉 '날 사랑하면 당신을 사랑하겠어'라고 말하지요. 우린 다른 사람이 먼저 첫걸음을 떼어 주길 기다리고 있는데, 이거야말로 많은 사람들이 좀처럼 사랑을 경험하지 못하는 이유 중 하나이죠. 누군가가 자기를 먼저 사랑해 주길 기다리는 거지요. 하지만 그건 연주자가 '사람들이 춤추기 시작할 때만 연주하겠어'라고 말하는 것과 다를 게 없어요.

진정한 사랑은 무조건적이며 어떤 보답도 요구하지 않아요. 난 골수 이식이 절실히 필요한 어린 소녀에 대한 아름다운 이야기를 읽은 적이 있어요. 다행히 그 소녀는 어린 동생과 유전자가 일치했죠. 의사는 어린 소년에게 새 피를 수혈하지 않으면 누나가 죽을 거라고 설명했어요. 소년은 망설이지 않고 누나를 돕기로 했죠. 그런데 마취하기 직전에 소년이 의사를 쳐다보면서 '내가 죽을 때 아플까요?'라고 묻는 거예요. 7살도 안 된 어린 소년은 자신의 피를 모두 주고서라도 누나를 구하겠다고 생각한 거지요.

아쉽게도 지금 당신에게서는 어린 소년이 누나에게 베푼 것과 같은 순수하면서도 진실한 사랑을 찾을 수가 없어요."

"그래요. 하지만 자기 가족이라서 그렇게 할 수 있었던 것 아닐까요?"

내가 말했다.

"반드시 그렇지만은 않아요. 어떤 사람들은 자기 가족을 사랑하지 않을 뿐만 아니라 오히려 미워하기도 하는 걸요."

나는 고개를 끄덕였다. 어린 시절을 멸시받고 무시당하면서 보낸, 그리하여 가족들을 증오했었던 밀리 홉킨스 박사를 떠올렸다.

"우리는 모두 똑같은 조물주에 의해 창조됐어요."

윌리엄스 부인이 말을 계속했다.

"우리는 누구나 똑같이 피와 살과 뼈로 이루어져 있어요. 우린 한 가족의 부분들이지요. 난 사랑의 본질이 타인 속에서 자기 자신을 보는 능력이라고 생각해요.

따라서 풍요로운 사랑을 경험하고 싶다면, 어떤 보답도 바라지 않고 무조건적으로 사랑을 베풀어야 해요. 그렇지 않은 것은 진정한 사랑이 아니지요. 마음에서 우러나 준 선물이 아니면 그건 선물이 아닌 것과 마찬가지예요. 조건을 달아서 베푼 사랑은 사랑이 아닌 거지요. 따라서 베풂의 기쁨과 베풂이 낳는 사랑을 체험하는 가장 좋은 방법 중 하나는 보답을 바라지 않고 언제 어디서나 친절을 베푸는 것이지요."

"그게 무슨 뜻이죠?"

"보답을 바라지 않고 언제 어디서나 친절을 베푼다는 것은 베푸는 기쁨 말고는 아무런 조건 없이 자발적으로 베푼다는 것이에요. 거리에서 슬퍼 보이는 사람을 보면 그에게 꽃 한 다발을 선물해 보세요. 혹은 상대의 모습이나 하는 일을 칭찬해 보세요. 상대를 놀라게 하고 그의 얼굴에 미소를 짓게 하는 것은 보답을 바라지 않는 친절이에요. 이것만이 사랑을 퍼뜨린다는 것을 내가 보증하지요. 그리고 이런 사랑은 반드시 그 사랑을 받은 사람과 영원히 함께 해요."

베풂의 힘은 더 큰 사랑을 가져다 준다

나는 노트에 메모했다. 특히 '보답을 바라지 않고 언제 어디서나 친절을 베푼다'는 구절이 마음에 들었다.

"그렇다면 부인께서는 단순히 베풀고 언제나 친절을 행하는 것이 자신의 삶 속에 사랑을 가져다 준다고 진정으로 생각합니까?"

"물론이에요. 그건 내가 나를 느끼는 방식을 바꾸면 가능해요. 평생 나 자신을 피해자로 생각해 왔지만 '베풂의 힘'을 통해 새로운 것을 알

앗어요. 설사 장애자라도 남을 위해 할 수 있는 일이 많다는 걸 발견했지요. 아무런 목적 없이 단지 상대에 대한 관심만으로 그에게 뭔가를 해 본 적이 있나요?"

나는 고개를 끄덕였다.

"물론이죠."

몇 주 전 유모차를 밀면서 계단을 오르려고 애쓰는 젊은 부인을 보았을 때가 생각났다. 혼잡한 시간이라 사람들은 그녀를 밀치면서 지나갔다. 그 때 난 가던 길을 멈추고 그 여인을 도와 유모차를 층계 위로 올려 주었다.

"기분이 어땠어요? 자기 자신에 대해 좋은 기분을 느끼지 않았어요?"

나는 또다시 고개를 끄덕였다. 실제로 기분이 좋았다. 마치 도와 준 그 여자가 나에게 에너지를 넣어 준 것처럼 말이다.

"그게 바로 베풂의 힘이에요."

윌리엄스 부인이 말했다.

"그 힘은 사랑을 느끼도록 도와 줄 뿐만 아니라, 사랑의 관계를 쌓아가도록 도와 주기도 하지요. 그 힘은 결코 실패하는 법이 없어요. 실제로 주는 행위는 두 사람 사이에 영원한 행복과 영원한 사랑을 틀림없이 가져다 주지요."

"왜 그렇죠?"

"이유는 간단해요. 인간관계에서 받는 것보다 줄 수 있는 것에 초점을 맞춘다면 잘못될 수가 없어요. 모든 인간관계는 주고받는 거잖아요, 그렇지 않나요?"

"그렇습니다!"

"주는 것보다 더 많이 받기를 원한다면, 어떤 인간관계에서도 필연적으로 문제가 발생해요. 반면에 상대에게 줄 수 있는 것을 생각한다면 잘못될 리가 없지요. 평생의 서약을 하기 전에 대부분의 사람들은 상대가 자기를 위해 해 줄 수 있는 것부터 생각해요. 그런 생각을 '난 파트너를 위해 무엇을 할 수 있을까?'로 바꾼다면, 둘 사이의 관계에 공헌할 수 있는 것에 초점을 맞출 수 있어요. 그리고 이런 사랑의 태도만이 사랑의 동반 관계를 창조하도록 도와 주지요."

받는 것보다 주는 것에 초점을 맞춰라

윌리엄스 부인의 말을 곰곰이 생각했다. 생각하면 할수록 그 의미가 새로웠다. 사랑은 늘 상대로부터 받는 것이라고 생각했다. 사랑을 주면서 경험할 수 있는 사랑이 나에게는 일어나지 않았다. 과거의 인간관계에서 잘못한 점은 바로 이것이다. 나는 지금까지 그저 파트너에게 내가 바라는 것에 대해서만 매달렸지, 상대에게 줄 수 있는 것에 대해서는 생각하지 않았다.

"5년 전에 정말로 믿을 수 없는 일이 일어났었어요. 멕시코에서 일어난 의약 스캔들에 관한 TV 다큐멘터리를 보고 있었지요. 제 몸이 불구가 된 원인을 제공한 탈리도마이드에 대한 내용이었어요. 이 약은 서구 사회에서 처방이 금지된 이후에도 25년 동안 여전히 처방되고 있었어요."

나는 고개를 절레절레 저으면서 말했다.

"정말 잔인하기 그지없군요."

"그렇지요. 내 눈을 믿을 수 없었어요. 너무나 두렵게도 수많은 아이

194

들이 불구가 되어 버렸는데, 한 어린 소녀가 특별히 주목을 끌었어요. 그 아이는 7~8살 난 아이였는데, 나처럼 다리 없이 태어났을 뿐만 아니라 얼굴까지 기형이었어요. 그 아이는 자신의 불행을 극복하는 방법을 배우긴 했지만, 매일매일이 큰 고통이었으며 미래도 암담했지요.

그 아이는 가난한 가정에서 태어났기 때문에 안전하게 걷는 데 필요한 의학적인 처방도 받을 수 없었어요. 얼굴을 고치는 성형수술을 받는다는 것은 언감생심 더더욱 먼 이야기일 수밖에 없었고요. 그녀의 의족은 싸구려라서 전혀 맞지 않고 불편해 보였어요. 의족으로 걷는 일이 그 아이에겐 너무나 큰 고통이었는데, 그나마도 앉을 때에는 의족을 벗어야 했죠. 그렇지 않으면 앉을 수도 없었지요. 스쿨버스 운전 기사도 그 아이의 탑승을 거절했다는 걸 믿을 수 있겠어요? 왜냐하면 의족을 신고서는 앉을 수 없었기 때문이에요."

도저히 믿을 수 없다는 듯이 나는 고개를 흔들었다.

"순간 내가 도와야 할 사람은 바로 이 아이란 걸 금방 알아차렸어요. 사랑은 다른 사람에게서 자기 자신을 발견하고 그 발견을 기뻐하는 것이라는 글을 읽은 적이 있거든요. 난 이전까지는 그 의미를 진심으로 이해하지 못했어요.

처음엔 불구의 그 소녀를 똑바로 보지 못했어요. 그녀에게서 나 자신을 보았기 때문이지요. 하지만 우린 곧 장애를 통해 서로에게 유대감을 느꼈어요. 내 생애 처음으로 나 자신의 고통이 어떤 목적을 갖고 있을지도 모른다고 생각했지요.

그 후 몇 달 동안 난 어린 소녀를 위해 모금 운동을 시작했어요. 새 의족을 신을 수 있고 앉는 데 필요한 의학적 치료를 받을 수 있도록 하기 위해서였죠. 난 그 애가 성형수술을 받을 수 있도록 어떻게든 돕고 싶었어요. 그래서 가든 파티를 열어 바자회를 하고, 가능한 한 많은 사람들로부터 기부를 받았지요. 18개월 뒤 목표한 기금을 거의 마련했어요. 그리고 필요한 수술을 무료로 받을 수 있도록 외과 의사도 설득했고요.

새로운 의족을 맞추고 어느 정도 치료가 됐을 즈음 그 소녀를 만나러 갔어요. 그 아이는 나를 보자마자 눈물을 흘리며 두 팔로 안으면서 소리쳤지요.

'고마워요! 고마워요!'

그 아이는 거듭거듭 감사를 표시했어요. 나도 그런 풍요로운 사랑의 경험은 처음이라서 눈물을 주체할 수 없었지요. 그 날 그 어린 소녀를 안았을 때처럼 기쁨의 눈물을 흘린 적은 예전엔 단 한 번도 없었어요.

중국 노인이 내게 물은 뜻을 이해하기 시작한 것도 바로 그 때였어요. 그는 이렇게 물었지요.

'누가 더 장애를 갖고 있을까? 걸을 수 없고 말할 수 없고 들을 수 없고 볼 수 없는 사람인가, 아니면 웃을 수 없고 울 수 없고 사랑할 수 없는 사람인가?'

난 육체적으로는 불구이지만 내적으로는 어느 누구와도 진정 다르지 않다는 걸 처음으로 깨달았어요. 그리고 그 날 이후로 가슴이 사랑으로 가득 차 있으면 삶도 진정 아름다울 수 있다는 걸 알았어요. 나 자신의 곤경과 세상의 무관심에도 말이에요.

그리고 1년 뒤에 한 사람을 만났어요. 친절하고 점잖고 멋진 사람이었지요. 그는 내가 참여한 지역 공동체 센터의 사회 사업가였어요. 우리는 금세 친해졌는데, 뭔지는 몰랐지만 의기투합하는 면이 있었지요. 우리는 곧 다정한 친구가 되었고, 몇 달 뒤에는 꿈에도 그리던 기적이 일어났어요. 그가 내게 춤을 추자고 한 거예요!

그 후 1년 뒤 우리는 결혼했고, 지금은 예쁜 두 아이까지 두고 있어요. '모든 문제는 삶을 풍요롭게 하는 더 큰 선물과 함께 찾아온다'는 말을 기억하세요? 중국 노인이 했던 그 말이 옳다는 걸 앞으로 알 수 있을 거예요. 스스로 베풀 수 있는 한, 그리고 뭔가에 이바지할 수 있는 한, 사랑을 발견할 수 있어요."

베풂의 힘

1_ 사랑을 받고 싶다면, 사랑을 주는 것만이 당신이 해야 할 일이다! 더 많은 사랑을 줄수록 더 많은 사랑을 받을 것이다.

2_ 자기 자신을 사랑한다면 다른 사람들에게도 마음껏 베풀어라.

3_ 언제나 친절을 행하라.

4_ 상대가 자신에게 무엇을 줄 수 있는가를 묻기보다는 자신이 상대에게 무엇을 줄 수 있는가를 물어라.

5_ 행복하고 지속적인 사랑의 관계를 맺는 공식은 얻을 수 있는 것보다는 줄 수 있는 것에 늘 초점을 맞추는 것이다.

같은 방향을 함께 바라보라
— 우정의 힘(바크먼)

　명단에 적힌 네 번째 사람은 윌리엄 바크먼이라는 남자였다. 바크먼은 프리랜서 저널리스트였는데, 그의 글은 정기적으로 유명 잡지에 실렸다. 또한 그는 『친구와 연인』이라는 책을 쓴 베스트셀러 작가이기도 했다. 키가 크고 깡마른 사람으로 몹시 깐깐해 보였다. 하지만 나를 맞이하는 그의 얼굴은 기쁨으로 빛나고 있었다.

　바크먼이 먼저 털어놓았다.

　"풍요로운 사랑의 비밀이 내 삶을 완전히 바꾸어 놓았죠. 나는 내 삶을 함께 나눌 특별한 관계를 찾기 위해 10년간을 헛되이 소모했지요. 그래서 이젠 내가 갈망했던 그런 사랑을 발견할 수 없을 거라고 체념하고 있었어요. 그러나 풍요로운 사랑의 비밀을 배운 지 1년도 채 안 되어 꿈에 그리던 여인을 발견했을 뿐만 아니라, 가족이나 친구와의 관계도 완전히 바뀌었어요."

　"어떻게요?"

　"주변의 모든 관계가 더 친밀해지고 강화되는 듯했죠."

　나는 그 말을 믿어야 할지, 말아야 할지 몰라 한 마디 더 물었다.

　"그 비밀들이 당신의 삶에 큰 충격을 주었나요?"

"물론이에요. 너무 환상적으로 들리겠지만, 일단 그 비밀을 시도해 보면 정말 효과가 있다는 걸 알게 될 거예요. 모든 비밀이 다 나름대로 도움이 되었지만, 그 중에서도 가장 배울 필요가 있었던 비밀은 바로 '우정의 힘'이었죠."

"우정의 힘이라고요? 정확히 무얼 뜻하는 거죠?"

내가 물었다.

"사랑이란 두 연인 사이에 일어나는 로맨스라고만 생각하곤 했는데, 그건 잘못된 생각이었어요. 사랑은 그 이상의 것이었죠. 사랑은 관심을 갖고 돌보는 것이고, 누군가가 당신을 필요로 할 때 그 자리에 있는 거예요. 이 때문에 진정한 사랑은 로맨스 이상의 것, 즉 우정인 거죠."

서로를 응시하는 것이 아니라 같은 방향을 함께 바라보는 것

내가 노트를 꺼내 필기를 시작하자, 바크먼이 계속 말했다.

"다른 사람들과 마찬가지로 나 역시 사랑의 대상을 찾기 위해 온갖 곳을 헤맸지요. 독신자를 위한 바에도 갔고, 각종 파티나 나이트클럽에도 갔어요. 거기서 여러 여성을 만나 데이트를 했지만, 진정으로 마음에 드는 여성을 만나지는 못했어요. 난 차츰 내 이상형의 여성을 절대로 찾지 못할 거라고 체념하기 시작했죠.

그러던 어느 날 저녁, 마을 중심가에 있는 바에 홀로 앉아 있는데, 웬 왜소한 중국 노인이 내 옆에 와 앉는 거예요.

노인이 잔을 들면서 '안녕하시오'라고 하길래, 나도 잔을 들어서 답례를 했죠. 노인이 나더러 결혼했냐고 묻길래, '아뇨'라고 간단히 대답했죠. 그가 다시 여자 친구는 있느냐고 물었는데, 없다고 대답했어요.

'왜?' 하고 노인이 다시 물었죠. '아직 마음에 드는 여자를 만나지 못했다'라고 말하자 그는 내가 주변 상황에 대해 좀더 진지하게 생각하도록 만드는 말을 던졌어요. '잘못된 곳에서 여자를 찾고 있구먼'이라고 말이죠."

"잘못된 곳이라고요? 도대체 어딜 말하는 거죠?"

"내 반응도 바로 그랬어요. 그 노인에게 독신 여성들이 많이 오는 나이트클럽이나 바에 다닌다고 말했죠. 노인은 아연실색해서 나를 쳐다보다가 웃음을 터뜨렸어요. 뭐가 그렇게 재미있느냐고 물었더니, 노인은 '바나 나이트클럽에서 데이트 상대를 찾은 적이 있소?'라고 되묻더군요. 나는 '몇 번 있다'고 대답했죠. 그러나 결국 몇 주 이상 지속한 상대는 하나도 없다는 걸 인정해야 했어요."

"데이트 상대를 만나기 위해 나이트클럽이나 바에 가는 것이 뭐가 잘못되었다는 거죠?"

"전혀 잘못된 것은 없었어요. 때로는 운이 좋아 매력적인 여자를 만날 수도 있겠죠. 하지만 중국 노인이 말했듯이 영원한 사랑의 관계를 찾는 곳치고는 적당치 않은 곳이라는 거죠.

희미한 불빛 아래 담배 연기 자욱하고, 또 소리를 쳐야만 겨우 들을 수 있는 시끄러운 곳이 좋은 상대를 찾는 최선의 장소는 아니라는 얘기죠."

"그럼 어디가 최선의 장소라는 건가요?"

나는 바크먼의 말에 이의를 제기했다. 나도 역시 여자들을 만날 목적으로 자주 나이트클럽이나 바에 갔었기 때문이다.

"그건 당신에게 달렸어요."

"무슨 뜻이죠?"

"노인은 내게 이렇게 설명했어요. '진실한 사랑을 발견하고 싶다면 먼저 진실한 친구를 찾아야 한다'는 아주 단순한 말이었지만, 예전엔 생각지도 못했던 말이죠. 우리는 흔히 강한 성적 매력이 사랑을 위한 첫 번째 조건이라고 생각하고 있어요. 물론 그것도 사랑의 관계에서 중요하기는 하겠지만, 풍요로운 사랑을 원한다면 — 평생 지속되는 사랑을 원한다면 — 외적인 모습을 초월해서 보아야 해요.

진정한 사랑은 성적인 매력에 뿌리박고 있는 것이 아니라, 우정에 뿌리박고 있어요. 달리 표현하면 생텍쥐페리가 말했듯이 '사랑은 서로를 응시하는 것이 아니라, 같은 방향을 함께 바라보는 것'이라고 할 수 있죠. 성경에서도 '두 사람이 서로 동의하지 않는 한 함께 여행할 수 없다'고 쓰여 있어요. 공통의 믿음과 목표 그리고 관심과 나눔, 상호 존경과 칭찬이 지속적인 사랑의 관계를 위한 초석입니다."

지속적으로 사랑을 묶는 것은 우정이다

"정말 우정이 그렇게 중요합니까?"

"의심할 바 없어요. 실제로 미국 어느 대학의 사회학자들이 연구한 것을 보면 우정이 사랑의 관계에 얼마나 중요한지 알 수 있어요. 그들은 결혼 후 50년 이상을 행복하게 살고 있는 수백 쌍의 사람들에게 결혼의 성공 요인이 무엇인 것 같냐고 물었죠.

그들의 대답은 한결같이 똑같았어요.

바로 우정이었어요. 누구나 자신의 파트너가 최고의 친구라고 대답한 거예요. 그들 모두가 공통의 믿음, 공통의 관심, 공통의 목표 그리고 인생의 방향이 같았죠.

성적인 아름다움과 물질적인 재산을 포함한 그 밖의 모든 것들은 궁극적으로는 관계가 없었어요. 지속적으로 사랑의 관계를 묶는 것은 바로 우정이죠.

이것이 나의 책『친구와 연인』을 쓰도록 자극한 최초의 요인이었죠. 많은 사람들이 사랑은 성적인 매력으로부터 샘솟는다고 잘못 믿고 있는데, 우리의 외양은 덧없는 것이라서 세월과 더불어 시들기 마련이에요. 역으로 우정과 존경에 뿌리박은 사랑은 매일매일 견고해져요. 결국 외모만 화려하고 진실이 결여된 여성이 어찌 아름다울 수 있으며, 여자 친구에게 손찌검을 하는 남성이 어찌 진실한 연인이라 할 수 있을까요?

이성의 관계를 성적인 매력에만 초점을 맞추기보다는 자신의 믿음, 가치, 목표를 나눌 수 있는 파트너를 찾아야만 진정한 사랑의 관계를 쌓아 갈 수 있는 거예요."

바크먼을 향해 동의의 표시로 고개를 끄덕였다. 나 또한 본능적으로 이 말의 중요성을 알았다. 나는 명단에 첫 번째로 적혀 있었던 푸치아 박사를 만난 이래 내가 원하는 이상형의 여성에 대해 줄곧 생각해 왔었다.

그 중 하나는 그녀와 집 밖에서도 공유할 수 있는 즐거움이 있어야 한다는 것이었다.

공통된 관심사를 함께 나눌 수 있는 사람을 찾아라
"그럼, 어떻게 하면 그런 친구를 찾을 수 있을까요?"

"먼저 상대에게 다정히 대하는 것이 중요해요. 특별한 친구를 얻기 위해선 공통의 관심사와 믿음을 나눌 수 있는 사람들에게 다정히 대해야 하죠."

"말은 쉽지만 실천하기는 어려울 것 같네요."

내가 말했다.

"왜 그렇게 생각하죠? 한 가지 물어 볼게요. 당신이 좋아하는 취미나 활동은 뭐죠?"

"전 주말에 하이킹이나 윈드서핑 하는 걸 좋아해요. 그리고 오페라 구경도 좋아하죠."

"그럼 어느 곳에서 친구를 만들고 싶나요? 담배 연기 자욱한 바입니까, 하이킹 클럽이나 윈드서핑 그룹입니까, 지역 오페라 단체입니까?"

"무슨 말씀인지 이젠 알겠어요. 그런데 취미나 관심사가 아예 없거나 희박한 사람에겐 어떻게 하죠?"

"그렇다면 즐길 만한 것을 찾도록 꾸준히 노력해야죠. 열정을 쏟을 수 있는 것이라면 뭐든 상관없어요. 축구, 테니스, 수영, 사이클과 같은 스포츠일 수도 있고, 춤이나 연극, 하이킹과 같은 좀더 사회적인 활동일 수도 있으며, 심지어 정치적인 것일 수도 있어요. 일단 관심을 기울일 만한 걸 찾으면 그 관심을 나눌 수 있는 사람을 찾는 건 쉬운 일이죠. 왜냐하면 서로 공통점을 갖고 있기 때문이에요. 서로 아무런 공통점이 없으면 가까운 관계를 유지하기가 참 힘들죠."

"아주 단순한 것처럼 들리네요."

"그렇죠. 아주 단순해요. 그렇지만 소홀히 하기 쉬운 것들이죠. 사람들은 남편감이나 아내 후보를 찾는 데 너무나 골몰하고 있어요. 하지만 방식을 바꿔서 우정을 먼저 쌓는다면, 사랑의 관계는 저절로 따라온다는 걸 알 수 있을 거예요."

"그러나 단순히 누군가와 친구이기 때문에 상대의 매력을 발견해 사랑의 관계로 발전하는 건 아니잖아요?"

"물론이에요. 당신 말이 옳아요. 하지만 친구가 아니라면 지속적인 관계를 유지하기가 힘들죠."

"그렇기는 하지만, 예를 들어 두 사람이 처음에는 사랑에 빠졌다가 혹은 서로 성적으로 매력을 느꼈다가 나중에는 친구가 되는 경우도 있잖아요."

"그래요, 그건 가능해요. 하지만 상식적인 것은 아니죠. 본질적인 것은 우정이 지속적인 사랑의 관계에 가장 중요한 요소라는 것인데, 그 이유는 우정이 사랑의 중요한 부분이기 때문이에요.

따라서 상대가 자신의 삶을 함께 나눌 수 있는 적당한 사람인지 잘 생각해 봐야 해요. 이 때 스스로에게 물을 수 있는 최선의 질문을 던져 보세요. 즉 '그녀는 나의 가장 좋은 친구인가?' 그 대답이 '아니오'라면, 자신의 여생을 그 사람에게 맡기기 전에 아주 신중하게 생각해야죠."

우정을 쌓으면 사랑도 튼튼해진다

나는 요점을 써 내려가다가 고개를 들고 물었다.

"이미 서로가 사랑하는 사이라고 관계를 인정한 사람들은 어떻게 하죠? 그들이 우정의 힘을 생각하기에는 너무 늦었다고 생각하는데요."

"전혀 그렇지 않아요."

바크먼이 대답했다.

"수많은 관계가 우정의 힘에 의해 쌓여 가기 마련이죠. 우정은 구축될 수 있는 거예요. 이미 관계를 인정한 사람들이라도 공통의 터전을 발견하고 함께 나눌 수 있는 관심사를 찾고, 함께 할 수 있는 일을 찾아야 해요. 그러면 두 사람은 다시 더 깊은 친구가 될 수 있고, 서로의 관계를 더 깊이 쌓을 수 있어요. 왜냐하면 우정이 자라면 사랑의 감정 역시 자라기 마련이니까요."

"마지막 질문인데요. 꿈에 그리던 여인을 만났나요?"

"물론이에요! 난 그녀와 결혼했죠. 하이킹 클럽에서 레이첼을 만났어요. 처음엔 그녀에게 성적인 매력을 느끼지 못했어요. 그녀 역시 내게 특별한 매력을 느끼지 못했죠. 그러나 서로의 일에 대해 알면서부터 바뀌기 시작했어요. 함께 있으면 편안함을 느꼈어요. 그녀는 내가 소중히 여기는 일을 말할 수 있는 최초의 여성이었죠. 많은 관심사를 나누면서 비슷한 신념을 가진 걸 발견했는데, 마치 영혼의 동반자 같았어요. 우리는 아주 가까운 친구가 되었는데, 그러던 어느 날 내가 그녀를 사랑하고 있고 내 인생을 그녀와 나누고 싶어한다는 걸 깨달았죠."

우정의 힘

1_ 진실한 사랑을 발견하기 위해서는 우선 진정한 친구를 발견해야 한다.

2_ 사랑은 서로의 눈을 응시하는 것이 아니라 동일한 방향을 함께 바라보는 것이다.

3_ 누군가를 완전히 사랑하기 위해서는 상대의 겉모습이 아니라 있는 그대로의 모습을 사랑해야 한다.

4_ 우정은 사랑의 씨앗이 성장하는 토양이다.

5_ 서로의 관계 속에서 사랑을 낳고 싶다면, 먼저 우정을 싹틔워야 한다.

팔을 벌리면 가슴도 열린다
― 접촉의 힘(피터 영)

다음날 나는 명단에 적힌 다섯 번째 사람을 만나기 위해 시립 병원에 도착했다. 피터 영 박사는 외과 병원의 주임 의사였다. 그는 칠흑 같은 머리칼과 깊고 짙은 갈색 눈이 돋보이는, 키가 크고 핸섬한 흑인이었다. 그의 방으로 들어서자 영 박사는 의자에서 일어나 나를 반갑게 맞이하며 힘껏 악수를 했다.

"안녕하시오. 만나서 반갑습니다."

"저도 반갑습니다. 시간을 내주셔서 정말 고맙습니다."

"천만에요."

영 박사는 나에게 의자에 앉으라고 손짓을 했다.

"뭘 마시겠소?"

"차가 있습니까?"

내가 물었다.

"물론이오."

영 박사가 문을 열고 비서에게 차 두 잔을 시켰다.

"다시 한 번 말해 주게. 정확히 언제 그리고 어떻게 중국 노인을 만났나?"

나는 그 당시의 일을 자세히 말해 주었다. 이야기를 끝내자마자, 비서가 들어왔다. 영 박사는 나에게 차 한 잔을 건네주었다.

"난 15년 전에 노인을 만났지. 막 외과 전문의 자격을 취득하고, 그걸 전부라고 여겼던 때였어. 적어도 그 땐 그렇게 생각했지. 내 입장에서 말하면, 나의 일은 환자의 몸을 절개해 환부를 제거한 뒤 다시 봉합하는 것이었지. 난 그 일을 아주 잘했어. 하지만 난 결코 환자 곁에 앉은 적은 없었네."

"정말입니까? 왜죠?"

내가 물었다.

"환자 곁에 앉아서 얘기하는 것을 시간 낭비라고 생각했기 때문이야. 그런 건 간호사가 할 일이라고 여겼지. 심지어 견습 의사가 환자와 많은 시간을 보내면 벌을 주기도 했어. 이상하게 들린다는 건 알지만, 난 훌륭한 외과 의사의 능력은 두 손에 달려 있다고 배웠지. 이런 나의 생각이 잘못이란 걸 깨우쳐 준 사람이 바로 그 중국 노인이었어. 그는 훌륭한 외과 의사의 능력은 두 손에 달려 있는 것이 아니라 가슴에 달려 있다고 했으니까……."

내가 열심히 듣자, 영 박사가 계속 말했다.

"어느 날 아침 회진을 돌고 있을 때였어. 그 날 아침에는 별다른 일이 없었지. 적어도 내가 환자의 방에 들어가기 전까지는 말이야. 병실에 들어갔을 때 한 간호 보조사가 환자 곁에 앉아서 손을 잡고 있는 광경이 보이더군. 난 그 간호 보조사에게 말했어.

'당신은 당신의 일을 해야 하지 않을까요?'

그는 천천히 고개를 돌려 나를 바라보았는데, 그 때 그 표정은 영원히 잊지 못할 거야. 짙은 갈색 눈으로 똑바로 나를 보면서 대답했거든.

'그래요. 하지만 당신이 당신 일을 하지 못할 때는 누군가가 대신 그 일을 해야 하죠.'

말할 필요도 없이 난 화를 버럭 냈어. 그러나 내가 뭐라고 말을 끝내기도 전에 노인은 손을 들어 저지하면서 다시 말했지.

'잠깐, 말하지 마시오. 이 여인은 도움이 필요하오.'

난 몹시 격앙되었어.

'감히 간호 보조사 주제에 나에게 이런 식으로 명령하듯이 말하다니……'

그 여자는 말기 암 환자였어. 우린 그녀의 뇌에서 수술로도 완치가 불가능한 종양을 발견했지. 내가 그 사실을 알려 주려고 말을 막 꺼내려는데, 역시 내 말이 시작되기 전에 노인은 다시 손을 들어 저지하더니 한 번 더 말했어.

'잠깐, 말하지 마시오. 지금은 말할 때가 아니오.'

난 따끔하게 한 마디 하려고 병실 밖에서 노인을 기다렸네. 그런데 노인은 밖으로 나오자 내 눈을 똑바로 보면서 이렇게 말하는 것이 아닌가!

'그녀는 살 거요, 박사!'

내가 놀라서 물었지.

'무슨 뜻이죠? 그녀가 살 거라니? 그녀는 수술이 불가능한 뇌종양 환자요.'

노인이 다시 물었어.

'죽을 거라고 확신했던 환자가 다시 살아난 경우를 본 적이 없소?'

'물론 있죠. 그러나…….'

'어떻게 해서 환자들이 회복되었다고 생각합니까?'

난 노인의 물음에 성급하게 대답했지.

'그런 쓸데없는 생각은 하지 않아요. 그런 건 일시적인 해프닝에 불과하죠.'

'아니오, 박사. 그건 기적이오! 그렇다면 무엇이 그런 기적을 낳았을까? 사랑이오! 사랑은 전 우주에서 가장 강력한 치유력이며, 어떤 약보다도 훨씬 강력하오. 사랑 없는 외과 의사는 기계에 불과할 뿐 더 이상 의사가 아니오.'

그러고 나서 노인은 '진정한 의사가 되고 싶으면 이 사람들을 만나 보시오'라고 하면서 종이 쪽지 한 장을 건네주더군."

사랑은 가장 강력한 치유법이다

나는 영 박사의 말을 들으며 미소를 지었다. 분명히 거기에는 10명의 명단과 전화 번호가 적혀 있었을 것이기 때문이다.

"종이에는 10명의 이름과 전화 번호가 적혀 있었지. 그리고 내가 다시 고개를 들었을 때 노인은 사라지고 없었어.

노인의 말에 너무나 격분한 나머지 곧장 원무과로 가서 그를 찾아내 한 마디 하려고 했지. 그런데 우리 병원 직원 중에는 그런 중국 노인은 없었어. 처음에는 틀림없이 기록이 뒤섞여서 그런 거라고 생각했지. 때때로 컴퓨터 에러나 다른 일로 그런 경우가 있었으니까. 그러나 내가 본 중국 노인에 대한 기록은 어디에도 없었어. 그래서 더 이상 상관하지 않았지. 그런데 그 다음날……."

"무슨 일이 일어났나요?"

내가 물었다.

"그래, 놀라운 일이었지. 간호사의 호출을 받고 입원실로 갔더니, 글쎄 악성 뇌종양을 앓는 여인이 침대에 앉아서 식사를 하고 있는 거야. 식욕을 되찾은 거지. 그녀 스스로도 아주 좋아진 느낌이라고 웃으며 말하더군.

난 내 눈을 도저히 믿을 수 없었어. 그 여인은 몇 달 동안 메스꺼움과 현기증에 시달리다가 겨우 이틀 전에 뇌수술을 받았으니까. 심지어 그녀는 내게 감사하다고 하면서 수술이 아주 잘 되었나 보다고 말하는 게 아닌가. 정말 믿기 힘든 기적이었어! 난 노인이 뭘 어떻게 했는지 상상도 할 수 없었지만, 틀림없이 뭔가를 했다는 건 알 수 있었지. 결국 내가 노인에 대해 좀더 알아낼 수 있는 유일한 길은 명단에 적힌 사람들과 접촉하는 길뿐이었어.

물론 그들도 모두 중국 노인을 만났으며, 아울러 내게 풍요로운 사랑의 비밀에 관해 말해 주었지. 처음엔 나도 그런 비밀에 대해 아주 회의적이었어. 지금까지 한 번도 들어 본 적이 없는 이야기들이었으니까. 하지만 노인이 어떻게 환자를 낫게 했는지 알고 싶은 욕망도 강했어.

나는 그 때까지 사랑이 건강과 치유에 어떤 식으로 도움을 주는지 한 번도 생각해 보지 않았네. 의과대학에서는 사랑이나 애정이 치유의 메커니즘 사이에 어떤 관련이 있는지 가르쳐 주지 않았으니까. 하지만 분명히 관련이 있었어. 노인이 절대적으로 옳았던 거야. 사랑이야말로 가장 강력한 치유법이니까."

접촉은 장벽을 무너뜨리고 관계를 맺는 강한 표현이다

나는 그의 말을 한참 동안 듣고 있다가 물었다.

"정말입니까?"

"그럼! 그걸 증명할 연구 보고서도 있어. 즉 행복한 사랑의 관계를 즐기는 사람은 그렇지 않은 사람보다 심각한 질병에 걸리는 비율이 10% 감소하며, 치료 효과도 사랑을 받는다고 느끼는 환자가 훨씬 빠르고 성공적이라는 거지."

"믿을 수 없군요."

"하지만 그것은 사실이야. 환자를 치료하는 직업을 가진 나 같은 사람에겐 매우 흥분되는 일이지. 풍요로운 사랑의 비밀을 배우고 나서 점차 내 삶이 변하는 걸 알아차리게 되었어."

"어떤 면에서요?"

내가 물었다.

"모든 면에서 변했지. 가족과 친구들과의 관계도 개선되었고, 여자 친구와도 훨씬 좋은 관계가 되었지. 하지만 무엇보다도 가장 큰 변화는 내 일에 관한 것이었어. 환자들을 숫자가 아니라 인간으로 보기 시작한 거지. 그 중에서도 특히 의학 분야에서 특별한 비밀인 '접촉의 힘'을 알게 되어 무척 기쁘다네."

"접촉이 사랑과 무슨 관계가 있죠?"

"접촉에는 믿을 수 없는 힘이 있어. 접촉은 사람들을 한데 이어 주고, 그 무엇도 할 수 없는 방식으로 장벽을 무너뜨리지. 접촉은 기적을 낳는 에너지를 갖고 있어.

얼마 전 런던에 있는 한 대학 병원에서 연구원들이 흥미 있는 실험을 했지. 즉 외과 주임 의사가 수술하기 전날 밤에 환자들을 일일이 방문한 거야. 환자들이 묻는 모든 질문에 대답도 해 주고 수술의 일반적인 상황을 설명하기 위한 것이었지. 그런데 그 의사는 환자들에게 설명을 하면서 몇 분 동안 그들의 손을 잡아 주었어. 놀랍게도 그 환자들은 그렇게 하지 않은 환자들보다 수술 후 회복 속도가 3배나 빨랐던 거야.

관심 어린 태도로 상대와 접촉하면 모두의 생리 상태가 변하기 시작하지. 스트레스를 일으키는 호르몬이 없어지고, 신경계가 이완되며, 면역 체계가 개선되고, 심지어 정서와 기분에도 영향을 끼쳐.

접촉의 힘을 배우고 나서 난 병원에서 '접촉' 프로그램을 만들어 시행하기 시작했어. 모든 간호사나 간병인들에게 환자의 손을 잡아 주거나 포옹하면서 접촉하라고 격려를 하는 거야. 이 프로그램은 대단한 성공을 거둬 심리 치료 분야에까지 확대되었다네.

지금도 한 어린 소년을 기억하는데, 그 아이는 뇌성마비 환자로 늘 휠체어를 타고 있었지. 그 아이를 보자 나는 무릎을 꿇고 포옹을 했는데, 갑자기 아이가 날 잡고 눈물을 흘리며 말을 하려 했네. 간호사는 그 아이가 사람에게 반응을 보인 건 3년 동안 이번이 처음이라고 말하더군."

팔을 벌리면 가슴도 열린다

"정말 놀랍군요."

영 박사가 미소를 지으며 얘기를 계속해 나갔다.

"심리학 분야에서도 접촉의 힘에 대해 매우 흥미를 갖고 있지. 몇 년 전에는 도로에서 또 다른 실험을 했어. 전화 박스 옆에 한 여인을 세워두고 지나가는 사람에게 도움을 청하라고 하는 거야. 그러나 그녀에게 도움을 준 사람은 거의 없었지. 그런데 그 여인이 도와 달라고 하면서 상대의 팔을 잡기 시작하자, 놀랍게도 남자든 여자든 대부분의 사람이 기꺼이 그녀에게 도움을 주었어.

사랑을 주고받으려면 접촉하고 포옹하고 손을 잡는 것이 얼마나 중요한지 이를 통해 잘 알 수 있지. 그건 우리를 육체적, 심리적, 정서적으로도 변화하게 만들어. 이 때문에 풍요로운 사랑을 주고받기를 원하는 사람에겐 접촉이 정말 중요한 거야."

나는 지금까지 가족이나 친구들과 신체 접촉을 한 적이 거의 없었다. 서로 만지거나 포옹하는 경우가 없었던 것이다. 가끔 어머니의 뺨에다 내키지 않는 키스를 하거나 아버지와 악수를 했지만, 진정한 따뜻함이나 온정은 없었다.

"만지거나 포옹하는 것이 그리 쉽지는 않아요."

"왜 그렇게 생각하지? 자네가 해야 할 일은 오직 팔만 벌리는 거야. 그건 누구나 할 수 있는 일이지."

"그래요. 하지만 상대가 어떤 반응을 보일지 모르잖아요. 거부할 수도 있고 심지어 적대적일 수도 있어요."

"사랑엔 용기가 필요하다는 걸 명심하게. 거절과 고통의 위험을 감수할 각오가 되어 있어야 하지. 그러나 대부분의 경우 사람들은 자네에게 마음을 열 거야. 가령 우리 모두가 다른 사람이 먼저 움직이기만을 기다린다면 우린 도대체 뭘 할 수 있겠나?

자네가 먼저 해야 할 일은 사람들에게 팔을 벌리는 거야. 그러면 가슴도 저절로 열리는 걸 발견할 수 있어. 또한 접촉의 힘에 의해 고무된 사랑의 에너지를 체험할 수도 있고……."

접촉의 힘

1_ 접촉은 사랑의 가장 강력한 표현일 뿐만 아니라, 장벽을 무너뜨리고 관계를 맺는 강력한 표현 중 하나이다.

2_ 접촉은 육체적, 정서적인 상태를 변화시킬 뿐만 아니라 사랑에 대해 더 수용적이 되도록 만든다.

3_ 접촉은 육체를 치료하고 가슴을 따뜻하게 하는 데 도움을 준다.

4_ 당신의 팔을 벌리면, 당신의 가슴도 열린다.

관계 속에 있을 때 놓아 버려라
— 놓아 버림의 힘(렌쇼)

이틀 뒤 나는 시내 중심가의 작은 카페에 있었다. 내 맞은편에 앉은 사람은 명단의 여섯 번째 사람인 주디스 렌쇼였다.

렌쇼 부인은 30대 초반의 젊은 여인이었는데, 결혼해서 두 아이를 두고 있었다. 고전적인 미인이라고는 할 수 없지만 날씬한 몸매에 키도 컸으며 얼굴이 무척 예뻤다. 그녀는 반짝이는 큰 눈과 오똑한 코, 상대를 편안하게 하는 미소를 띠고 있었다.

"난 11년 전에 처음으로 풍요로운 사랑의 비밀에 대해서 들었어요."

렌쇼 부인이 먼저 나에게 말했다.

"그 때는 참 힘든 시기였어요. 남자 친구와 헤어진 직후였거든요. 그가 그만 만나자고 했을 때, 세상이 무너지는 것 같았어요. 불면증에 시달리고 식욕도 없었죠. 일도 제대로 할 수 없었어요. 계속 여위어 가다 보니 어떤 사람은 절 알아보지도 못했지요. 한 달이 지났지만 난 여전히 우리의 관계가 끝났다는 사실을 받아들일 수 없었어요.

어느 날 교회 광장의 벤치에 앉아 있는데, 한 중국 노인이 다가와 내 옆에 앉았어요. 그는 주머니에서 작은 종이 봉지를 꺼내 비둘기에게 먹이를 주기 시작했어요. 주변으로 비둘기가 모여들며 노인이 던져 주는 빵 부스러기를 쪼아 먹었죠. 금방 수백 마리의 비둘기가 모여들었어요.

그 때 노인이 나를 돌아보며 인사를 했어요. 그러고는 비둘기를 좋아하느냐고 물었지요. 난 어깨를 으쓱하며 '별로요. 하지만 당신이 좋아한다는 건 알 수 있어요'라고 대답했죠.

노인이 미소를 지으면서 말했어요.

'내가 어릴 적에 마을에 비둘기를 기르는 사람이 있었죠. 그는 자신이 기르는 비둘기를 항상 자랑으로 여기면서, 친구들에게도 자기가 얼마나 비둘기를 사랑하는지 말하곤 했어요. 그러나 어느 날 그가 저와 동네 아이들에게 비둘기를 보여 주었을 때, 난 비둘기를 사랑한다면서 왜 우리에 가둬 두고 자유롭게 날 수 없게 하는지 이해할 수가 없었죠. 그래서 내가 그 이유를 묻자, 그는 이렇게 대답했죠.

'가둬 놓지 않으면 도망가 버리거든.'

하지만 난 여전히 이해하지 못했죠. 사랑한다면서 어떻게 우리에 가둬 놓을 수 있을까? 우리 나라에는 '사랑한다면 자유를 주어라! 만약 되돌아온다면 그것은 당신 것이지만, 그렇지 않다면 당신 것이 아니다'라는 옛말이 있지요."

사랑한다면 자유를 주어라

내가 노트를 꺼내 적기 시작하자, 렌쇼 부인이 말을 계속했다.

"노인의 말을 듣고 묘한 느낌이 들었어요. 마치 내게 특별한 메시지를 보내는 것 같았거든요. 왜 그런지는 몰랐지만, 아무튼 그가 내 곤경을 알 리 없었죠. 하지만 그 이야기는 내 상황과 너무나 비슷했어요. 당시 나는 남자 친구를 억지로 내 곁으로 돌아오게 하려고 애를 쓰고 있던 시기였거든요. 남자 친구가 늘 옆에 있어 준다면 모든 일이 잘 될 거라고 생각했었죠. 지금 생각해 보면 혼자 있고 싶지 않았던 것 같아요. 하지만 그건 사랑이 아니죠. 그저 외로움을 두려워했던 거예요.

노인은 이내 몸을 돌려 계속 비둘기에게 먹이를 주었어요. 나는 잠시 노인의 말을 곰곰이 생각하다가, 때로는 사랑하는 사람을 놓아 버리기가 쉽지 않다고 말했어요. 그는 고개를 끄덕이면서 이렇게 말했죠.

'하지만 상대에게 자유를 주지 않으면 그건 진정한 사랑이 아니죠.'

우리는 얼마 동안 이야기를 나누었는데, 그 때 풍요로운 사랑의 비밀을 들었어요.

내게 그 비밀은 정말이지 믿을 수 없을 정도의 놀라움으로 다가왔죠. 난 사랑이 운명의 일부라고 늘 생각했거든요.

사랑과 사랑의 관계를 조절할 수 있다는 것을 믿을 수 없었죠. 생명의 책을 쓰는 자는 나 자신이란 걸 나중에야 이해했어요. 운명은 별자리의 지배를 받는 것이 아니라 우리의 사상, 우리의 결정, 우리 행동의 지배를 받죠.

사랑의 관계를 찾으면 사랑의 기쁨을 누릴 수 있을 거라고 늘 상상해 왔어요. 하지만 그 반대였죠. 사랑의 관계를 창조하는 것은 바로 사랑의 기쁨을 누릴 때였어요. 노인은 떠나면서 내게 종이 한 장을 주었죠."

관계 속에 있을 때 놓아 버려라

나는 렌쇼 부인의 말을 듣다 말고 미소를 지으며 물었다.

"거기에 10명의 이름과 전화 번호가 적혀 있었지요?"

렌쇼 부인이 미소를 지었다.

"그래요. 난 한 사람 한 사람씩 만나면서 풍요로운 사랑의 비밀에 관해 더 많이 배웠죠. 가장 놀라운 것은 정말로 효과가 있다는 거였어요."

"어떤 면에서요?"

내가 물었다.

"나 스스로 사물을 변화시킬 수 있다는 걸 이해한 거예요. 운명의 희생자가 아니라 운명을 지배하는 자라는 사실이 엄청난 도움을 주었어요.

명단에 적힌 사람들에게 이런저런 도움을 받았지만, 그 중에서도 내 삶에 가장 도움을 준 것은 '놓아 버림의 힘'이었어요.

사랑은 강요될 수 있는 것이 아니에요. 반드시 사랑하는 사람에게는 자유를 줘야 해요. 그렇지 않으면 비둘기를 기르는 사람보다 나을 것이 없어요. 상대를 사랑한다면 반드시 그에게 자유를 주어야 해요. 상대가 스스로 결정할 수 있도록 자유를 주고, 내가 상대에게 원하는 방식이 아니라 상대가 스스로 원하는 방식대로 살 수 있도록 자유를 주어야 해요.

사랑하는 사람을 보내는 것이 세상에서 가장 어려운 일이지만, 다른 방법은 없어요. 만약 보내지 못한다면, 당신은 평생 고통과 분노, 실망 속에서 살게 될 거예요. 내 말은 관계가 끝날 때 놓아 보내라는 것이 아니라, 관계 속에 있을 때 놓으라는 거예요."

"그게 무슨 뜻이죠? 관계를 잘 유지하고 있는데, 왜 놓아 보내야 한다는 거죠?"

"누구에게나 공간이 필요하기 때문이에요. 사람은 관계 속에서도 자유가 필요해요. 그렇지 않으면 이내 갇힌 느낌을 갖게 되죠. 진정으로 상대를 사랑한다면 상대의 바람과 요구를 존중해야 해요. 상대에 집착하면 정서적으로 상대를 질식시킬 수 있는데, 이는 사랑에서 나온 것이 아니라 질투, 불안, 두려움에서 나온 것이죠."

사랑의 장애가 되는 것은 모두 놓아 버려라

렌쇼 부인을 보며 내가 말했다.

"그럼, 놓아 버린다는 말은 상대에게 자유를 주라는 뜻이군요?"

"그래요. 하지만 그 외에도 다른 뜻이 또 있어요. 우리가 놓아 버릴 필요가 있는 것은 단순히 물리적인 집착만이 아니라, 사랑의 장애가 되는 것은 그 무엇이든 놓아 버려야 해요."

"예를 들면 어떤 것이 있죠?" 내가 물었다.

"사람들에 대한 편견과 판단 기준도 놓아 버리세요."

"무슨 말인지 잘 이해를 못 하겠는데요."

"어떤 사람이나 집단에 대해 편견을 갖고 있으면, 우리의 행동은 어쩔 수 없이 상대에게 영향을 주죠. 편견을 계속 내세우다 보면 좀처럼 상대를 사랑할 수 없어요. 편견이란 상대를 알기도 전에 판단을 내리는 것을 말해요. 대부분의 편견은 오류가 많기 때문에 사람들을 어처구니없게 갈라 놓아요. 사람들이 얼마나 많은 편견을 갖고 있는지 알면, 아마 놀라실 거예요."

"예를 들면 어떤 것들이 있을까요?"

"'흑인은 다 범죄자다', '아일랜드인은 모두 어리석다', '여성은 다 엉터리 운전 기사다', '유대인은 다 깍쟁이다' 혹은 '모든 이방인은 반유대주의자다' 등이죠. 이런 것들은 다 터무니없는 말이라서 우리의 사랑을 방해해요.

또 버려야 할 것은 바로 우리의 '에고'라 할 수 있죠. 에고가 풍요로운 사랑의 가장 큰 장애물이란 걸 아는 사람은 거의 없지요."

"무슨 말씀이시죠?" 내가 물었다.

"알다시피 사소한 일로 아귀다툼하는 사람들이 얼마나 많은지 아시죠? 전혀 대수롭지 않은 주제를 갖고 죽을 등 살 등 논쟁하다가 나중에는 무얼 갖고 다투었는지도 잊어 버리죠! 상대와의 관계를 망치는 한이 있더라도 자신의 관점이 옳다는 것을 증명하려 하기 때문이에요."

"하지만 때로는 다른 사람의 잘못된 사고를 바로잡아 주어야 할 때가 있습니다. 그들의 관점이 정확하지 않다면 알려 줘야 하지 않겠습니까?"

"그래요. 그 말을 부정하는 건 아니에요. 특히 자기 자신에게 중요한 문제에 관해서는 말이죠. 하지만 옳고 그름이 별로 중요하지 않은 문제를 가지고도 왜 시간을 낭비하면서까지 논쟁하는지 모르겠어요. 자신이 옳고 상대가 틀리다는 걸 증명한들 무슨 소용이 있나요?

스스로에게 '남이 믿는 것이 정말로 문제가 되는가?' 또는 '서로의 관계를 해치면서까지 내 관점을 증명할 가치가 있는가?'라고 자문해 보세요. 이 물음에 대한 답이 '아니오'라면 번거롭게 논쟁할 필요가 있는지 다시 생각해 봐야 해요."

사랑은 놓아 버림을 뜻한다

그제야 난 이해할 수 있었다. 그런 사소한 문제로 친구들과 얼굴을 붉힌 적이 너무나 많았던 걸 떠올리자 몹시 부끄러운 마음이 들었다.

렌쇼 부인의 말이 계속 이어졌다.

"살다 보면 사랑과 정의 사이에서 어느 하나를 선택해야 할 때가 있다고 하죠. 당신은 논쟁에서 이기는 일에 노력을 기울이거나, 아니면 사랑에서 이기는 일에 노력을 기울일 수 있어요. 만약 사랑이 우선이라면 사소한 일에 관해 상대가 틀렸고 자신이 옳다는 걸 증명할 필요가 없죠. 그 문제를 그냥 놓아 버릴 수 있는 거예요.

명심하세요. 사랑을 얻고 싶으면, 사랑을 방해하는 것은 무엇이든 놓아 버리세요. 우리의 에고가 바로 그 중 하나죠. 또 우리가 버려야 할 것 중에서 가장 중요한 것은 분노, 원한, 비탄이에요."

"하지만 어떻게 해야 분노나 원한을 버릴 수 있나요?"

"바로 용서예요. 풍요로운 사랑을 누리고 싶다면 반드시 용서할 줄 알아야 해요."

"하지만 되갚는 것이 더 나을 수도 있지 않습니까? 눈에는 눈, 이에는 이로."

"우리 모두가 그런 생각을 따른다면, 세상은 '장님'과 '이 없는 사람'으로 가득 차겠죠. 원한은 영혼을 파괴하지만, 용서는 사랑의 영혼을 자유롭게 해주죠. 이 세상에서 어느 누구도 자기가 완전하다고 주장할 수는 없어요. 그러나 용서를 배우는 과정에서 완전한 인간관계를 쌓아 갈 수 있죠.

우리는 누구나 잘못을 범해요. 따라서 남의 용서를 바란다면, 자신도 남을 기꺼이 용서할 수 있어야 해요. 아무리 흉악한 범죄자일지라도 인생의 출발은 순결한 아기로부터 시작해요. 우리도 만약 그 범죄자와 같은 처지에 놓여 있었다면, 그보다 악하지 않았을 거라고 장담할 수 없을 거예요.

물론 놓아 버리는 것은 사랑의 10가지 비밀 중 하나일 뿐이며, 다른 비밀도 똑같이 중요해요. 하지만 놓아 버림의 힘은 사랑이 가장 필요할 때 그 사랑을 유지하도록 도와 주죠."

"하지만 분명히 당신은 분노나 두려움을 억눌러야 한다고 말하는 건 아니잖아요?"

"물론 그래요." 렌쇼 부인이 말했다.

"성냄, 분노, 원한은 누구나 갖고 있는 천성적인 정서라고 볼 수 있어요. 하지만 내가 말하고자 하는 것은 사랑을 경험하고 싶다면 반드시 이런 부정적인 정서를 기꺼이 버려야 한다는 거예요. 이 정서를 계속 잡고 있다면, 사랑을 방해하는 감옥에다 스스로를 가두는 것과 같아요.

놓아 버림의 힘은 몇 년 전 깨어진 관계 때문에 겪었던 정서적 고통을 극복하는 데 도움을 주었어요. 그 후에도 수없이 어려운 난관을 겪을 때마다 결정적인 도움을 주었죠.

아직도 난 아버지가 병원에서 돌아가시던 그 날을 기억하고 있어요. 암 말기였는데 엄청난 고통에 시달리고 있었어요. 그 날은 내 인생에서 가장 슬픈 하루였지요. 아버지가 죽지 않기를 간절히 바랐지만, 한편으로는 계속 고통 받는 것을 원하지는 않았어요. 그 때 난 가슴 깊이 깨달았죠. 때때로 사랑은 놓아 버림을 뜻한다는 걸 말이에요."

그 날 밤 나는 책상에 홀로 앉아 밤이 지새도록 노트를 다시 읽고 또 읽었다. 추억이 밀물처럼 몰려왔다. 부모님은 내가 6살 때 이혼하셨는

데, 이 때문에 나의 인간관계는 몇 년 동안 좌절의 연속이었다. 중국 노인을 만나고 나서야 나는 자신이 외로움을 두려워하는 한편 관계를 맺는 것도 두려워한다는 걸 자각했다.

이런 식으로 과거의 고통을 짊어지고 살아갈 수는 없었다. 고통과 두려움을 놓아 버리고 새로운 하루를 시작할 때가 온 것이다.

푸치아 박사를 만나면서부터 그동안 적어 온 노트를 다시 보다가 과거와 부정적인 잠재적 신념을 극복하는 방법을 발견했다. 바로 '긍정적인 다짐'이었다. 그러자 갑자기 기적처럼 긍정적인 다짐이 머리에 떠올랐다.

"오늘, 난 모든 두려움을 놓아 버리겠다. 과거는 더 이상 내게 힘을 쓰지 못한다. 오늘이 바로 새로운 삶의 시작이다."

놓아 버림의 힘

1_ 사랑한다면 자유를 주어라. 당신에게 되돌아오면 그건 당신 것이고, 그렇지
   않으면 당신 것이 아니다.

2_ 설사 안정된 사랑의 관계를 유지하고 있더라도 사람들은 자기만의 공간이
   필요하다.

3_ 사랑을 배우고 싶다면 먼저 용서를 배워야 하고, 과거의 모든 상처와 슬픔을
   버려야 한다.

4_ 사랑은 두려움, 편견, 에고, 조건 등을 놓아 버리는 것이다.

5_ "오늘, 난 모든 두려움을 놓아 버리겠다. 과거는 더 이상 나에게 힘을 쓰지
   못한다. 오늘이 바로 새로운 삶의 시작이다."

모든 만남이 마지막인 것처럼
— 교류의 힘(파머)

"대다수 사람들의 가장 큰 문제는 사랑을 못하는 것이 아니라 사랑을 표현하고 교류하지 못하는 거라네. 사랑을 경험하고 싶다면, 그래서 사랑의 관계를 창조하고 싶다면 반드시 우리의 느낌을 교류해야 하네. 여태 그렇게 행동하지 않았던 것이 바로 나의 가장 큰 문제였어. 그래서 나에게는 풍요로운 사랑의 비밀 중에서 가장 큰 영향을 끼친 것이 바로 '교류의 힘'이었지."

나는 크리스 파머의 맞은편에 앉아 있었다. 파머는 명단의 일곱 번째 사람으로 영업용 택시 기사였다. 은회색 머리와 연한 파란색 눈을 가진 작고 마른 남자였는데, 대략 50살 정도로 보였다. 이날 점심 때 우리는 택시 기사들을 위해 샌드위치를 파는 길가의 벤치에 앉아 얘기를 나누었다.

"놀라운 일은 중국 노인을 만나기 전까지는 내게 문제가 있다는 걸 전혀 깨닫지 못하고 있었다는 거야."

파머가 말했다.

"그 날 밤, 노인이 내 택시를 향해 손을 흔들었을 때 난 집으로 들어가는 도중이었어.

노인은 11시 20분에 출발하는 기차를 타고 요크까지 가야 한다면서 기차역까지 태워 줄 수 없느냐고 물었지. 나는 집으로 가는 방향하고는 달랐지만, 태워 드리겠다고 했어.

우리는 차에서 많은 이야기를 나누었지. 특별한 이야기가 아닌 평범한 일상사들로 뉴스, 날씨, 축구 경기 등에 대한 얘기였어. 그런데 어찌하다가 인간관계와 사랑을 주제로 얘기하게 된 거야.

난 사랑에 관해서는 언급하지 말자고 했지. 당시 아내와의 관계가 심각한 상황이었기 때문에 그런 대화는 하기가 싫었어. 그 때 노인이 한마디 했는데, 아주 충격적으로 들리더군.

'인간을 괴롭히는 가장 심한 병 중 하나가 서로 교류하지 못하는 것일세.'

내가 좀더 이해하기 쉽게 설명해 달라고 하자, 노인은 이렇게 말했어.

'아내에게 사랑한다는 말을 언제 했는지 기억하지 못하는 사람을 알고 있네. 그는 아내가 자기를 위해 한 일에 대해 고맙다는 말을 한 것도 언제였는지 기억하지 못했지.

이 사람은 스스로를 강한 남자라고 생각했지만, 아내에게 사랑한다는 말조차 할 용기가 없었어. 그 상황을 상상할 수 있겠나?'

난 당연히 상상할 수 있었지. 내 상황과 똑같았으니까. 그래서 나도 말했지.

'하지만 굳이 말로는 표현하지 않아도 남편이 자신을 사랑한다는 걸 알고 있지 않을까요?'

그 때 노인은 이렇게 대답했지.

'그녀는 알 수도 있고, 모를 수도 있네. 아마 그녀에게 모든 걸 깨우쳐 줄 필요가 있을 걸세. '고마워'라든가 '사랑해'라는 말을 듣는 것이 얼마나 중요한지 자네는 알지 못할 거야. 그건 인간 본성의 일부라서 우리 모두는 그것을 절실히 느낄 필요가 있네.'

난 한 번도 그런 생각을 해본 적이 없다고 솔직히 말했지. 그러자 노인이 날 보면서 말했어.

'풍요로운 사랑의 비밀 중 하나는 '교류의 힘'일세.'"

사랑은 교류하는 것이다

"교류의 힘이라고요? 그것이 사랑과 무슨 관련이 있을까요?"

"나도 노인에게 그렇게 물었지. 그러나 설명을 들을 시간적인 여유가 없었어. 얼마 후 역에 도착했으니까. 노인은 차에서 내리더니 몸을 돌려 내게 말했지.

'태워 줘서 고맙네. 자넨 자기 직업에 투철한 사람이야. 자네 차를 탈 수 있어서 즐거웠네.'

그 순간 난 멍해졌어. 그렇게 오랫동안 운전해 왔지만 한 번도 노인처럼 진실한 마음으로 칭찬해 주는 사람은 없었거든. 그리고 그는 택시비를 꺼내 주면서 말했지.

'다시 한 번 감사하네!'

맙소사! 돈을 세어 보니 요금의 두 배나 되더군. 그래서 내가 큰 소리로 너무 많이 줬다고 소리쳤어. 그는 돌아서서 미소를 지으며 '아닐세'라고 대답하더니 다시 돌아서서 걸어가더군.

문득 손에 쥐고 있는 돈을 쳐다보았어. 중간에 종이 한 장이 끼어 있는 걸 발견했지. 거기에는 '풍요로운 사랑의 비밀'이라고 쓰여 있었는데, 10명의 이름과 전화 번호가 적혀 있더군.

난 택시에서 뛰어내려 중국 노인을 쫓아갔어.

그 종이가 노인에게 아주 중요한 것일 수도 있다는 생각이 들었던 거야. 곧장 기차역으로 달려가 11시 20분 발 요크로 가는 기차가 몇 번 홈인지 물어 보았어. 정말 노인을 따라잡을 수 있기를 바랐지. 그러자 매표소 직원은 시간표를 보더니 내가 뭔가 잘못 알고 있다고 일러주었어.

그 시간에 요크로 가는 기차는 원래 없다는 거야! 실제로 요크로 가는 막차는 끊긴 지 오래였고 다음날 아침에야 있었지.

이튿날 나는 명단에 나온 사람들에게 일일이 전화를 했어. 그들 모두가 중국 노인과 '사랑의 비밀'에 대해 알고 있다는 사실에 난 깜짝 놀랐지.

몇 주일 동안 그들을 차례로 만나면서 사랑의 비밀에 대해 더 많이 배울 수 있었어. 처음에는 몹시 회의를 품고 있었지만, 실제로 그 비밀은 효과가 있었어. 특히 '교류의 힘'이 나에게 큰 도움이 되었지.

인간관계에 문제가 있는 사람들이 그 문제의 원인을 뭐라고 생각하느냐는 질문을 받으면, 누구나 같은 대답을 하지. 교류, 즉 커뮤니케이션이 이루어지지 않는다는 거야. 이건 정말이라고!

우리는 자신의 느낌을 상대에게 말하지 않으며, 또 상대가 진실로 무얼 말하고 있는지도 잘 들으려 하지 않아.

많은 사람들이 식사할 때조차도 대화를 하려고 하지 않지. 그 대신 TV 앞에 앉아서 먹는다고. 만약 이런 상황이 계속된다면 진정한 교류를 할 수 없을 거야. 결과적으로 진정한 사랑도 할 수 없게 되는 거지."

'사랑해!'라는 마법의 말

내가 필기를 하자, 파머가 말을 계속했다.

"사랑을 배우고 싶다면, 먼저 교류하는 법을 배우게. 이건 내가 예전에 가장 어려워하던 일이기도 하지.

난 문제를 가슴 깊이 묻어 두고 내 감정을 나눈 적이 없었어. 노인을 만난 후 나는 아내에게 '사랑한다'는 말을 하기로 결심했지. 사실 이 한마디 말을 아내에게 언제 했는지조차 기억나지 않았어. 여러 번 시도해보려고 했지만, 무슨 이유에선지 끝내 그 말을 꺼내지 못했던 거야.

마침내 난 심호흡을 하면서 그 말을 했어.

'당신을 사랑해!'

아내가 놀란 눈으로 쳐다보더군. 그러곤 너무나 놀란 나머지 내게 방금 무슨 말을 했냐고 물었어.

두 번째는 좀더 쉽더군. 난 다시 한 번 '사랑해!'라고 말했지. 그녀의두 눈에 눈물이 글썽거렸어. 이윽고 그녀는 나를 끌어안고서 말했지.

'저도 사랑해요!'

난 너무나 기분이 좋았어. 그래서 아주 늦은 저녁 시간이었지만, 학교 기숙사에 있는 아들에게 전화를 걸어 사랑한다고 말했지 뭔가! 아들 녀석이 크고 나선 한 번도 그 말을 한 적이 없었거든.

녀석의 전화 받는 목소리가 들리길래 이렇게 말했지.

'사이몬, 그냥 전화로라도 네게 사랑한다는 말을 들려 주고 싶었다. 지금이 알려 줄 때라고 생각한 거야!'

전화기 저쪽에서 잠시 침묵이 흐르더니 이윽고 아들 녀석의 목소리가 들렸어.

'아버지, 술 마셨어요? 지금 몇 시인지 아세요?'

그쪽이 여기보다 두 시간 빠르다는 걸 깜빡 잊었던 거야.

'널 깨워서 미안하다, 아들아. 하지만 진심이다. 그냥 널 사랑한다는 사실을 알려 주고 싶었거든.'

그러자 녀석이 쑥스러워하며 말하더군.

'알아요, 아버지! 하지만 직접 그 말을 들으니 기분이 좋네요. 음! 저도 아버지를 사랑해요. 이제 자도 되죠?'

실로 오랜만에 나눠 보는 대화였어.

사랑한다는 말만으로도 뭔가를 바꿀 수 있다! 이것을 우습다고 여길 사람들도 있겠지만, 그런 이들은 명백히 한 번도 시도해 보지 않은 사람들이지."

마음을 열고 교류하면 인생이 변한다

나는 숨을 깊이 들이마셨다. 내가 바로 그런 사람이기 때문이었다. 친구들한테는 말할 것도 없고 어머니에게조차도 사랑한다는 말을 못하는 사람이었다.

"감정을 교류하고 표현할 수 없으면 사랑을 받거나 줄 수 없어!"

파머가 계속 말했다.

"생각하면 할수록 교류가 얼마나 중요한지 깨닫게 되더라구. 지난날을 생각해 보면 한 번도 사랑한다는 말을 한 적이 없었고, 그들에게 내가 얼마나 고마워하고 있는지도 표현하지 않았지. 날 위해 20년 동안 모든 뒷바라지를 다 해줬지만, 한 번도 아내에게 고맙다는 말을 하지 않았던 거야.

하지만 천천히 교류를 시도하면서부터는 정말 놀라운 일이 일어났어. 아내와 주변 사람들에게 내 감정을 표현하고 그들에 대한 감사와 관심을 표하자, 나를 대하는 그들의 태도도 변하기 시작한 거야. 그들도 나에게 사랑하고 감사한다는 말을 했어.

내가 마음을 열고 진실하게 교류하기 시작하자, 사람들과의 관계도 모두 변하기 시작한 거지."

나는 가만히 듣고 있다가 한 마디 물었다.

"아까 기사님은 자신의 감정을 아무와도 나눈 적이 없다고 했습니다. 그게 그렇게 문제가 됩니까?"

"그렇지! 사랑은 나눔과 교류를 뜻해. 그러나 이것은 단순히 누군가에 대해 어떻게 느끼는가를 말하는 것이 아니야. 자네의 희망, 공포, 골치아픈 문제까지도 포함해 모든 것을 말해야 한다는 뜻이야.

모든 감정을 안으로만 가둬 두면 편협해지고 침체될 뿐만 아니라, 자네와 가까운 사람들이 어떤 식으로든 도와 주고 공감하고 지지해 줄 기회를 거부하는 결과를 초래하게 되지."

그 순간 중국 노인의 말이 기억났다.

'어떤 문제든 그것은 삶을 풍요롭게 할 수 있는 선물과 함께 온다.'

세 번째 만났던 윌리엄스 부인도 똑같은 말을 했었다. 그 말 속에 정말 진실이 존재할지도 모른다고 생각했다.

"난 마음속으로 이 점을 확신하고 있어!"

파머가 계속 말했다.

"즉 사랑을 체험하고 사랑의 관계를 발전시키고 싶다면 반드시 교류하는 법을 배워야 한다는 거야. 사랑을 느끼기 위해서는 감사하는 마음을 느낄 필요가 있지.

내가 발견한 것 중에서 가장 중요한 점은 사랑은 고정된 대상이 아니라는 거야. 사람들은 대체로 일단 어떤 사람을 사랑하면 그 때부터는 행복한 생활을 할 거라고 생각하는 경향이 있어. 하지만 사실은 그렇지 않아.

사랑은 결코 정적인 상태가 아니라고! 마치 한 그루 식물처럼 성장해 꽃을 피우기도 하고, 시들어 죽기도 하지. 이는 전적으로 사랑을 어떻게 대하느냐에 달려 있어. 그 때 교류는 마치 물과 같은 존재야. 물이 없다면 식물은 시들어 죽지. 사랑도 마찬가지야."

모든 만남이 마지막인 것처럼 교류하라

나는 먼 곳을 바라보며 잠시 생각에 잠겼다. 예전에는 너무나 소심한 나머지 한 번도 사랑하는 사람들에게 나 자신이 얼마나 관심을 기울이고 있는지 말하질 못했다.

"말씀하신 뜻을 알겠습니다."

나는 고개를 돌려 파머를 보면서 말했다.

"그런데 기사님은 어떻게 교류하는 법을 배웠죠? 더구나 교류를 잘하지도 못했다면서요."

"그래, 맞아! 정말 다른 사람과의 교류를 제대로 하지 못했지. 그래서 '교류의 힘'이 다른 사람과 관계하는 데 가장 큰 도움을 준 거야.

나뿐만 아니라 누구나 교류하는 법을 배울 수 있어. 그저 두려움을 극복하기만 하면 되는 거야. 어떤 사람들은 자신이 어리석게 보이거나 거절당할까 봐 두려워하지. 내가 할 수 있는 최선의 충고는 마음속에 늘 이런 질문을 던지는 거야.

'이제 곧 죽게 돼서 원하는 사람에게 전화를 한 번밖에 할 수 없다면, 누구에게 할 것이고 무슨 말을 할 것인가? ……그런데 왜 망설이고 있는가?'

어떤 사람을 만날 때마다 그것이 마지막 만남일 수도 있다는 사실을 늘 명심해야 돼. 즉 할 수 있을 때 그들에게 하고 싶었던 말을 해야 한다는 거야.

인생에서 가장 큰 고통 중의 하나가 뭔지 아나? 그들이 살아 있을 때 그들에 대한 감정을 말해 주지 않거나, 혹은 그들이 자네한테 얼마나 중요한 존재였는지 알려 주지 않아 생긴 후회의 고통이지.

따라서 상대와의 관계에서 문제가 발생하는 것을 막기 위해서는 교류가 필요해. 실제로 인간관계에서 대부분의 문제는 생각이나 감정을 서로 교류하지 못하기 때문에 일어나지. 그 결과 분노와 원한이 쌓이고 언젠가는 폭발해 버리는 거야.

그러나 교류하는 법을 배우면 작은 불만들은 상대적으로 사소한 것으로 처리할 수 있어. 말하자면 사랑하는 사람에게 자신을 표현하는 법을 배우고, 다른 사람들의 감정을 귀담아 들을 수 있다는 뜻이지.

우리는 남의 말을 듣긴 하지만, 제대로 그 내용에 귀를 기울이지 않는 경향이 많아. 게다가 감정을 교류하지 않으면 관계를 만들어 갈 수도 없게 되지. 예컨대 데이트 신청을 하지 않는다는 것은 곧 그녀와 데이트할 수 없다는 것을 뜻해. 그렇지 않은가?"

길을 잃은 사람 이야기

나는 고개를 끄덕이며 다시 먼 곳을 바라보았다. 감정의 교류를 두려워한 나머지 얼마나 많은 기회를 놓쳤던가?

"괜찮나?"

잠시 침묵이 흐른 후 파머가 망연히 인적 없는 거리를 바라보고 있는 나에게 말했다. 나는 다시 정신을 차리고 대답했다.

"네! 괜찮아요. 그냥 생각 중이었어요."

"교류하는 법을 꼭 배우도록 하게. 그래서 자네의 경험과 감정을 솔직하고 열린 마음으로 나누면 인생은 변한다고! 마치 숲 속에서 길을 잃은 사람의 이야기와 같지."

"그건 또 무슨 얘기죠?"

내가 물었다.

"어떤 사람이 숲 속에서 길을 잃었어. 그는 숲을 벗어나기 위해서 여러 갈래의 길을 돌아다녀 보았지만 번번이 제자리로 돌아오고 말았지.

아직 많은 길들이 남아 있었지만, 너무나 지치고 허기진 나머지 땅바닥에 주저앉아 어떤 길을 선택할지 망설였어.

그가 한참 생각에 골몰해 있는데, 어떤 나그네가 걸어오는 거야. 그는 다가오는 나그네에게 소리쳤지.

'날 좀 도와 주시오. 길을 잃었어요.'

그 나그네는 한시름 놓은 듯이 말했어.

'나도 길을 잃었소.'

두 사람은 그 자리에서 서로의 경험을 나누었지. 그러자 점점 상황에 대해 뚜렷이 알게 되었어. 각자 이미 다녔던 길을 알려 주었기 때문에 잘못된 길에 들어서지 않아도 된 거야. 서로 이야기를 나누면서 걷다 보니 피로와 배고픔도 잊을 수 있었고, 마침내 함께 숲 속을 빠져 나올 수 있었지.

삶은 마치 숲과 같아서 때때로 길을 잃거나 혼란을 겪을 수 있어. 그러나 서로서로 자신의 경험과 감정을 나눈다면, 삶의 여정이 그다지 나쁘지는 않을 거야. 때로는 더 좋은 길, 더 좋은 방식을 찾을 수도 있을 테고⋯⋯."

교류의 힘

1_ 솔직하고 열린 마음으로 교류하는 법을 배우면, 삶은 변화한다. 어떤 사람을 사랑하는 것은 그와 교류하는 것이다.

2_ 사랑하는 사람에게 당신이 얼마나 사랑하는지, 또 얼마나 고마워하는지를 알게 하라. '사랑해!'라는 마법의 말을 하는 것을 꺼리지 말라.

3_ 남을 칭찬하는 그 어떤 기회든 놓치지 말라!

4_ 늘 사랑하는 사람에게 사랑의 언어를 남겨라. 그것이 그들을 보는 마지막 일 수도 있으니까.

5_ 이제 곧 죽게 되어서 원하는 사람에게 전화를 한 번밖에 할 수 없다면, 누구에게 할 것이고 무슨 말을 할 것인가?…… 그런데 왜 망설이고 있는가?

인정은 사랑의 진정한 테스트이다
— 인정의 힘(콘란)

　며칠 후 나는 명단에 적힌 여덟 번째 사람과 만나기로 했다. 스탠리 콘란은 규모가 큰 학교의 교무 주임이었다. 그의 학교는 시내에서 가장 혼잡하고 범죄율과 실업률도 가장 높은 곳에 위치하고 있었다. 주변 건물들은 형편없이 낡았고, 상점의 철창문은 굳게 닫혀 있었으며, 보도는 쓰레기로 가득 차 있었다. 보통 사람들은 분명히 이런 곳에서 일을 하거나 살고 싶지 않을 것이다.

　그러나 학교에 도착해 교문으로 들어서자, 뜻밖에도 다른 세계에 온 듯한 인상을 받았다. 보도 양옆에는 잔디가 반듯하게 정리되어 있었으며, 형형색색의 꽃밭은 주위의 부패한 환경과는 선명한 대조를 이루고 있었다.

　나는 콘란 선생의 사무실로 안내를 받았다. 콘란 선생은 큰 키에 굵은 테두리의 안경을 쓰고 있어서 얼굴에 비해 눈이 작아 보였다. 콘란 선생은 의자에서 일어나 나를 따뜻하게 맞아주었다.

　"찾기 쉽던가?"

　"네……."

　"어서 앉게나! 그런데 중국 노인은 언제 만났지?"

"몇 주 전입니다. 선생님은 혹시 그 노인이 누군지 아십니까?"

"나도 그가 누군지, 어디에서 왔는지 잘 몰라요. 그러나 그가 없었다면 오늘의 나도 없었다는 것만은 확실하지."

내가 호기심이 가득 찬 얼굴로 물었다.

"무슨 사연이 있나요?"

"난 한 20년 전에 노인을 만났지……."

콘란 선생이 계속 말했다.

"크리스마스 직전이었는데, 사무실에 홀로 남아 서류 정리를 하면서 조용히 한 잔 하고 있었지. 그런데 기척도 없이 왜소한 중국 노인이 내 곁에 다가와 앉는 거야. 나는 이상하다 싶긴 했지만 그에게 술 한 잔을 권했지. 그러자 노인이 점잖게 거절하더군. 그와 얘기를 나눈 지 얼마 지나지 않아 내 가슴속에 있는 모든 생각을 털어놓았네.

뭐랄까, 삶의 방향을 잃고 있었다고나 할까. 솔직히 30대 초반의 나이였지만, 그동안 온갖 일을 전전하며 살았어. 인간관계도 이랬다 저랬다 혼란 그 자체였지.

바로 그 때 풍요로운 사랑의 비밀에 대해 들은 거야. 처음엔 한낱 농담으로 여겼지. 다음날 아침에는 어렴풋한 기억만이 남아 있었으니까. 실제로 그 노인을 꿈에서 보았다고 착각했을 정도였어. 그런데 뜻밖에도 전날 입었던 외투 주머니에 뭔가가 들어 있었어. 10명의 이름과 전화 번호가 적혀 있는 종이 쪽지였지."

나도 모르게 미소를 지었다. 이제는 아주 친숙해진 이야기였다.

"말할 필요도 없이 호기심이 발동했어. 난 노인에 대해 더 알고 싶어서 명단에 적힌 사람들과 만났지. 그리고 그들을 통해 풍요로운 사랑의 비밀을 배웠어. 돌이켜 보면, 그 사랑의 비밀은 나의 삶에 커다란 영향을 끼쳤네. 인생을 살아가는 방식과 마음가짐을 완전히 바꿔 놓았으니까. 먼저 나 자신과 내 주변 사람들을 다른 시각으로 바라보게 되었어. 마치 이 세상이 어두운 회색에서 밝은 천연색으로 변한 것 같았지."

상실의 고통과 두려움을 떨쳐 버려라

콘란 선생님은 자신의 이야기를 계속하려고 했다. 나는 가방에서 재빨리 노트를 꺼내 적기 시작했다.

"당시 내 삶에 가장 큰 도움을 준 비밀은…… 바로 '인정의 힘'이었지! 사람들은 사랑이라면 단순히 로맨스나 열정이라고 생각하지만, 그 이상의 것이야. 즉 사랑은 인정이라 말할 수 있지."

"좀더 구체적으로 말씀해 주시겠습니까?"

나는 고개를 들면서 부탁했다.

"물론이지! 사실 아주 간단해. 진정으로 풍요로운 사랑을 누리고 싶다면, 또 사랑하고 싶고 사랑 받고 싶다면, 정말로 지속적인 사랑의 관계를 갈망한다면 반드시 사랑에 대한 인정이 필요해. 내가 과거에 지속적인 관계를 갖지 못했던 이유도 바로 인정하길 두려워했기 때문이었어."

"왜 사랑을 인정하지 못하는 거죠?" 내가 물었다.

"단 한 마디로 표현할 수 있어. 바로 두려움 때문이지."

나는 지난 몇 주 동안 벌써 여러 번 이 말을 들었다. 중국 노인이 '사랑의 가장 큰 장애는 두려움'이라고 말한 것도 기억났다. 그래서 그런지 풍요로운 사랑의 비밀 대부분은 두려움 – 거절의 두려움이든, 바보가 될지도 모른다는 두려움이든, 상실의 두려움이든 - 을 극복하는 것과 관계가 있다는 것을 알았다.

콘란 선생이 다시 말했다.

"내 생각에 이 두려움은 어렸을 적에 이미 생긴 것 같아. 부모님은 내가 10살 때 이혼을 했지. 그때 이별의 고통을 직접 보고 느꼈어. 그 뒤론 안락한 가정이나 가족 생활을 전혀 알지 못했지. 이 점이 일이나 인간관계 그 어떤 것에 대해서도 인정하지 못하도록 방해한 거야. 그것이 결국 내 문제점으로 남게 된 거지.

예전엔 자기 자신을 인정하지 않는 한 결코 지속적인 사랑의 관계를 창조할 수 없다는 걸 몰랐었어. 누군가를 진정으로 사랑하고 있을 때, 상대를 인정하고 상대와의 관계를 인정할 수 있어야 해. 영원히 상대와 함께 하겠다는 것을 확신할 수 있어야 하며, 상대를 그 어떤 일이나 어떤 사람보다 더 중요하게 생각한다는 걸 인정할 수 있어야 하지."

콘란 선생의 말이 계속 이어졌다.

"인생에서 뭔가를 원한다면, 특히 사랑을 원한다면 반드시 두려움을 극복할 줄 알아야 해. 그래야 자신을 사랑하는 사람과 사물들을 기꺼이 인정할 수 있게 되는 거야. 그러나 대부분은 인정하지 못하는 경우가 많지. 왜 그럴까?

모든 사람에겐 다시는 경험하고 싶지 않은 일들이 있기 마련이지. 과거에 거절을 당했거나 바보 취급을 당했거나 고통스러웠던 일들 말이야. 당연히 사람들은 그런 경험이 되풀이되는 걸 피하려고 하지.

과거에 상처를 입은 사람들이 마음속 깊이 다른 사람과 친해지려고 하지 않는 이유가 바로 여기에 있어. 그들은 더 이상 이별이나 상실의 고통을 감수할 준비가 되어 있지 않아. 사랑에 대한 갈망보다 고통에 대한 두려움이 더 크기 때문이지.

물론 그들은 다시는 상실의 고통을 겪지 않을지도 몰라. 하지만 사랑이 없는 회색 세계에 갇히게 되지. 사랑의 기쁨도 누리지 못하고……. 그들은 자신의 감정을 숨기고서 무미건조한 자포자기의 삶을 선택하지. 사랑이 필요하다는 걸 알면서도 그 사랑을 잃었을 때의 위험과 고통을 두려워하기 때문이야."

일단 인정하면 그것은 선택 사항이 아니다

내가 콘란 선생의 말에 끼어들었다.

"그들도 자기들만의 입장이 있는 게 아닐까요?"

"그렇지도 않아. 마치 크리스마스 선물을 잃어 버리면 겪게 될 상실의 고통이 싫어 차라리 어떤 선물도 원치 않는다고 말하는 아이와 같지. 인간관계에서 문제가 발생하는 주된 이유는 바로 상황을 인정하지 못하는 데에 있다고 생각해."

"무슨 뜻이죠?"

"모든 관계에는 잘 될 때와 그렇지 못할 때, 좋은 때와 나쁜 때가 있지. 그렇지 않나?"

그의 말에 고개를 끄덕여 동의했다.

"즉 관계 유지에 결정적인 시기들을 우리가 어떻게 다루느냐가 중요하다는 얘기야. 예컨대 두 연인이 말다툼을 하다가 한쪽에서 관계를 끝내자고 말하면, 조만간 그 관계는 끝장나고 말지. 서로의 관계를 단지 소모품 정도로 대하기 때문이야. 하지만 사랑한다고 해서 어떤 우선권을 한쪽이 모두 위임받은 것은 아니지 않나?

성공적인 관계가 되기 위해서는 반드시 두 사람의 관계가 그 어떤 것보다도 더 중요한 위치를 차지해야 해. 사업이나 돈보다도 더 중요해야 하며, 차나 옷보다도 더 우선되어야 하지. 간단히 말해서 이별은 결코 생각조차 하지 말아야 하는 거야. 아무리 심하게 다투더라도 관계를 끝장내는 방향으로 가서는 안 되지. 일단 이별의 가능성이 떠오르면 아무리 조그만 가능성일지라도 큰 문제를 만들게 된다구.

자네가 인정하기만 하면, 그 대상이 무엇이든 — 직업이든 인간관계든 심지어 축구팀이든 — 상관없어. 이는 그 일이 어려워지거나 중단될 때라도 결코 취사 선택의 사항이 아니란 걸 뜻하지. 문제는 사람들이 대상을 충분히 인정하지 않은 상태에서 너무나 쉽게 포기한다는 거야.

우린 누구나 사랑과 사랑의 관계를 원하지. 그러나 진정한 문제는 사랑의 상태에 대해 얼마나 인정하고 있으며, 특별한 관계를 찾는 데 대해 얼마나 인정하고 있는가? 하는 문제지."

"그건 무슨 말씀이죠?"

"좋아! 그럼 이렇게 물어 보지. 거절이나 실패의 두려움 앞에서도 자신의 삶에 사랑을 창조하는 데 필요한 그 어떤 일도 할 수 있다고 충분히 인정할 수 있는가? 사랑과 사랑의 관계를 경험하고 싶다면, 이 방법밖에는 도리가 없어. 따라서 자신이 올바른 관계를 맺고 있는지 판단하고 싶을 때는 이렇게 자문하는 게 최선이야. '나는 이 사람과 이 관계에 대해 인정하고 있는가?'

인정은 삶의 필수적인 요소야. 자애로운 어머니라면 자신의 아이에게 '오늘은 내가 너를 사랑하지만, 내일도 너를 사랑할지는 모르겠다'고 말하지 않아. 어머니는 자신의 아이를 좋은 때든 나쁜 때든 늘 사랑하지.

　문제는 인정을 할 수 없을 때에만 발생하지. 예를 하나 들어 볼까? 내가 알고 있는 두 남자는 모두 아내와 아이가 있어. 그 중 한 사람은 사무실이나 골프장에서 시간을 보내지만, 다른 한 사람은 일부러 아내와 아이들과 시간을 보낼 수 있는 일자리를 찾았지.

　누가 더 사랑의 관계를 창조할 수 있는지는 애써 말하지 않아도 뻔할 거야.”

인정은 사랑의 진정한 테스트이다

　콘란 선생이 잠시 쉬고 있는 사이 한 마디 물었다.

　“그러니까 사랑과 안정된 생활을 창조하고 싶다면 스스로 중요한 일들을 인정할 수 있어야 한다는 거죠?”

　“바로 그거지!”

　콘란 선생이 미소를 지으며 말을 이었다.

　“사랑과 사랑의 관계는 그 어느 것보다도 중요해. 그래서 인정은 누군가를 사랑하는 것과 누군가를 좋아하는 것을 구분하지. 예전에 TV에서 한 미국 상원의원의 제2차 세계 대전 참전 경험담을 들은 적이 있어. 그의 등엔 거의 불구가 될 정도로 심한 상처가 나 있었지. 그는 이 얘기를 하면서 내내 눈물을 흘렸어.

　‘아버지는 사흘 동안 기차를 타고 날 보러 왔죠. 연세가 많아 심한 관절염으로 다리를 절고 있었는데도 완행열차를 타고 내내 서서 오셨던 거예요.’

상원의원은 계속 울먹이며 말하더군.

'아버지는…… 다리가 몹시 아팠을 거예요. 아버지가 도착했을 때, 벌겋게 퉁퉁 부은 발목을 보았어요……. 하지만 아버지는 아들을 보기 위한 일념으로 심한 고통을 이겨 냈던 거예요.'

바로 이것이 인정이야! 수백만의 부모들이 매일 자기 아이들에게 최선을 다하기 위해 자신을 희생하고 있어. 그들은 자신들의 요구와 욕망보다는 아이들을 늘 우선시하지. 인정은 참된 사랑에 대한 진정한 테스트라고 할 수 있어. 아주 간단하지. 즉 상대를 인정하지 못하면 정말로 상대를 사랑하지 않는 거라네."

"아주 흥미 있는 관점이네요. 그럼 예외는 없나요?"

"난 없다고 생각해."

사랑을 얻고 싶으면 그 관계를 인정하라

콘란 선생은 단호하게 말했다. 그리고 자신의 속마음을 얘기했다.

"내가 왜 가르치는 일을 하게 되었는지 생각나는군. 아까도 말했듯이, 난 어떤 사람, 어떤 일도 인정하지 못한 채 허송세월을 보내고 있었어. 그러던 중 노인을 만나 풍요로운 사랑의 비밀을 배우고 나서 한 가지 결심을 했지. 내게 도움이 된 지식을 다른 사람과 나누면서 가치 있는 일을 하기로 마음먹은 거야. 사실 처음 이 일을 할 때는 제약도 많았어.

20년 전 이 학교는 정말 문제투성이였지. 마약을 먹거나 파는 아이들도 있었고, 교문 안팎에선 매일 패싸움이 벌어졌어. 대부분의 아이들은 학교를 벗어나면 거의 책을 보지 않았지. 바로 그 점이 내가 이 곳으로 오게 된 이유였어!"

내가 다급히 물었다.

"왜 이런 학교에 오시려고 했죠?"

"도전이니까. 난 이 아이들을 변화시키고 싶었어. 볼티모어에 있는 최악의 슬럼가를 조사해서 연구한 이야기를 읽은 것이 계기가 되었지. 시립대학의 한 사회학 교수가 학생들에게 그 지역 학교에 가서 아이들의 미래에 관한 평가서를 쓰게 한 거야. 모든 보고서가 예외 없이 '아무런 희망이 없다'는 말로 끝을 맺고 있었지.

그로부터 25년 후 다른 교수가 그 연구를 계속하기로 했어. 그는 학생들에게 당시의 아이들이 지금은 어떻게 사는지 조사하도록 했지. 그러자 아주 뜻밖의 결과가 나왔어. 20명은 이미 그 곳을 떠나 추적할 수 없었지만, 나머지 180명 가운데 176명은 거의 크게 성공을 했지. 변호사, 의사 등 존경받는 직업을 많이 갖고 있었거든.

그 교수는 너무나 놀라 좀더 조사하기로 마음먹었지. 그는 한 사람 한 사람을 면담하면서 이런 질문을 했어.

'성공의 원인은 무엇입니까?'

그런데 대답은 다 똑같았어.

'저의 선생님이죠!'

놀랍게도 그 선생님은 그 때까지 살아 있었어. 90살 가까운 나이인데도 정정했지. 그분은 총명하고 따뜻한 마음을 가진 여인이었어.

교수가 그녀를 찾아가서 물었지. 어떻게 그토록 열악한 환경에서 뛰어난 인물들이 될 수 있도록 가르칠 수 있었느냐고 말이야.

그녀가 웃으면서 대답했지.

'아주 간단해요. 난 그 아이들을 사랑했어요.'

내가 이 이야기를 읽었을 때, 정말이지 깊은 감명을 받았어. 그래서 이 위대한 선생의 뒤를 따르기로 결심했지. 인정의 힘이 있으면 어떤 일이든 성취할 수 있다는 걸 알았으니까.

난 학교로 되돌아가서 교사가 되는 교육을 받았어. 그리고 이 슬럼가의 학교에 와서 가르치게 된 거지. 처음에는 쉽지 않아서 포기하고 싶은 마음도 여러 번 들었었네. 하지만 절대로 포기하지 않았지. 결코 포기하는 것이 선택 사항이 아니란 사실을 늘 명심했거든.

지금은 보다시피 이 학교를 자랑스럽게 생각해. 이 아이들은 적어도 성공할 기회를 갖고 있지. 이는 아이들이 특별한 교육을 받기 때문이 아니라, 그저 우리가 관심을 갖고 사랑을 주고 잠재력을 발휘할 수 있도록 인정해 줬기 때문이야."

인정의 힘

1_ 풍요로운 사랑을 갖고 싶다면, 반드시 그 사랑을 인정해야 한다. 그리고 그 인정은 당신의 생각과 행동 속에 드러날 것이다.

2_ 인정은 사랑의 진정한 테스트이다.

3_ 사랑의 관계를 얻고 싶다면 반드시 사랑의 관계를 인정해야 한다.

4_ 어떤 사람이나 일에 대해 인정했을 때, 포기하는 것은 결코 선택 사항이 아니다.

5_ 인정은 취약한 관계와 굳건한 관계를 명백히 구분한다.

사랑을 유지하는 마법의 불씨
— 열정의 힘(서전트)

　다음날, 아홉 번째 사람인 피터 서전트의 사무실로 찾아갔다. 그는 큰 광고대행사의 중역이었다. 빌딩 맨 위층에 사무실이 있었는데, 시야도 넓고 시내 남동쪽을 향하고 있어 전망도 좋았다.

　"내가 처음으로 풍요로운 사랑의 비밀을 들은 지 벌써 10여 년이 지났군요."

　서전트가 말했다.

　"아직도 마치 어제 일처럼 생생히 기억할 수 있어요. 그 날 난 거의 8시 무렵까지 사무실에서 야근을 하고 있었죠. 야근을 끝내고 책상을 깨끗하게 정리하면서, 이혼하고 싶다는 말을 아내에게 어떻게 말할까 이리저리 궁리하고 있었어요.

　몇 주 동안 줄곧 그 생각에만 골몰했죠. 우리는 죽도록 사랑했지만, 언제부턴가 왠지 모르겠지만 잘못되기 시작했어요. 도대체 언제부터 아내에 대한 사랑이 사라졌는지 알 수 없었죠. 어느 한순간, 어느 때, 아니면 어느 날이었을까? 아무리 생각해도 생각이 나지 않았어요. 다만 우리가 가졌던 것을 몽땅 잃었으며, 더 이상 노력하지 않는다는 것만 알고 있었죠.

우리의 결혼 생활에는 더 이상 사랑이 존재하지 않았어요. 마지못해서 함께 지내고 있을 뿐이었죠. 게다가 주말을 함께 보내는 시간은 거의 없었어요.

그 날 밤, 난 이 수수께끼 같은 유희를 끝낼 때가 되었다고 결심했죠. 유일한 해결책은 이별밖에 없었어요. 바로 그 때 사무실 문이 열리면서 청소부가 들어왔어요. 한 중국 노인이 휘파람을 불면서 들어왔는데, 베토벤의 제5번 교향곡이었죠."

나는 미소를 지으며 그의 말을 유심히 들었다.

"뭐가 그리 행복하냐고 묻자, 중국 노인이 '사랑에 빠졌을 때는 행복할 수밖에 없어요'라고 대답하더군요. 그래서 내가 말했어요.

'사랑이요? 당신은 그럴 나이가 지나지 않았나요?'

노인은 '사랑은 나를 젊고 활기차게 해 주죠'라고 하더군요. 내가 그런 느낌이 아주 좋지 않냐고 한 번 더 물어 보았죠. 그러자 노인이 이를 드러내며 웃더니 말하더군요.

'그래요. 하지만 난 당신 같은 사람도 연애의 느낌을 알고 있다고 확신합니다.'

나는 노인에게 그건 아주 오래 전 일이라고 솔직히 대답했죠. 그러자 노인은 이렇게 말했어요.

'당신은 내가 아는 어떤 사람과 같은 말을 하는군요. 결혼 생활에 문제가 있는 친군데, 아내와 이혼할 생각을 하고 있죠.'

난 뭔가 울컥 치밀어 오르는 걸 느끼면서 가슴이 답답해졌어요. 노인이 계속 말을 하더군요.

'그들은 서로 깊이 사랑했지만, 몇 년이 지나면서 점차 거리가 멀어

졌죠. 원인이 무엇인지 압니까?'

나는 고개를 저었어요.

'그건 풍요로운 사랑의 비밀을 잊었기 때문이에요!' 중국 노인이 그렇게 말했죠."

다시 신혼으로

나는 서전트가 말하는 것을 물끄러미 쳐다보며 노트를 꺼냈다.

"풍요로운 사랑의 비밀을 들은 것은 그 때가 처음이었어요. 노인은 10가지 영원한 원칙이 사랑과 사랑의 관계를 창조하는 데 도움이 될 수 있다고 했죠. 풍요로운 사랑을 말이에요. 당시에 난 약간 회의적이었죠. 그 비밀이 무엇이든지 간에 아내와의 관계를 변화시킬 수 있다고는 믿지 않았어요. 결혼 생활이 오래 전에 끝장났다고 생각했기 때문이었죠.

그래서 난 반은 예의상으로, 반은 호기심으로 계속 노인의 말을 들었죠. 그 결과 그의 말이 대부분 이치에 맞는다는 걸 인정해야 했어요. 노인은 떠나기 전에 나에게 종이 쪽지 하나를 주었는데, 거기엔 10명의 이름과 전화 번호가 적혀 있었죠. 사랑의 비밀이 가진 힘을 더 배우고 싶으면 그들과 만나 보라더군요.

난 종이 쪽지를 주머니에 넣고 집으로 돌아갈 준비를 했어요. 그 때 사무실 문이 또다시 열리면서 청소부가 들어왔는데, 이번엔 아주머니였어요. 그래서 방금 누가 와서 청소를 하고 갔다고 말했더니, 그 아주머니는 이 곳 청소부는 오직 자기 혼자뿐이라고 말하더군요.

그 말을 듣자 등골이 오싹해졌어요. 즉시 청소 회사에 전화를 해서 물어 봤더니, 그런 청소부는 없다는 거예요. 정말 수수께끼였죠. 그 때 내 평생 처음으로 흥분했어요. 실제로 너무 흥미로운 일이라서 이 일을 다른 사람에게 알리고 싶었죠.

그래서 아내에게 전화를 했어요. 사실 사무실에서 아내에게 전화하는 경우도 거의 없었죠. 처음엔 그녀도 뭔가 일이 잘못되었다고 생각했는데, 내가 일의 경과를 알려 주자 나처럼 흥미를 느꼈죠.

그 날 밤 우리는 오래간만에 저녁을 같이 먹으며 진실한 대화를 나누었어요. 우리는 탐험을 하는 사람들처럼 그 중국 노인이 도대체 누구이며, 그가 말하는 사랑의 비밀이 무엇인지 하나씩 알아보기로 했지요.

몇 주일 동안 우리는 명단에 적힌 사람들을 만났어요. 사랑의 비밀들이 우리의 삶에 끼치는 효과에 대해 놀라고 또 놀랐죠. 난 그토록 간단한 일이 우리의 삶에 왜 그토록 중요한지 정말 몰랐어요.

곧이어 온갖 놀라운 일들이 벌어지기 시작했죠. 우리의 관계가 신혼 시절로 되돌아갔을 뿐만 아니라 친구, 가족 나아가 동료들과의 관계도 변화하기 시작했어요.

그러던 어느 날, 잠에서 깬 나는 무슨 일이 일어났는지 깨달았죠. 어느새 다시 사랑에 빠져 버린 거예요. 아내가 아니라 삶과 사랑에 빠진 거죠."

열정은 사랑을 생생하게 유지하는 마법의 불씨

나도 흥분을 가라앉히지 못하고 물었다.

"사랑의 비밀에 정말 그런 극적인 효과가 있습니까?"

"그래요. 모든 비밀이 내 삶에 새로운 차원을 부여했는데, 그 중에서도 가장 큰 영향을 미친 것은 바로 '열정의 힘'이었죠."

"열정이요?"

그의 말에 노트에서 눈을 떼며 다시 물었다.

"전 사랑이 성적 매력과는 아무런 관련이 없다고 생각했는데요?"

"물론 그렇죠. 하지만 내가 말하는 열정은 성적 매력에만 한정된 것이 아니에요. 열정은 아주 깊은 관심과 열광을 말하는 것이죠. 상대에게 열정을 가질 때 – 혹은 어떤 일에 대해 열정을 느낄 때 – 우리는 그 대상에 깊이 주의를 기울이면서 지속적인 번영에 관심을 갖게 되죠.

이것이 바로 어떤 사람이나 대상에 대한 열정을 잃었을 때 사랑의 느낌도 잃었다고 말하는 이유입니다. 마찬가지로 어떤 사람에 대해 흥미와 열정을 잃으면 그를 사랑하는 일은 거의 불가능해지죠."

서전트가 계속 말했다.

"사랑의 관계는 열정을 필요로 해요. 대부분의 관계에서 출발이 좋은 것도 그 때문이죠. 관계가 시작될 때는 서로에게 자주 정열을 느끼죠. 보통은 둘 다 흥분하고 열광적이고 서로에게 관심을 갖고 있어요. 문제는 단순한 육체적 열정은 오래갈 수 없다는 거예요. 곧 싫증을 느끼고 무관심해지기 십상이죠.

열정은 사랑의 불을 붙이고 생생하게 유지시키는 마법의 불씨죠. 이 불씨를 잃으면 관계도 죽어 가요. 곧바로 죽지 않고 천천히 말이에요. 처음에는 모든 것이 마법에 걸린 것처럼 보이다가, 어느 날 깨어 보면 열정은 사라지고 더 이상 사랑도 없어지는 거예요. 이것이 정확히 나와 아내 사이에 일어난 일이었죠. 열정, 마법, 로맨스가 몽땅 사라진 거예요."

강렬한 열정을 창조하라

"일단 사라진 것을 어떻게 다시 찾아올 수 있었습니까?"

"그걸 창조하세요!"

"어떻게 열정을 창조하죠? 그건 몸의 화학 작용과 같다고 생각하는데요. 열정이 있든가 아니면 없는 것 아닐까요?"

"그런 열정은 우리의 관심을 집중시키는 강력한 흥분이나 열광일 뿐이에요. 물론 몸의 화학 작용이나 강한 성적 매력에 의해 자극을 받을 수도 있죠. 하지만 그런 육체적 열정은 오래갈 수 없어서 사랑의 관계의 토대가 되질 못하죠.

그보다 훨씬 강한 열정은 우리의 생각이나 감정에서 와요. 우리가 어떤 일에 흥미를 갖거나 흥분과 열광을 느낄 때는 열정적이 되죠. 마찬가지로 사랑의 관계에서 열정은 바로 상대의 특성이나 성격에 늘 몰입되어 있다는 것을 말해요."

"듣기에는 그럴듯한데요. 그러나 상대의 그 어떤 것도 더 이상 흥미를 불러일으키거나 흥미를 주지 못할 때도 있지 않습니까?"

"맞아요. 그 때는 관심을 느끼거나 열광할 수 있는 것을 상대에게서 찾아내야만 해요. 그렇지 않으면 열정을 잃게 되고, 열정을 잃으면 어느 한쪽도 행복할 수 없게 되죠."

지난 일을 곰곰이 생각해 보았다. 그의 얘기가 맞는 것 같았다. 상대와 금방 헤어지게 되는 것도 상대에게 흥미를 잃고 싫증을 느꼈기 때문이었다. 처음엔 모든 것이 신선하고 흥미로웠지만, 서로를 점점 알게 되면서 김빠지고 싫증나는 관계가 되어 버렸던 것이다. 이런 상황은 어떻게 예방할 수 있을까? 열정을 생생하게 유지할 수 있는 방법은 없을까?

즉흥 쇼와 깜짝 데이트

서전트가 계속 말을 이었다.

"상대와의 관계에서 열정을 자극하는 수많은 방법이 있어요. 우선 지난날 열정을 느꼈던 경험을 재창조하는 거예요. 예를 들어 아내를 데리고 신혼여행을 갔던 호텔에 다시 다녀올 수도 있고, 혹은 처음 데이트했던 식당에 가서 저녁을 같이 할 수도 있어요.

또 서로의 관계 속에 자연스러움을 끌어들일 수도 있죠. 예컨대 가끔 아내를 놀라게 하거나 미소 짓고 웃게 만드는 일을 하는 거예요. 그러면 놀라운 일이 일어날 거예요. 그녀도 반드시 당신을 미소 짓게 하는 일로 보답할 겁니다. 얼마 안 가서 두 사람의 관계는 놀라움으로 가득 찰 거예요.

나와 아내가 했던 일 중 하나도, 적어도 한 달에 한 번은 데이트를 하는 거였어요. 첫 번째 달은 내가 무엇을 할지를 결정하죠. 아내는 그 날 그 시각에 데이트 장소에 가야만 내가 무엇을 준비했는지 알 수 있도록 했어요. 그리고 다음 달은 아내가 결정해서 나에게 놀라움을 주었죠. 우리는 무슨 일이 있어도 매달 깜짝 데이트를 하기로 했어요.

처음 열정의 힘에 관해 배울 때는 의식적으로 아내가 좋아할 만한 일을 했죠. 뜻밖의 선물도 주었고 집에서 아내와 더 많은 시간을 보냈으며 그녀의 삶에도 관심을 보였어요."

"예전에는 아내의 생활에 아무런 관심이 없었단 말입니까?"

"물론 처음에는 있었죠. 하지만 점점 모든 것이 상투적으로 변했어요. 매일 똑같은 생활을 몇 년 반복하자 우리는 서로에 대한 열정을 상실했죠. 난 사업과 관련된 온갖 일에 파묻혀서 아내의 삶에 별로 주의를 기울이지 않았어요. 한 번도 하루를 어떻게 지냈는지 ─ 무엇을 했고 어디에 갔었는지 등등 ─ 물어 보지도 않았지요.

그러나 내가 아내의 삶에 관심을 보이기 시작하자, 뭔가 변화가 일어났어요. 아내도 나의 삶에 더 많은 관심을 보이기 시작했고, 그 때부터 모든 일에 가속도가 붙기 시작했죠.

행복한 삶을 누리기 위해선 누구에게나 열정을 기울일 대상이나 사람이 필요해요. 물론 일과 신앙 그리고 여가 활동에 열정을 기울일 수도 있지만, 무엇보다 자신에게 중요한 사람들에게 열정을 기울일 필요가 있어요. 사랑과 행복의 본질은 같아요. 우리가 할 일은 매일매일을 열정적으로 사는 거예요."

열정의 힘

1_ 열정은 사랑을 불러일으키고 생생하게 유지한다.

2_ 지속적인 열정은 육체적인 매력만으로 유지되는 것은 아니다. 깊은 인정, 열광, 관심, 흥분으로부터 오는 것이다.

3_ 지난날 열정을 느꼈던 경험을 재창조함으로써 새로운 열정을 창조할 수 있다.

4_ 기발한 임기응변과 깜짝 쇼는 열정을 창조한다.

5_ 사랑과 행복의 본질은 같다. 우리가 해야 할 일은 매일매일을 열정적으로 사는 것이다.

결코 끝나지 않을 것처럼 사랑하라
— 신뢰의 힘(쿠퍼)

중국 노인을 만나 처음으로 사랑의 비밀에 대해 들은 지도 벌써 한 달이 지났다. 의심할 바 없이 내 삶은 더 좋은 쪽으로 변했다. 하지만 나는 여전히 독신이었다. 늘 갈망하던 특별한 관계를 아직 찾지 못했으며, 앞으로도 그런 관계를 찾을 수 있을지 의문이 들 때도 있다. 분명 그런 사람이 어디선가 나를 기다리고 있다고 믿고 싶지만 여전히 확신하지는 못했다.

명단에 적힌 마지막 사람은 도리스 쿠퍼 부인이었다. 그녀는 시내 북쪽에서 약 40km 떨어진 작은 방갈로에서 살고 있었다. 그녀를 만나기 위해 저녁 무렵 차를 운전해 45분 만에 도착했다.

쿠퍼 부인은 87살이었지만, 여전히 결혼 안내 상담원으로 일하고 있었다. 그녀는 활력이 넘치는 생기 있는 여인으로 자기 일에 아주 열정적이었다. 여러모로 중국 노인을 떠올리게 하는 얼굴이었다. 밝은 웃음을 띠고 있었으며, 파란 두 눈은 건강한 생기를 발산하고 있었다.

어디선가 한 번쯤 본 것 같은 낯익은 얼굴이었지만, 어디서 봤는지는 전혀 기억이 나지 않았다.

쿠퍼 부인은 두 팔을 벌려서 나를 맞이했다.

"여기까지 오다니 정말 고마워요. 길이 너무 멀지 않던가요?"

"괜찮았습니다. 한 시간도 걸리지 않았어요."

"들어오세요. 어려워하지 말고 편하게 생각해요."

부인이 나를 집 안으로 안내했다.

"어디서 많이 뵌 분 같아요. 저와 어디서 만난 적이 있나요?"

"잘 모르겠는데? 가끔 여성 잡지에 글을 싣기도 하니까 혹시……."

부인은 나를 집무실로 안내했는데, 그 곳은 의뢰인과 개인적으로 상담하는 방이기도 했다.

"뭘 들겠어요? 사과 주스, 오렌지 주스, 그리고 다른 차도 있는데……."

"오렌지 주스가 좋겠습니다. 감사합니다."

부인이 음료수를 준비하는 동안 나는 방 안을 둘러보았다. 벽면 양쪽을 꽉 채운 서가의 책들이 인상깊었다. 대부분은 심리학, 인간관계와 사랑에 관한 책들이었다. 방은 따뜻한 복숭아 색과 파란색 계열로 장식되어 있었다. 커다란 참나무 책상, 소파 하나와 의자 세 개, 일몰과 바다 풍경을 그린 그림, 벽에는 테두리가 금색으로 장식된 액자 하나가 걸려 있었는데, 글은 잘 보이지 않았다. 막 일어나 액자에 쓰여 있는 글을 보러 가려고 하는데, 부인이 오렌지 주스 병과 유리컵 두 개를 접시에 받쳐 들고 왔다. 부인은 안락 의자에 앉으면서 주스를 건네주었다.

"거의 50년 전의 일이야. 내가 처음으로 풍요로운 사랑의 비밀을 배운 것은……."

쿠퍼 부인이 계속 말을 이었다.

"그 때는 결혼한 지 2년쯤 되었을 땐데 아주 불행했지요. 남편이 내 곁을 잠시만 떠나 있어도 좋아하지 않았어요. 우스꽝스럽게 들리겠지만, 남편이 친구들을 만나 저녁을 먹거나 주말에 골프를 치러 가기만 해도 속이 뒤집혔지요. 남편의 그런 행동을 날 거절하는 걸로 생각했으니까요.

이 때문에 우리는 늘 다투었어요. 남편이 나를 빼고 다른 일을 하는 데 대해 나는 거절당하는 느낌이 들었고, 반대로 남편은 그런 내 행동이 자신을 질식시킨다고 여겼지요.

어느 주말엔가 끝내 터져 버렸어요. 당시 우리는 짧은 휴가를 사이 좋게 보내려고 해변으로 갔어요. 그러나 도착한 지 10분도 되지 않아 난 그 호텔을 뛰쳐나왔지요. 남편이 호텔 프런트에 있는 금발 아가씨와 친밀하게 대화를 나누었기 때문이지요. 물론 난 너무나 화가 나서 프런트에서 크게 다투었어요. 당시 난 성격이 좋지 않았거든요.

호텔을 나와 정원 끝에 있는 벤치로 갔어요. 바다가 보이더군요. 그곳에 앉아 나는 펑펑 울었어요. 정말 많이 울었지요. 특별히 주말을 선택해서 서로의 관계를 발전시키려고 했는데, 휴가를 가자마자 또 다투었으니……."

과거와 미래는 똑같지 않다

쿠퍼 부인이 뭔가 잠시 생각하더니 말을 이었다.

"얼마나 오랫동안 그 곳에 앉아 있었을까…… 갑자기 뒤에서 낯선 목소리가 들려 왔어요.

'괜찮아요?'

고개를 돌려 쳐다보니 한 중국 노인이 뒤에 서 있지 않겠어요? 우물

쭈물하다가 '예, 괜찮아요. 감사합니다'라고 대답했지요. 노인은 바다를 보면서 말했어요.

'아주 아름답군요. 그렇지 않습니까?'

고개를 들어 보니 멀리 수평선 너머 하늘이 진한 주홍빛으로 물들어 있었어요. 너무 아름다웠지요. 하지만 난 석양을 감상할 기분이 아니었지요. 너무나 울화가 치밀어 아무것도 보이지 않는 상태였으니까요. 그러자 노인이 또 말했어요.

'모든 경험은 삶을 풍요롭게 할 수 있는 교훈과 더불어 온다는 말이 있죠.'

내가 침묵을 지키자, 노인이 계속 말했어요.

'설사 우리의 관계에 문제가 있을지라도 거기엔 늘 교훈이 있죠. 우리가 해야 할 일은 그 교훈을 찾는 거예요.'

난 노인을 쳐다보았어요. 틀림없이 남편과 다투는 걸 들었다고 생각했지요. 그래서 이렇게 말했어요.

'잠시만요, 당신의 뜻은 알겠는데, 난 정말…….'

그 순간 노인이 '나도 친구가 있었죠'라고 하면서 내 말을 끊었어요.

'아름다운 여자였는데, 멋진 남자와 결혼했어요. 두 사람은 미친 듯이 사랑했지만, 몇 년 후에는 거의 매일 다투기 시작했죠. 문제의 근원이 무엇이었는지 압니까? 그녀가 남자를 믿지 않았기 때문이죠. 남자가 그녀의 시선 안에 있지 않거나 다른 여자와 말을 나누기만 해도 그녀는 의심하고 질투했어요. 그런 일이 오래 지속되자 남자도 질식할 것만 같았죠. 그녀의 두려움이 사랑하는 남자를 몰아낸 거죠.'

난 고개를 돌려 노인의 얼굴을 보면서 물었지요.

'그녀는 왜 그랬죠? 무슨 이유가 있지 않을까요?'

'사실은 없습니다. 남편은 아무 잘못도 하지 않았으니까요. 그녀는 심리 상태가 불안정한 여성이었죠. 하지만 그 점도 이해할 수 있었어요. 그녀의 아버지가 바람둥이라서 여러 번 외도를 하다가 끝내 어머니와 그녀를 버렸기 때문이죠. 그녀의 인생에서 가장 중요한 남자가 그녀와 어머니를 버리자, 그녀의 잠재의식 속엔 남자를 불신하는 싹이 움텄던 거죠.'

난 가슴이 꽉 막히는 것 같았지요. 노인의 이야기가 마치 내 이야기 같았어요.

노인이 또 말했지요.

'아주 재미있는 점은 인간관계에서 어려움은 대체로 어린 시절에 있었던 일의 결과라는 겁니다.'

그 노인의 말에 나는 이렇게 대답했어요.

'당신이 맞을 수도 있어요. 누구나 어린 시절의 경험에 의해 심리적 제약을 받으니까요.'

그러자 노인은 이렇게 말했어요. '스스로 과거의 제약을 인정할 때만 그렇죠. 이것은 그녀가 결혼 생활의 문제점에서 얻은 중요한 교훈이었죠. 과거는 미래와 똑같지 않아요. 과거의 경험이 어떠하든 누구나 그것을 바꿀 힘이 있어요.'

난 그 여성이 변했는지 물었어요. 결혼 생활을 그 뒤로도 계속 잘할 수 있었는지 말이에요.

그러자 노인은 그녀가 그 후 결혼 생활을 잘했을 뿐더러 결혼 당시보다 서로를 더 사랑하게 되었다고 말했지요. 어떻게 그렇게 될 수 있냐고 물었어요.

'풍요로운 사랑의 비밀입니다!'

그 말을 이해하지 못해 어리둥절해 있는데, 노인이 종이 쪽지 한 장을 건네주었어요. 종이에는 10명의 이름과 전화 번호가 적혀 있었지요. 내가 다시 고개를 들었을 때 노인은 이미 가버리고 없었어요.

호텔로 돌아온 나는 곧바로 중국 노인이 있는 방을 찾으려고 했지요. 전에 남편과 대화를 했던 그 여직원이 여전히 프런트에 있더군요. 난 우선 그녀에게 잘못했다고 사과를 했어요. 그러자 그녀는 남편이 단지 부근에 괜찮은 식당이 있는지 물어 보았을 뿐이라고 알려 주었지요. 특별한 저녁 식사를 마련해서 날 놀라게 해주려고 그랬던 거였어요!

결국 노인의 말이 맞았어요. 나의 불안정한 심리 상태가 문제를 일으켰던 거예요. 그녀에게 중국 노인에 대해 물었는데, 그런 사람이 묵고 있는 방은 없다고 대답하더군요. 직원 중에도 중국인은 없다는 거예요!

방으로 돌아와 남편을 찾았어요. 그 역시 화가 나 있더군요. 내 잘못된 행동에 대해 사과를 하면서, 프런트 여직원의 말을 듣고는 매우 부끄러웠다고 말했어요. 그리고 방금 중국 노인을 만나서 풍요로운 사랑의 비밀에 대해 들었다고 했지요. 그러자 남편은 다시는 다투거나 언쟁하지 말고 지금의 상황을 바꿔 보자고 했어요. 그리고 집으로 돌아와 명단에 적힌 사람들과 연락해서는 풍요로운 사랑의 비밀과 노인의 말이 가능한지 물어 보았지요."

신뢰하지 않으면 사랑할 수 없다

나는 중국 노인이 쿠퍼 부인에게 무슨 말을 했는지 물어 보았다.

"누구나 변화할 수 있는 힘을 갖고 있다!"

"정말로 그것을 확신하십니까?"

내가 물었다.

"그래요. 풍요로운 사랑의 비밀 전부가 사랑을 창조하고 사랑의 관계를 구축하는 데 많은 도움이 되었지요. 그 중에서도 내 인생에 가장 영향이 컸던 것은 바로 '신뢰의 힘'이었어요."

"신뢰? 그게 사랑과 무슨 관계가 있습니까?"

"상대를 신뢰하지 않으면 사랑할 수 없어요."

"왜죠?"

"신뢰가 없으면 의심하고 근심하게 되고, 상대가 배신할까 두려워하게 되지요. 즉 두 사람의 관계에 견딜 수 없는 압력 - 한쪽은 근심 걱정을 하고 다른 한쪽은 얽매인 느낌 - 을 주는 거예요.

한 가지 분명한 사실은 일단 사랑의 비밀을 알게 되어 자신의 삶에 적용하게 되면 성공적인 결혼 생활을 위한 기회가 몇 배로 증가한다는 거지요. 왜냐하면 사랑의 관계를 키워 나가는 데 필요한 것들을 이미 자각했기 때문이지요. 만약 서로의 관계에 대해 100% 인정한다면, 결혼하거나 함께 살 수 있을 거예요. 파트너와 교류하면서 내 사랑을 알게 한다면, 더 이상 파트너가 두려움이나 의심, 불신을 느끼지 않게 되지요."

"상대를 신뢰하지 않으면 관계는 끝장이라는 건가요?"

"그래요. 상대에게 충실한지 확신할 수 없을 때는 이렇게 한 번 자문해 보세요.

'난 완전하면서도 솔직하게 상대를 신뢰하는가?'

만약 그 답이 '아니오'라면, 결혼이나 함께 살기를 승낙하기 전에 서로의 관계에 대해 더 주의 깊게 생각해 봐야 해요. 물론 이것은 쌍방향의 일이기 때문에 상대 또한 나를 완전히 신뢰할 필요가 있어요.

내가 지금까지 배운 교훈 중에서 가장 중요한 것은 신뢰가 모든 사랑의 관계에서 본질적인 요소라는 거예요. 또 상대를 신뢰할 수 있어야 할 뿐만 아니라, 그 관계 자체도 신뢰할 수 있어야 해요."

"그건 무슨 뜻이죠?"

"관계가 끝날 가능성에 대해 미리부터 걱정하는 사람들이 있지요. 그런 사람들은 스스로 이렇게 생각해요.

'이건 너무 환상적이어서 진실일 리가 없어. 결코 오래갈 수 없을 거야.'

내 뜻은 요즘 많은 사람들이 단순히 이혼율이 높다는 강박관념으로 결혼에 대해 과민하게 반응한다는 거예요. 관계를 시작하기도 전에 관계의 종말을 걱정하는 거지요."

사랑이 결코 끝나지 않을 것처럼 행동하라

내 얼굴이 금세 빨개졌다. 몇 주 전 중국 노인을 만났을 때, 그런 말을 한 적이 있었기 때문이다. 목소리를 가다듬고 쿠퍼 부인에게 말했다.

"그렇지만 그들도 자기 나름대로 생각이 있지 않겠습니까?"

"어떤 생각?"

쿠퍼 부인이 물었다.

"이혼율이 높다는 것은 성공적인 결혼 생활을 하는 사람이 별로 없다는 뜻이 아닐까요?"

"그렇지는 않아요. 아직도 성공적인 결혼 생활을 하는 사람이 이혼으로 끝나는 사람들보다 훨씬 많지요. 이혼의 가능성에만 초점을 맞춘다면 이혼을 더 부채질할 뿐이에요. 그래서 신뢰가 서로의 관계에서 중요하다는 거예요. 아무리 험난한 상황일지라도 서로의 관계를 결코 끝내지 않겠다고 다짐하고 그것을 실천하는 것이 신뢰라고 할 수 있지요."

"신뢰가 정말 사랑을 위해 큰 도움이 됩니까?"

"생각과 두려움은 자기 충족적이란 사실을 명심하세요. 만약 어떤 문제의 발생을 상상하면 두려움이 행동에 반영되는데, 그렇게 되면 정말로 문제를 일으키게 되지요. 내가 그랬었거든요! 신뢰하지 않았기 때문에 항상 질투에 사로잡혀서 남편을 거의 몰아내다시피 했지요."

"무슨 말씀인지 알겠습니다."

"많은 사람들은 문제가 있기도 전에 문제를 만들어 내요. 그러나 이런 태도는 사랑과 행복에 도움이 되지 않아요. 신뢰를 배우는 것만이 유일한 길이지요. 자신을 신뢰하고, 파트너를 신뢰하고, 삶을 신뢰하는 거예요. 바꾸어 말해 신뢰 속에서 행동하는 것이 중요해요. 이는 파트너로 하여금 불안감을 느끼지 않게 하는, 가치 있는 방식이지요."

쿠퍼 부인이 잔잔히 미소 지으며 말했다.

내 안에 들어와 내 모든 걸 바꿔 줄 특별한 사람

쿠퍼 부인이 잠시 쉬고 있는 사이 내가 한 가지 질문을 던졌다.

"하지만 문제점이 어린 시절로까지 거슬러 올라간다면, 사람들을 신뢰하는 법을 어떻게 배울 수 있겠습니까? 분명히 몇 년 동안은 심리 치료를 받아야 할 걸요?"

"그렇지도 않아요. 이리 오세요."

쿠퍼 부인은 나를 데리고 방 한쪽으로 가서 내가 아까부터 관심을 보였던 액자를 가리켰다. 거기엔 이런 말이 씌어져 있었다.

우리가 변할 때 삶도 변한다.

"이 글은 내가 여태껏 접한 글 중에서 가장 강력하고 매력적이지요. 왜냐하면 과거의 희생물이 될 필요가 없다고 말하기 때문이에요. 누구나 변화시킬 힘을 갖고 있어요. 노인이 말했듯이, 미래가 과거와 똑같을 필요는 없다는 얘기지요. 우리는 인생이란 책을 쓰고 있는데, 앞 페이지가 뒤 페이지와 똑같을 필요는 없잖아요? 분명히 새로운 장을 시작할 수 있어요. 이는 바로 풍요로운 사랑의 비밀이 할 수 있는 일이지요.

변화! 그것은 과거에 어떤 일이 있었더라도 상관없어요. 인간관계에 어떤 문제가 있더라도, 혹은 사랑의 관계를 발견하기 어렵더라도, 풍요로운 사랑의 비밀만 따라간다면 누구나 변할 수 있지요.

난 완전히 의기소침해진 수많은 독신자들을 만났는데, 그들은 결코 지속적인 사랑의 관계를 찾을 수 없다고 생각하고 있었지요. 또 사랑이 없는 불행한 관계에 빠져 있는 사람들도 많이 볼 수 있었어요. 때때로 그들은 희망을 버린 채 환멸과 고통 속에서 냉소적으로 변해 가지요. 스스로를 피해자라고 생각하기 때문에 정말로 피해자가 되고 있는 거예요.

또 고립감과 외로움에 지친 삶을 살다 보니, 언젠가는 특별한 사람이 자신의 삶에 들어와 모든 걸 바꿔 줄 거라고 기대하지요. 하지만 사실은 그렇지 않아요. 결국 자신의 삶을 바꿀 수 있는 사람은 바로 자기 자신뿐이에요."

이 때 문이 열리면서 커다란 외투를 입은 노인이 들어왔다. 쿠퍼 부인의 남편이었다. 그가 외투를 벗자, 문득 어디서 이 노부부를 만났었는지 기억이 떠올랐다.

"기억났어요!"

손가락으로 딱 소리를 내면서 내가 말했다.

"한 달 전에 혹시 어느 결혼식에 참석하지 않으셨나요? 마크 엘킨과 소니아 스페이드의 결혼식 말입니다."

쿠퍼 씨가 눈썹을 치켜떴다.

"그렇소만, 어떻게 그걸 알았소?"

"그 곳에서 당신들을 보았어요. 두 분이 함께 춤을 추고 있는 모습을 보았죠. 난 사랑에 넘친 두 분의 모습을 보고 그 사랑의 비밀이 뭔지 정말 궁금했었죠."

쿠퍼 부인이 미소를 지으며 말했다.

"아, 이제야 알겠네요."

"그럼, 두 분께서도 그 결혼식에서 중국 노인을 만났습니까?"

"중국 노인이 마크와 소니아 결혼식에 나타났었다고?"

쿠퍼 부인이 놀라서 소리쳤다.

"네. 전 그 곳에서 노인을 만났어요!"

신뢰의 힘

1_ 신뢰는 모든 사랑의 관계에 필수 요소다. 신뢰가 없으면 의심하고 근심하고 두려움을 느끼며, 상대도 덫에 걸린 느낌을 받아서 정서적으로 질식한다.

2_ 상대를 완전히 신뢰하지 않고서는 완전하게 사랑할 수 없다.

3_ 상대와의 관계에서 당신의 사랑이 결코 끝나지 않을 것처럼 행동하라.

4_ 상대가 자신과 어울리는지 알아내는 방법 중 하나는 스스로에게 이렇게 묻는 것이다.
"난 상대를 완전하면서도 솔직하게 신뢰하는가?"
만약 그 답이 '아니오'라면, 결혼이나 함께 살기를 승낙하기 전에 신중히 생각하라.

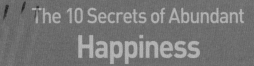

The 10 Secrets of Abundant
Happiness

세 번째 이야기

행복의 비밀을
발견한 사람들

행복을 얻기 위해 온 세상을 헤매고 있지만,
행복은 바로 손을 뻗기만 하면 있다.
— 호라티우스

당신은 행복합니까?

✳

춥고 습한 10월의 어느 날 저녁, 일을 마치고 집으로 돌아가던 길이었다. 저녁 8시 무렵이었다. 내가 사무실에서 야근을 한 것도 이번 주에만 벌써 세 번째였다. 하늘은 종일 찌푸리고 있다가 퇴근할 무렵 끝내 참지 못하고 소낙비를 쏟고 말았다.

카 오디오에서 흘러나온 질문이 내 생각을 중단시켰다. 이제껏 한 번도 깊게 생각해 본 적이 없는, 아주 간단한 질문이었는데, 그 대답이 나를 곤혹스럽게 만들었다.

이 질문은 무작위 추출 방식으로 조사한 것으로서 질문에 답한 50명 중 한 사람만이 스스로 행복하거나 만족스럽다고 여겼으며, 한 번(또는 한순간) 정도 행복한 적이 있었다고 말한 사람은 10명 중 1명 꼴도 되지 않았다. 그것은 아주 간단하면서도 직접적인 질문이었다. 라디오 프로그램의 사회자는 청취자들에게 이렇게 물었던 것이다.

"당신은 행복합니까?"

이 물음은 나로 하여금 갑자기 내 자신의 삶을 돌아보게 했다. 내 인생은 그다지 흠잡을 데가 없었다. 나는 건강한 몸과 좋은 직업을 갖고 있었으며, 수입은 어떤 청구 대금도 무리 없이 부담할 수 있을 뿐만 아니라 가끔씩 사치도 부릴 수 있을 정도의 여유가 있었다. 친한 친구도 몇몇 있었으며, 가족은 화목했다.

그러나 이 모든 것에도 불구하고 나는 내면의 공허함과 인생의 무미건조함을 느꼈다. 뭔가 놓치고 있다는 느낌이 들었다. 비록 그것이 무엇인지는 알 수 없었지만, 분명히 뭔가를 놓치고 있다는 생각이 들었다. 온갖 미사여구로 내 삶을 치장할 수는 있었지만, 분명히 '행복'은 그 속에 없었다.

헨리 데이비드 소로는 "대부분의 사람들은 말없이 자포자기하면서 살고 있다"라고 말했다. 그는 내 삶을 너무나 정확하게 묘사했다. 매일매일이 처음부터 끝까지 투쟁 같았고, 하루하루를 똑같은 좌절과 비슷한 스트레스 속에서 살고 있었기 때문이다. 인생이 쳇바퀴처럼 끝없이 돌고 있다는 걸 느끼지 않을 수 없었다.

소년 시절의 꿈과 희망은 어디로 갔단 말인가? 어릴 때 느꼈던 기쁨과 정열은 또 어디로 사라졌단 말인가? 이런 투쟁의 삶은 도대체 언제부터 시작된 것일까?

한 철학자가 "삶은 끊임없는 투쟁"이라고 한 말이 기억난다. 하지만 나는 그 말을 받아들일 수가 없었다. "분명히 이보다 더 나은 삶이 있어야 한다"고 되뇌었다. 나는 거대한 미로 속에 빠진 것처럼 혼란스러웠다. 어쩌다 이 지경까지 이르게 되었는지 알 수 없었다. 바로 그 순간 내 생각이 다시 끊어졌다. 이번엔 자동차 엔진 덮개에서 연기가 났기 때문이다.

"빌어먹을, 엎친 데 덮친 격이군."

급히 자동차를 길 옆에다 댔다. 차에서 내려 엔진을 살펴보려고 덮개를 열자, 뜨거운 열기가 얼굴을 확 덮쳐 왔다. 나는 엉겁결에 뒤로 몇 발자국 물러섰다.

비바람을 막기 위해 재킷을 뒤집어쓰고 잔뜩 웅크린 채 가까운 곳에 있는 전화박스를 찾아 서비스센터에 도움을 청했다. 1시간쯤 뒤에나 수리 직원이 도착할 거라는 전화 안내원의 대답에 나는 어쩔 수 없이 차 속에서 기다릴 수밖에 없었다.

이 때 한 가지 의문이 머릿속에 메아리처럼 울려 퍼졌다.

"이 모든 것이 도대체 무슨 의미가 있지? 무엇이 중요한 걸까?"

물론 나는 답을 얻을 수 없었다. 그렇다고 그 답을 기대한 것도 아니었다. 내가 들을 수 있는 것이라곤 옆을 스치고 지나가는 차량 소음뿐이었다.

나는 무거운 발걸음을 돌려 차를 세워 둔 곳으로 돌아왔다. 나는 이 사건이 내 인생에서 가장 중요한 전환점이 되리라고는 생각지도 못했다. 이 때 나는 이미 풍요로운 행복의 길을 쫓고 있었던 것이다. 몇 년 후에야 이 사실을 인정했다. 그리고 의심할 바 없이 풍요로운 행복의 감정을 알고 미소 지었다.

★ ★ ★ ★

만남

❄

내가 차로 돌아왔을 때, 어떤 사람이 허리를 굽힌 채 차를 살피고 있는 걸 발견했다. 하얀 운동복에 노란색 야구 모자를 쓴 기묘하게 생긴 중국 노인이었다. 왜소한 체구였으나 다정한 눈매에 얼굴 선은 길었으며, 하얀 백발을 늘어뜨리고 있었다. 특히 인상 깊었던 것은 노인의 눈이었다. 깊고 짙은 갈색 눈이 미소를 짓고 있었던 것이다.

내가 다가가자 노인이 미소를 지으면서 말했다.

"비바람이 너무 심하지?"

"저한테 묻는 겁니까? 흠뻑 젖어서 춥고 떨리네요."

내가 혼자서 중얼거렸다. 그러나 중국 노인은 내 말에는 아랑곳하지 않고 계속 말을 이었다.

"자네는 에너지를 느끼고 있는가? 또 이러한 공기 속에서 신선한 냄새를 맡아 본 적은 있나? 이 세상에 대해 경이로움을 느껴는 보았는가?"

'전혀 못 느껴 봤는데요'라고 말하고 싶었지만 입을 닫고 말았다. 이 묘한 노인을 가까이서 관찰하고 싶었기 때문이다. 그런데 뭔가 이상했다. 내가 차를 세워 둔 곳으로 돌아올 때만 해도 가랑비가 계속 내리고 있었는데, 노인의 옷은 조금도 젖어 있지 않았다. 그의 몸에 빗방울 하나 떨어져 있지 않았던 것이다. 하도 이상해서 내가 막 물어보려는 찰나 노인이 먼저 말을 꺼냈다.

276

"그래, 자네는 이제 어떻게 할 셈인가?"

"어쩌겠습니까? 수리공이 한 시간 후에나 온다는군요."

"그래? 어디 내가 한번 보지."

노인은 소매를 걷어붙이더니, 몸을 기울여 엔진을 점검하기 시작했다.

맑게 개인 날 야외에서 산책하듯이 살아라

몇 분쯤 살펴본 노인은 연장함에서 스패너를 꺼내 들었다. 그 때 내 두 눈과 부딪치자 언뜻 동작을 멈추는 듯싶더니, 다시 엔진 쪽으로 돌아섰다.

"이런 일은 일어나지 않을 수도 있지."

"뭐라구요?"

"어떤 일이든 간에 그런 일은 자네를 괴롭게 만들지."

"저를 괴롭히는 일은 없는데요."

"아…… 그래? 그렇다면 좋지!"

노인은 스크루드라이버를 다시 꺼내 들고 계속 수리했다.

"어르신께선 오늘 좋은 일이라도 있었나 봐요?"

"물론이지! 자네도 내 나이가 되면, 매일매일 땅을 딛고 서 있는 것만으로도 좋은 날임을 알게 될 걸세!"

노인은 다시 내 쪽으로 얼굴을 돌리면서 말했다.

"만약 자네가 내게 인생에 대해 묻는다면, 인생은 너무나 짧고 소중한 것이라 비탄의 감정에 빠진 채 낭비할 수 없는 거라고 말하겠네. 인간의 평균 수명이 76살이란 걸 알고 있는가? 정확히 3,962주이지! 이 중 1,320주를 잠으로 보내면 남는 시간은 2,642주, 즉 443,856시간을 사는 거라네! 자네 올해 몇 살인가?"

"서른 셋입니다."

"자네가 다행히 평균 수명까지 산다 해도 이제 겨우 1,495주밖에 남지 않았네!"

"아주 재미있는 생각이네요."

내가 비꼬는 투로 말했다.

"이건 그냥 자네에게 시간의 소중함을 알려 주기 위해 하는 말일세. 너무나 소중한 시간이기에 불행을 느끼는 데 시간을 낭비하지 말라는 말이네.

삶은 곧 살아간다는 의미이지. 그러니까 매일매일을 투쟁이 아니라 기쁘게 지내라는 것이야.

말하자면 맑게 갠 날 야외에서 산책하듯이 살아가야지, 끊임없는 폭풍우 속에서 악전고투하는 것은 참다운 인생이 아니라네."

등줄기가 오싹해지면서 차가운 기운이 목 뒤를 타고 올라가는 느낌이었다. 나를 휩싸고 있는 감정을 노인이 어떻게 알았을까? 하지만 그것은 그냥 우연의 일치일 뿐 노인이 내 마음을 알 수는 없을 거라고 생각했다.

행복은 상황에 의해서만 결정되지 않는다

"의외로 많은 사람들이 불행을 선택한다는 사실에 나는 늘 놀란다네."

노인이 엔진을 수리하려고 몸을 돌리면서 말했다. 할 수 없이 나는 노인의 등 뒤에서 물었다.

"무슨 뜻이죠? 사람들은 불행을 선택하지 않습니다. 모든 불행은 환경이나 상황에 따른 것이죠. 즉 자신에게 일어난 일 때문에 행복하거나 불행한 것입니다."

"물론, 자네 말도 옳다고 할 수 있네. 하지만 행복이 자네의 주변 환경과 상황에 의해서만 결정된다면, 왜 어떤 사람들은 자네와 똑같은 기쁨이나 비탄 또는 슬픔을 경험하는데도 그 반응과 감정이 전혀 다를 수 있을까?"

"그들은 왜 그렇게 달랐을까요?"

"똑같은 교통사고를 당한 두 사람을 예로 들어 보세. 사고로 인해 비탄에 빠진 사람은 끊임없이 '하필이면 왜 내게만 이런 일이 일어나지?'라고 탄식한 반면, 다른 한 사람은 '하느님, 저를 구해 주셔서 정말 감사합니다'라고 말했지. 바로 '감옥에 갇힌 두 사람이 창살 사이로 밖을 내다보았는데, 한 사람은 흙탕물을 보았고, 다른 한 사람은 별을 보았다'라는 구절과 같지.

결론은 똑같은 상황을 어떻게 인식했느냐의 차이야. 그러므로 나는 상황이 어떻든 간에 그 상황이 행복이나 불행을 느끼게 한다고는 믿지 않네."

노인이 계속해서 말했다.

"자네의 상황 인식은 그저 주변 상황에 관한 자네의 생각일 뿐이네."

"하지만 행복을 느끼게 하거나, 느끼지 못하게 하는 요인은 분명히 있지 않습니까?"

노인이 렌치를 놓고 돌아서면서 되물었다.

"그럼 자네를 행복하게 하는 요인은 무엇인가?"

나는 잠시 생각하다가 이렇게 말했다.

"잘 모르겠지만, 더 많은 돈이 있다면 좀더 행복하지 않을까요?"

"자네는 정말 돈이 행복을 가져다 준다고 믿나?"

"글쎄요. 적어도 불행을 조금이나마 완화해 줄 수는 있겠죠." 내가 미소를 지으며 말했다.

"자네 말도 일리는 있네."

노인은 이를 드러내면서 웃었다.

"그러나 완화된 불행도 여전히 불행은 불행이야! 자네는 훨씬 편안한 환경 속에 있을 수도 있겠지만, 불편을 느낄 수도 있네.

돈이 행복을 가져다 줄 수 있다면, 백만장자는 세상에서 가장 행복한 사람일 거야. 하지만 부자도 가난한 자와 마찬가지로 불행과 좌절을 겪는다는 걸 다 알고 있지 않은가?

돈으로 살 수 있는 것은 오직 물건에 불과하지. 마치 여기 있는 이 자동차처럼 말일세. 하지만 그것은 일시적인 만족에 불과할 뿐 영원한 행복은 가져다 줄 수 없네."

석공 이야기

길에서 달리고 있는 자동차를 바라보면서, 노인이 방금 한 말을 생각했다. 노인은 스패너를 집어 들고 다시 차를 수리하기 위해 돌아섰다.

"그렇다면 다른 직업은 어떨까요? 다른 일을 한다면 좀더 행복해질 거라고 생각하는데요."

"자네의 말이 내 귀에는 석공의 말처럼 들렸네."

노인이 웃으면서 말했다.

"석공이라니 무슨 말씀이십니까?"

"우리 나라에 이런 이야기가 있다네. 한 석공이 돌 깨는 일이 아닌 무언가 색다른 일을 하고 싶어했지. 그에게는 높은 지위를 누리면서 살고자 하는 욕망이 강했네.

하루는 이 석공이 부유한 상인의 집 앞을 지나다가 그가 소유한 엄청난 재물을 보고는, 상인이 대단한 존경을 받을 거라고 생각했지. 그래서 석공은 그 상인과 똑같은 사람이 되고자 했네. 그렇게 되면 더 이상 비천한 석공으로 남지 않을 테니까.

어느 날 석공은 갑자기 자기가 평소 바라던 대로 부유한 상인이 되었지. 평소에 꿈꾸던 것보다 훨씬 많은 권력과 사치스러운 생활을 누리게 된 거야. 그러나 자기보다 가난한 사람들에게 부러움과 질시를 받았을 뿐만 아니라 생각지도 못했던 많은 적들도 갖게 되었지.

그러던 어느 날 한 고급 관리가 수많은 시종과 군사들의 호위를 받으면서 마을을 지나게 되었네. 보는 사람마다 그 고관에게 절을 했지. 그는 나라에서 어느 누구보다도 힘이 센 권력자였네. 상인이 된 석공은 다시 그 고관처럼 많은 하인과 호위병들의 호위를 받고 싶었고, 게다가 누구보다도 강한 권력을 갖고 싶어했네.

이 소원도 이루어져서 마침내 석공은 가장 강력한 권력자가 되었어. 누구나 그 앞에서 허리를 굽신거렸지만, 동시에 모든 사람이 두려워하고 증오하는 존재가 되었네. 이런 이유 때문에 그에겐 수많은 호위병이 필요했던 거지.

그러던 어느 여름날 뜨거운 햇살이 그를 지치고 나약하게 만들었지.

그는 하늘에서 이글거리는 태양을 바라보면서 말했다네. '정말 대단하군! 내가 태양이라면 좋겠어.' 이번에도 그는 소원대로 태양이 되어서 대지를 비추었네. 하지만 거대한 먹구름이 몰려와 태양을 막아 버렸지.

그는 생각했네. '구름이야말로 대단한 거구나! 나도 구름처럼 강력해졌으면…….' 그는 곧 태양을 가로막는 구름으로 변해서 온 마을에 비를 뿌렸지. 그런데 엄청난 바람이 불어와서 구름을 날려 버렸네. 그가 '난 더 강한 바람이 되고 싶어'라고 하자, 그는 곧 세찬 바람이 되어 나무를 뿌리째 뽑고 마을 전체를 파괴할 수 있었지.

하지만 거대한 암석만은 어쩔 수가 없었네. 바위는 꼼짝도 않은 채 바람과 맞섰지.

그는 또 생각했네. '바위야말로 정말 강한 것이구나. 난 바위처럼 강해지고 싶어!'

이번에는 가장 강력한 바람과 맞서 싸우는 거대한 바위가 되었네. 마침내 그는 만족했지. 지상에서 가장 강력한 존재가 되었다고 말일세. 바로 그 때 '쨍강, 쨍강!' 하는 소리가 들렸네. 망치로 바위에다 징을 박고 있는 소리였는데, 바위가 부서지면서 돌가루가 이리저리 흩어져 날렸지. '나보다 더 강한 것이 도대체 뭐지?' 이렇게 생각한 그의 눈에 들어온 건 바로 거대한 바위를 다듬고 있는 석공이었다네.

수많은 사람들이 행복을 찾기 위해 평생을 보내지만, 엉뚱한 곳에서 찾아 헤매기 때문에 잘 발견하지를 못하지. 동쪽을 향해 서 있는 사람이 석양을 볼 수 없듯이, 주변의 사물에만 집착해서 행복을 찾는 사람은 결코 발견하지 못할 걸세.

자기 자신을 바꾸지 않고, 인생의 외적인 것만 바꾼다고 해서 찾을 수 있는 것은 아닐세. 석공 이야기는 바로 이 점을 우리에게 일깨워 주고 있지."

전화위복

"그래도 전 이해할 수 없습니다. 그렇다면 개인적인 비극과 절망에 대해선 어떻게 생각하십니까? 그런 상황에서도 행복해질 수 있을까요?"

"인생은 바다를 항해하는 배와 같아. 자연의 재난이든 개인적인 비극이든 바람과 폭풍우를 겪게 되지만, 키와 돛을 잘 다스리기만 한다면 어디든 여행할 수 있지. 그 때는 바람과 폭풍우도 상관없지. 오히려 바람과 폭풍우는 인생을 더 풍요롭게 할 수 있는데, 그것은 완전히 자네한테 달려 있네."

"잘 이해가 되질 않습니다."

"폭풍우는 공기를 정화하고 비를 뿌리지. 비가 없다면 어떻게 생명이 있겠는가? 그 때는 만물의 성장도 없고, 생명의 풍요로움도 없으며, 무지개도 없을 것이네. 폭풍우는 바람을 몰고 오지만, 배를 조종하는 방법을 안다면 바람의 힘을 항해에 유리하게 이용할 수 있지."

"어르신의 비유를 이해할 수는 있지만 찬성은 못 하겠습니다. 불운이 어떻게 이점이 될 수 있습니까?"

"자네는 화가 복이 된다는 말을 들어 보지 못했는가?"

"물론 들은 적은 있지요. 하지만 그저 옛말에 불과할 뿐, 저는 한 번도 그런 일을 겪은 적이 없습니다."

"그건 자네가 한 번도 유의하지 않았기 때문일세.

어떤 난관도 항상 좋은 일을 대동하기 마련이지. 어떤 일이든 목적과 이유가 있어. 삶을 풍요롭게 하는 교훈을 지니고 있다는 말이야.

많은 사람들이 인생의 방향을 잃고 상황의 노예가 되어 폭풍우와 바람이 부는 대로 휩쓸려 가는데, 그 이유는 자기에게 키와 돛이 있다는 걸 깨닫지 못하고 그걸 이용할 줄 모르기 때문일세. 그들은 배를 조종하는 법은 잊어버린 채 날씨 탓만 하지. 주변 상황이 어떻든 여전히 행복을 선택할 수 있다는 걸 모르고 있는 거야."

"그렇다고 모든 감정을 선택할 수는 없습니다."

내가 이의를 제기했다.

"자네가 진지하게 믿는 것이라면 무엇이든 자네에게는 진실이네. 그렇기 때문에 자네가 선택한 믿음에 대하여 조심스럽게 생각해야 하네."

"그렇다면 어르신은 어떤 상황에 처하더라도 행복할 수 있다고 믿습니까? 눈이 멀었거나 귀가 멀었거나 아니면 벙어리 같은 장애인이라도 말입니다. 이런 사람들이 과연 행복해질 수 있을까요?"

"자네는 분명 장애인들을 한 번도 만나 보지 못했군. 그런 사람들이 더 행복할 수 있다고 하면 이상하게 들릴지 모르겠지만, 그럼에도 불구하고 내 말은 진실이네.

헬렌 켈러를 알고 있지? 평생 눈멀고 귀멀고 말도 할 수 없었던 사람이야. 그렇게 혹독한 신체적 결함을 갖고 살아갈 수 있냐고 묻자, 그녀가 어떻게 대답했는지 아는가?"

나는 고개를 저었다.

"그녀는 '전 너무나 아름다운 인생을 살았습니다'라고 대답했네. 또 시각장애자였지만 위대한 작가인 밀튼은 '보지 못한다고 해서 불행한 것은 아니다. 불행은 보지 못하는 것을 참지 못하는 것이다'라고 말했지.

마찬가지로 재산, 건강, 명예, 권력은 행복의 보증수표가 될 수 없네. 나폴레옹은 프랑스 제국의 황제로 당시 세계에서 가장 강한 권력을 가졌지만, 어떤 사람이 '행복한 인생을 살았는가?'라고 묻자, 그는 '내가 기억할 수 있는 범위에서 행복했던 날은 6일을 넘지 않네'라고 대답했지."

나는 놀라움을 금치 못했다.

"장애자들이 그렇게 행복할 수 있고, 부와 권력을 지닌 자가 그토록 불행하다니, 어떻게 그럴 수 있습니까?"

행복을 창조하는 10가지 법칙

노인이 수리를 멈추고 돌아서면서 말했다.

"행복은 삶의 가장 위대한 선물 중 하나이지. 그리고 누구에게나 적용되는 것이기도 하지. 자네가 행복을 찾지 못했다면 그 행복을 창조하게나. 어떤 상황에 처하든 사람은 자신의 행복을 창조할 능력을 갖고 있네."

"그럼 어떻게 행복을 창조할 수 있습니까?"

"이 우주는 자연스런 질서를 조종하는 엄밀한 법칙에 의해서 지배받고 있네. 태양이 뜨고 지는 것에서부터 사계절의 변화에 이르기까지 자연의 모든 것을 지배하는 법칙이 있어. 과학자들은 이런 법칙, 가령 중력과 운동의 법칙, 자력의 법칙 등 많은 것을 발견했다네. 하지만 거의 알려지지 않은 법칙들도 있는데, 그 중 하나가 바로 행복의 법칙이야."

"행복의 법칙? 그게 도대체 뭡니까?"

내가 의아하다는 듯이 물었다.

"10가지 불변의 원칙이 있는데, 이 원칙대로 하기만 하면 반드시 행복을 창조할 수 있네. 어느 시대, 어느 문명 사회를 불문하고 부를 추구하느라 이 원칙들을 저버리거나 때로는 아예 잊어버리기도 하지. 다만 스스로에게 충실한 극소수의 사람들만이 이 원칙을 알고 있어. 때문에 그들 사이에서는 이 법칙이 비밀로 통하고 있네."

"어떻게 하면 그 비밀을 알 수 있을까요?"

내가 노인에게 물었다.

"잠깐 기다리게. 거의 다 고쳤네. 좋아, 끝났어. 이젠 새것이나 다름 없네."

노인은 말을 하면서 옷에다 손을 쓱쓱 닦았다.

"자네는 이제 곧 발견할 걸세. 자, 이것을 받게나."

노인은 한 장의 종이 쪽지를 내게 건네주었다. 하지만 쪽지에는 그 어떤 법칙도 비밀도 없었다. 다만 10명의 이름과 그 사람들의 전화 번호만 적혀 있었다. 나는 뒷면에 뭔가 있을까 기대하면서 종이를 뒤집어 보았지만 아무것도 없었다.

"이게 뭐죠? 비밀은 어디에 있습니까?"

하지만 내가 종이 쪽지에서 시선을 떼며 고개를 들었을 때, 노인은 보이지 않았다.

"저기요! 어디 계세요? 이건 그냥 명단 아닙니까?"

큰 소리로 계속해서 부르며 차 주위와 고속도로 주변을 둘러보았지만, 노인의 모습은 어디에도 보이지 않았다. 이 때 견인차가 내 차 뒤로 다가오면서 라이트를 번쩍였다. 나는 재빨리 다가가 견인차의 문을 열었다.

"이건 사람 명단이지 비밀은 무슨 비밀……."

문을 여는 동시에 말하다 말고 멈췄다. 견인차에 앉아 있는 사람은 노인이 아니었던 것이다.

"도움이 필요하십니까?"

수리공이 차에서 내리면서 물었다.

"잠깐만! 노인은 어디로 가셨죠?"

"노인이라뇨? 무슨 말씀을 하시는 겁니까?"

수리공은 이상하다는 표정을 지으면서 말을 이었다.

"차가 고장났다고 신고하지 않았습니까?"

"네, 맞습니다. 하지만 차는 이미 수리했습니다. 그 중국 노인이……."

"중국 노인이라뇨? 제가 전화를 해서 한번 물어 보죠. 다른 사람이 왔다 갔을 수도 있으니까요. 이런 일이 자주 일어나기 때문에 그리 놀랄 일도 아니죠."

수리공은 다시 운전석에 앉아 무선으로 서비스센터와 연결했다. 몇 분 후 그가 다시 돌아왔다.

"센터에선 분명히 저에게만 연락했다고 하는데요. 컴퓨터에 모든 기록이 남아 있답니다. 기왕에 왔으니까 한번 검사해 봅시다. 차에 시동을 좀 걸어 주시겠습니까?"

차는 바로 시동이 걸렸다. 게다가 엔진도 부드럽게 돌아갔다. 수리공은 손을 들어서 시동을 끄라고 했다.

"모든 것이 정상입니다. 아무 문제 없어요."

수리공이 떠나간 지 10분이 지났지만, 나는 여전히 차에 앉아 중국 노인에 대해 생각했다. 그 노인이 어떻게 갑자기 사라졌는지 도무지 이해할 수가 없었다.

그는 도대체 누구이며 어디에서 왔을까? 그가 말한 행복의 비밀이란 또 무엇일까? 도저히 답을 찾을 수가 없었다. 노인을 찾을 유일한 실마리는 종이 쪽지에 적힌 10명의 이름과 전화 번호뿐이었다.

감사하는 마음은 행복의 씨앗이다
— 마음가짐의 힘(케스터만)

집으로 돌아오자마자 당장 종이 쪽지에 적힌 사람들에게 전화를 걸기 시작했다. 10명 중 6명은 연결이 되었지만, 나머지 4명은 부재중이라서 전화를 해 달라는 메시지를 남겼다.

전화를 걸어 명단에 있는 사람들과 얘기할 때 한 가지 이상한 현상을 발견했다. 중국 노인에 대해서 말하자, 모두들 흥분하면서 활기찬 어조로 변하는 것이었다. 다음 주에 그들을 차례차례 만나기로 약속을 했다.

명단에 적힌 첫 번째 사람은 고등학교 교사인 베리 케스터만이었다. 그는 다음날 수업이 오후 5시까지 있었지만, 나와 만날 약속을 흔쾌하게 해주었다.

케스터만 선생은 30대 후반에서 40대 초반쯤으로 보였는데, 20대 청년 같은 활기와 패기가 넘쳐났다. 내가 교실 문을 노크했을 때 케스터만 선생은 학생들의 숙제를 검사하고 있었다.

"어서 오세요."

케스터만 선생은 내 손을 잡으며 따뜻하게 맞이해 주었다.

"만나서 정말 반갑습니다. 자, 앉으시죠."

내가 의자에 앉자, 케스터만 선생이 말했다.

"어제 중국 노인을 만났다고요?"

"그렇습니다! 제 차를 수리해 주셨죠."

"맙소사! 정말 예기치 못한 곳에서 불쑥 만났군요. 그럼 풍요로운 행복의 비밀에 대해서도 말했나요?"

"네, 그렇습니다. 선생님도 그 내용을 알고 계신가요?"

"물론이죠!"

"정말 효과가 있었습니까?"

"분명히 있죠. 15년 전 나는 내 인생 최악의 상태에 빠져 있었어요. 당시 난 일자리를 잃고 변두리에 방 한 칸 세를 얻어 초라하게 살고 있었죠. 위로받을 친구나 상의할 친구도 없어 거의 절망 상태에 빠져 있었어요. 마치 하늘에 두꺼운 먹구름이 뒤덮인 듯이 미래가 전혀 보이지 않았었지요.

하루는 공원에 갔어요. 벤치에 앉아서 아름다운 호수를 바라보고 있었죠. 하지만 머릿속은 온통 고민과 문젯거리로 시달리고 있었어요. 몇 분쯤 지나고 나서 주위를 한번 돌아보는데, 웬 중국 노인이 제 곁에 앉아 있는 걸 발견했어요."

나는 갑자기 중국 노인을 만났던 일이 주마등처럼 떠올라 등골이 서늘해졌다.

케스터만 선생은 자신의 이야기를 계속해 나갔다.

"그 때의 제 모습이 어느 누가 봐도 뭔가 곤란을 겪고 있는 사람처럼 보였을 거예요. 하지만 제가 그 노인에게 의문점을 느낀 건 어떻게 내 문제를 정확히 알고 있었냐는 것이었죠. 마치 내 자신의 내면을 꿰뚫어 보는 것 같았거든요.

우리는 잠시 얘기를 나누었죠. 노인은 지금 친구를 방문하러 가는 길인데, 그 친구도 실의에 빠진 상태라고 말했어요. '내 친구는 단순히 풍요로운 행복의 황금률을 잊었을 뿐이네'라고 말하더군요. 난 풍요롭든 아니든 행복의 황금률이란 말은 들어 본 적이 없었죠. 하지만 노인이 자세히 설명해 주었죠. '아주 단순하다네. 마음먹기에 따라서 행복할 수 있다는 사실이지.'

저는 그 때 노인의 말을 잘 이해하지 못했지요. 하지만 나중엔 노인의 말이 진실이라는 걸 알았죠.

솔직히 말해서 그렇게 간단한 법칙들이 일생 동안 배운 것 중에서 가장 중요한 가르침이었다는 거죠. 그 중에서도 가장 중요한 것은 바로 첫 번째 비밀인 '마음가짐의 힘'이었죠."

최선의 것을 기대하면 그것을 얻을 수 있다

케스터만 선생의 말이 계속되었다.

"대부분의 사람들처럼 나 역시 외적인 것이 날 행복하게 만든다고 생각했어요. 하지만 진실은 우리가 행복을 선택할 수 있다는 것이었죠. 한번은 최면술 쇼를 보러 간 적이 있었어요. 무대 위의 사람들에게 최면술을 건 후 그들에게 양파를 주면서, 이 양파가 그들이 먹어 본 과일 중 가장 맛있는 과일이라고 최면술사가 말했죠. 그러자 사람들은 덥석덥석 양파를 먹으면서 맛있다는 듯이 입술까지 핥았어요. 그리고 다시 복숭아를 주면서 이것은 생무라고 말하자, 사람들은 복숭아를 먹자마자 바로 뱉어내는 거예요. 마치 비위에 거슬리는 음식을 먹은 것처럼 말이죠. 양파와 복숭아에 대한 반응을 결정한 것은 바로 최면 상태에서 받아들인 '마음가짐'이었죠.

알다시피 우리는 일생을 살면서 흔히 부정적인 마음가짐을 갖곤 하는데, 바로 이런 마음가짐이 우리를 불행하게 만드는 원인이죠."

"어떤 것이 부정적인 마음가짐인가요?"

"가장 좋은 예가 삶에 대한 우리의 기대라 할 수 있어요. 예컨대 나는 절망에 빠지지 않으려면 항상 최악의 상태를 대비해야 한다고 배웠죠."

"맞아요. 저도 그렇게 배웠습니다. 그 말이 논리적이지 않나요?"

"그건 일반적인 견해인데, 사실은 잘못된 거라 할 수 있어요. 그런 믿음은 우리의 꿈을 번번이 파괴시킬 뿐만 아니라 행복에 대한 체험을 방해하기도 하죠."

"설마 그럴라구요? 최악의 상황을 대비하면, 그러한 일이 정말 일어난다 하더라도 절망에 빠지지는 않을 겁니다. 이미 심리적인 준비가 되어 있기 때문이죠. 물론 그런 일이 일어나지 않는다면 즐거운 마음이 들 테고요. 오히려 가장 좋은 일만 바란다면 더 큰 실망을 초래할 수도 있지 않겠습니까?"

"나도 그런 말에 나름대로 일리가 있다고 생각해요. 하지만 최악의 상황만 생각한다면 필연적으로 최악의 경험을 할 수도 있고, 또 그 반대 상황에서도 마찬가지이죠. 지금 당장 증명해 보일 수도 있어요. 이 방 안을 찬찬히 둘러보세요. 그리고 갈색으로 된 것은 모두 느껴 보세요."

천천히 방 안을 둘러보았다. 목재로 된 그림 액자, 의자 손잡이, 나무로 된 창틀, 책상, 책 등 많은 물건들이 갈색이었다.

"좋아요. 그럼 이제 눈을 감으세요. 그리고 당신이 본 것을 모두 말해 보세요. 푸른색으로 된 것도 말입니다."

"저는 푸른색 물건에는 주의하지 않았는데요."

"눈을 뜨고 보세요. 주변에 푸른색 물건들이 많이 있을 거예요."

확실히 푸른색 물건들이 많았다. 푸른색 꽃병, 푸른색 사진틀, 카펫에 짜여진 푸른색 무늬, 책상 위에 있는 푸른색 편지꽂이, 책꽂이에 있는 푸른색 책들, 심지어 케스터만 선생이 입고 있는 옷도 푸른색 셔츠였다. 내가 푸른색에 유의할수록 더 많은 푸른색 물건을 발견할 수 있었다.

"당신이 놓치고 있었던 물건들을 보세요."

"하지만 선생님은 저를 속였습니다. 갈색 물건을 보라고 했지 푸른색 물건을 보라고는 하지 않았잖아요."

"그게 바로 내가 말하고 싶은 얘기의 핵심이에요. 갈색만 찾으려고 하면 갈색밖에 보이지 않아요. 그래서 푸른색은 몽땅 놓치게 되죠.

인생도 마찬가지예요. 최악의 상황만 찾는다면, 그런 일만 일어나고 오히려 좋은 일은 놓치게 되죠. 최악의 상황에 대비하려는 믿음이 되려 인생에서 '착하고 좋은 것'들을 비켜 가도록 만들죠.

이런 이유로 수많은 부자와 유명인사 ─ 당신이 상상할 수 있는 모든 것을 소유하고 있는 사람 ─ 들도 여전히 좌절을 겪고 있으며, 심지어 마약 중독자나 알코올 중독자가 되기도 하죠. 그들은 소유한 것 대신에 소유하지 않은 것에 초점을 맞추고 있어서 늘 삶 속에서 부족한 것만 보고 있을 뿐이죠. 이런 식으로 그들은 자신들의 불행을 창조하죠.

반대로 아주 소박한 삶을 살고 있는 사람들은 매우 행복해 하죠. 자기가 갖고 있는 것에만 초점을 맞추기 때문이에요. 이것이 바로 컵에 물이 절반이나 남아 있다고 생각하는 사람이 벌써 절반이나 비었다고 생각하는 사람보다 행복하다는 이유죠.

이것은 행복에 대한 일반적인 생각과는 전혀 반대라서 외적인 것 — 돈, 자가용, 명예, 재물, 부富 — 과는 상관이 없어요. 인생의 행복을 결정하는 것은 바로 삶에 대한 우리의 마음가짐이죠. 그러므로 행복을 경험하는 데는 많은 돈이나 큰 집, 좋은 직업이 필요한 것이 아니라, 오직 우리의 마음가짐을 변화시키는 것만이 필요할 뿐이에요.

새뮤얼 존슨은 '만족의 샘물은 반드시 마음속에서 솟아난다. 그러나 인간 본성을 잘 모르는 사람은 자신의 성향이 아닌 다른 것을 변화시킴으로써 행복을 추구하는데, 그것은 결국 일생을 헛되이 탕진하면서 자신이 그토록 없애고 싶어했던 슬픔만을 배가시킬 뿐이다'라는 말을 남겼죠."

"저는 그런 식으로 생각해 본 적은 없습니다. 하지만 의미 있는 말이군요."

"흥미롭지 않나요? 최악의 상황을 염두에 두면서 뭔가를 하려고 하면, 대체로 그 방향으로 일이 흘러간다는 사실 말이에요."

"그게 무슨 뜻입니까?"

"예를 하나 들죠. 수백 명 앞에서 연설을 한다고 해 보죠. 당신은 긴장한 나머지 온갖 최악의 상태를 상상하기 시작해요. 예컨대 연설 내용을 잊어버리거나, 긴장으로 말을 더듬게 되거나, 수백 명 앞에서 완전히 바보가 될 수도 있다는 생각이지요. 당신이 줄곧 이런 생각만 한다면, 어떻게 연설문을 잘 준비할 수 있을까요? 자신감은커녕 긴장감만 더 생기겠죠?"

"네. 저는 아마 긴장감으로 제대로 서 있지도 못할 거예요."

그의 말에 수긍했다.

"그렇죠. 누군들 그렇지 않겠습니까? 똑같은 원리를 모든 일에 적용할 수 있어요. 나쁜 일을 염두에 두는 사람과 좋은 일만 기대하는 사람 중에서 누가 더 쉽게 잠자리에서 일어나 새로운 하루를 맞이할 수 있을까요? 누가 더 새로운 하루를 즐길 수 있을까요?"

슬픔을 긍정적인 방향으로 변화시키는 방법

"선생님의 뜻은 알겠어요. 하지만 뜻밖의 일이 일어났을 때는 어떻게 하죠? 나쁜 일이 일어났을 때 말예요."

"황금률을 명심하세요. 우리는 자신만의 느낌대로 선택할 수 있어요! 어떤 상황에서나 푸른색과 갈색을 살필 수 있죠. 즉 하나의 상황에 대해 나쁜 쪽보다는 좋은 쪽으로 초점을 맞출 수 있어요."

"좋은 면이 없다면 어떻게 하죠?"

"물론 이따금 우리 인생에서 비극이 일어났을 때, 거기서 좋은 면을 찾아내기는 매우 힘들 거예요. 하지만 비극을 극복하는 길은 슬픔 속에서도 무언가 긍정적이고 의미 있는 것을 찾아내는 것이죠.

이 세상에서 가장 큰 비극을 들자면 여러 가지가 있겠지만, 그 중에서도 부모가 자식을 잃고 가슴 찢기는 고통을 당할 때의 비극이 가장 큰 비극이라 할 수 있을 거예요. 이런 상황에서 슬픔을 극복할 수 있는 유일한 길은 뭔가 긍정적인 것을 창조해 내야 한다는 것이죠.

어느 날 캘리포니아 주에서 13살짜리 소녀가 음주 운전자의 차에 치여서 죽었는데, 그 소녀의 어머니는 딸을 잃은 슬픔과 고통으로 넋이 나갔죠.

그녀는 이 사고를 통해 음주 운전자들로부터 사고를 당한 사람들이 법적 보호를 제대로 받지 못한다는 사실을 발견했어요. 그래서 그녀는 이를 바로잡기 위해 전국적으로 캠페인을 벌여 나갔죠.

마침내 '음주 운전을 반대하는 부녀회'가 결성되었고, 국회 로비에 성공해서 '음주 운전 반대법'을 통과시켰지요. 게다가 이 캠페인은 캐나다, 영국 및 뉴질랜드까지 확산되어서 수많은 사람들의 생명을 구했죠. 이것은 소녀의 어머니가 어린 딸을 잃은 슬픔을 긍정적인 방향으로 전환시켰기 때문에 가능했던 거죠.

인생의 모든 경험은 '선물' - 우리와 우리 주변의 삶을 이롭게 할 수 있는 것 - 을 함께 가지고 오지요. 그것을 발견해서 선택하기만 하면 찾을 수 있어요.

당시 중국 노인을 만났을 때 난 일자리도 없었죠. 그래서 항상 낙오자라는 생각에 다시는 일자리를 얻지 못할 거라고 낙담하고 있었지요. 하지만 노인과의 만남 이후에는 직장을 잃게 된 것이 긍정적일 수도 있다고 생각하게 되었어요."

"직장을 잃은 것이 어떻게 긍정적일 수 있습니까?"

"우선 정말로 하고 싶었던 일을 새롭게 시작할 수 있는 기회가 생긴 거죠. 그래서 실직에 대해 낙담하기보다는 열정적이고 낙관적이며 쾌활한 태도로 삶을 대하기 시작했어요.

오늘은 이 한 가지만을 명심하세요. '삶 속에서 일어나는 일들에 대해 우리의 느낌을 결정하는 것은 그 일 자체가 아니라, 그 일에 관한 우

리의 애정이다.'

마음가짐을 이렇게 갖고 있으면, 그 상황은 새로운 출발이며 인생의 전환점이 될 수 있어요.

스스로에게 솔직해졌을 때, 나는 지금까지 한 번도 직업에 열중한 적이 없었다는 것을 깨달았죠. 직업은 그저 돈을 벌기 위한 수단이라고만 생각했던 거예요. 그러나 이젠 내 인생에서 정말로 무얼 하고 싶은지 생각할 기회가 생긴 거죠.

난 사회에 긍정적인 영향을 미치고 진정으로 공헌할 수 있는 남다른 일을 하고 싶었어요. 그래서 교사가 되기로 결심하고 얼마 후 대학에 복귀했지요."

긍정적인 질문을 던져라

케스터만 선생이 이야기를 계속했다.

"또 다른 예를 들어 보죠. 당신이 애인과 헤어졌다고 상상해 보세요. 그 일로 인해 스스로를 '난 매력도 없고 뭔가 뚜렷하게 내세울 것도 없어서 다시는 애인을 구하지 못할 거야'라고 생각할 수도 있죠. 그렇게 되면 설사 다른 여자를 만나게 되더라도 지속적인 관계를 유지하기는 힘들 거예요. 반면에 애인과의 헤어짐이 당신에게 더 잘 어울리는 사람을 만날 수 있는 기회라고 생각할 수도 있어요. 모두 당신의 마음가짐에 달려 있지요.

삶의 그 어떤 경험에 대해서도 긍정적인 의미를 부여할 수 있죠. 죽음조차 축복의 시간이 될 수 있어요. 영혼은 죽은 뒤에 진정한 고향으로 돌아가 사랑하는 사람을 모두 만날 수 있다고 믿으면요."

"하지만 그때그때 상황마다 긍정적인 면을 보는 일이 항상 쉽지는 않을 걸요?"

내가 고집을 부렸다.

"그렇게 보지 않을 때만 그렇죠! 당신이 긍정적인 면을 볼 수 없다면, 그것은 당신이 찾을 생각을 하지 않았기 때문이에요. 우리는 스스로에게 긍정적인 질문을 던져 긍정적인 마음가짐을 창조할 수 있어요.

즉 '왜 이런 일이 내게 일어났을까?'라고 묻기보다는 '이번 경험을 통해서 무엇을 얻고 배울 수 있을까?'라고 물을 수 있다는 얘기죠."

"그래도 전 선생님의 말에 확신이 서지 않습니다."

"하루 종일 당신은 스스로에게 질문하고 있군요. 당신이 본 일들, 당신이 들은 일들, 당신이 냄새 맡았던 것들, 앞으로 해야 할 일들, 그리고 과거에 한 일과 지금 하고 있는 일들에 대해서 말이죠. 아침에 일어나서 잠자리에 들기 전까지 잠재의식은 끊임없이 질문을 하죠.

실제로 사고思考의 과정이란 일련의 질문들에 불과해요. 질문이 있으면 대답이 있기 마련이며, 대답이 있으면 느낌이 있기 마련이에요. 그러므로 불행과 좌절을 느낀다면, 그것은 잘못된 질문을 했다는 뜻이죠. 즉 '무엇을 잘했지?'라고 묻기보다는 '무엇을 잘못했지?'라고 묻는다는 것이죠.

대부분의 사람들은 어려운 상황에 부딪치면 스스로에게 이런 식으로 질문을 해요. '왜 이런 일이 내게 생긴 거지?' 또는 '난 어떻게 해야 하지?' 이런 부정적이고 건설적이지 못한 질문은 마찬가지로 부정적이고 건설적이지 못한 대답과 자기연민과 절망, 좌절을 유발하죠. 반대로 긍정적이고 용기를 북돋는 질문을 하면, 우리는 완전히 다른 감정을 창조할 수 있어요."

용기를 북돋우는 3가지 질문

"어떤 질문이 용기를 북돋는 질문입니까?"

"힘과 희망을 일으키는 질문이죠. 가령 나는 어려운 상황에 처할 때마다 의식적으로 3가지 강력한 질문을 스스로에게 해요. 이 질문은 상황을 바라보는 방식을 즉각적으로 변화시키죠. 첫 번째 질문은 '이 상황에서 가장 좋은 면은 무엇인가?'예요."

"하지만 가장 좋은 면이 없다면 어떻게 합니까?"

"그럼 다시 이렇게 질문하죠. '이 상황에선 어떤 좋은 점이 있을 수 있을까?' 이렇게 질문하면, 당신은 주어진 상황에서 좋은 점을 찾을 수 있을 거예요. 그 때는 이 방에서 의식적으로 푸른색 물건을 찾았을 때처럼 뭔가를 찾을 거예요. 이것이 바로 '역경에는 복이 숨어 있다'는 격언에 담긴 뜻이죠. 모든 문제는 오직 변장한 선물이라고 생각하세요. 이 점을 명심하면, 어떤 경험을 하든 자신의 인생을 풍요롭게 하는 힘을 터득할 수 있어요. 이것이 바로 풍요로운 행복의 첫 번째 비밀이랍니다.

명단에 적힌 사람들은 모두 내게 풍요로운 행복의 비밀을 가르쳐 주었어요. 그들 대다수가 인생의 위기를 겪었지만 한결같이 이겨냈지요. 그들은 어떤 상황에서도 긍정적인 면을 보는 방법을 터득했던 거예요.

두 번째 질문은 '그래도 부족한 점은 무엇일까?' 이것은 일의 완벽성을 전제한 것이라서 '어디가 잘못되었지?'라는 질문과는 다른 느낌을 주죠.

세 번째 질문은 '어떻게 해야만 내 생각대로 일이 이루어지고 그 과정도 재미있을까?'인데, 이 질문은 상황을 개선하는 능력과 그 과정을 즐기는 방법을 찾게 해 줘요.

이상의 질문들이 어떻게 작용하는지 몇 가지 예를 들게요. 어제저녁 당신 차가 고장났을 때, '이 상황에서 가장 좋은 점은 무엇일까?'라고 자문했다면 '내가 다치지 않아서 다행이야'라고 생각했겠죠. 아니면 '서비스센터의 도움을 받을 수 있어서 다행이야', '한적한 벌판에서 고장나지 않아서 다행이야'라고 생각했을 거예요.

그 다음에 '그래도 부족한 점은 무엇일까?'라고 물었다면, 그 답은 물론 '내 자동차가 고장난 것'이라고 말하겠죠. 다시 '상황을 개선하고 그 과정을 즐기려면 어떻게 해야 할까?'라고 질문을 하죠. 당신은 서비스센터에 전화해서 수리공이 올 때까지 기다리는 거죠.

신문이나 책을 보거나, 아니면 시간이 없어서 듣지 못했던 방송을 들을 수도 있죠. 혹은 다음번 여행 계획을 세울 수도 있고, 뒷좌석에 가서 수리공이 올 때까지 잠깐의 휴식을 취할 수도 있죠. 이처럼 당신은 시간을 창조적으로 쓸 수 있어요.

또는 비만 때문에 우울하다고 가정해 보죠. 무엇이 좋은 점일까요? 체중에 대한 실망감으로 진짜 살을 빼고 싶은 것이 좋은 점이죠. 또 비만은 심장병에 걸릴 확률을 높이기 때문에 다이어트의 필요성을 자각했다는 것도 좋은 점이고요.

하지만 그래도 부족한 점은 무엇일까요? 당신의 체중과 체형이지요. 상황을 개선시키기 위해서는 무엇을 해야 할까요? 비만의 원인을 이해한 뒤에 음식 조절을 하고 운동을 시작하는 거죠.

그럼 어떻게 해야 다이어트 과정을 즐길 수 있을까요? 다이어트 클럽에 가입해서 같은 문제로 고민하는 친구들을 만나거나, 아니면 당신이 즐길 수 있는 운동을 하거나 운동 효과가 아주 좋은 춤을 출 수도 있어요. 또 좋아하는 건강 식품을 구해서 먹거나, 영양은 풍부하지만 열량이 낮은 요리법을 배울 수도 있지요."

"그럴듯하게 들리는데요. 최선을 기대하고, 인생의 좋은 점에만 초점을 맞추며, 용기를 북돋는 질문을 함으로써 자신들의 마음가짐을 변화시킬 수 있다는 말씀이군요."

"바로 그거예요."

케스터만 선생이 환하게 웃으며 대답했다.

감사하는 마음은 행복의 씨앗이다

"삶을 건강하고 행복한 마음가짐으로 창조하는 핵심은 한 마디로 요약할 수 있어요. 바로 감사하는 마음이에요! 풍요로운 행복의 가장 확실한 비밀 중 하나는 간단히 말해서 감사하는 마음가짐을 기르는 것이죠."

"선생님은 그것을 어떻게 길렀습니까?"

"감사할 만한 것들을 찾았지요. 매일 '감사드릴 수 있는 것이 무엇이 있을까?' 묻고 찾아보았어요."

"만약 감사드릴 일이 없다면 어떻게 하죠?"

케스터만 선생은 눈썹을 치켜뜨고 고집스럽게 묻는 나를 바라보았다.

"몇 년 전, 생명이 얼마 남지 않은 옛 친구를 만났어요. 의사는 그가 1

년도 채 살지 못할 거라고 했죠. 난 그가 실의에 빠졌을 거라고 생각했는데, 오히려 그는 아주 명랑했고 심지어 기뻐하기까지 했어요."

"이상하네요. 1년도 살지 못할 사람이 어떻게 기뻐할 수가 있죠?"

"나도 그에게 물었어요. '짐, 뭐가 그렇게 즐겁지?' 그는 이렇게 대답했죠.

'아침에 눈을 떴을 때 오늘도 살아 있다는 사실을 발견했기 때문이네.'

난 그 말을 듣고 몹시 부끄러웠어요. 생명이 다해 가는 사람도 감사하면서 살아갈 수 있는데, 건강한 우리가 왜 할 수 없겠어요? 아무리 나쁜 환경일지라도 우리는 항상 감사할 만한 것을 발견할 수 있어요.

매력적인 삶을 살아가는 사람과 비참한 삶을 살아가는 사람의 차이는 그들이 처한 환경에 있는 것이 아니라, 그들의 마음가짐에 있죠. 마음가짐은 우리의 삶을 채색하는 붓이에요. 우리가 원하는 색은 무엇이든 선택해서 채울 수 있어요."

집으로 돌아오는 길에 케스터만 선생에게서 배운 것들을 다시 생각해 보았다. 나 자신의 삶에 진정 많은 도움이 되었다. 특히 소중한 깨달음은, 행복을 느끼지 못했던 이유를 이제 이해하기 시작했다는 것이다.

마음가짐의 힘

1_ 행복의 토대는 삶에 대한 나의 마음가짐에서 시작된다.

2_ 마음먹기에 따라 그만큼 행복할 수 있다. 지금부터 내 마음을 행복하게 만들자.

3_ 최선의 것을 기대하면, 그것을 얻게 될 것이다!

4_ 행복은 언제 어디서나 이룰 수 있는 하나의 선택에 불과하다.

5_ 어떤 경험에도 긍정적인 의미를 부여할 수 있다. 이제부터라도 어떤 일, 어떤 사람에게서나 긍정적인 면을 찾자.

6_ 힘들거나 스트레스를 받는 상황에서는 용기를 북돋는 세 가지 질문을 한다.

- 좋은 점은 무엇일까? 아니면 좋아질 수 있는 점은 무엇일까?
- 그럼에도 불구하고 부족한 점은 무엇일까?
- 이 상황을 개선하고 그 과정을 즐기기 위해 난 무엇을 해야 하는가?

7_ 감사하는 마음이야말로 풍요로운 행복의 씨앗이다.

8_ 행복이나 불행을 느끼는 것은 나의 생각이지 지금 처한 환경이 아니다. 나의 생각을 조종할 수 있다면 내 행복도 선택할 수 있다.

행복의 닻을 창조하라
— 신체의 힘(그린웨이)

　명단에 있는 두 번째 사람은 로드니 그린웨이라는 남자였다. 그린웨이는 유명한 건강 전문가였다. 자신의 이름을 내건 헬스클럽을 세웠을 뿐만 아니라 건강에 관한 책을 여러 권 써서 세계적인 베스트셀러가 되기도 했다.

　아침 8시 정각, 정확하게 그린웨이 헬스클럽에 갔다. 문 입구에 큰 키에 근육이 발달한 몸매의 남자가 보였다. 흰 셔츠와 청바지 차림이었는데, 그가 바로 그린웨이였다. 까무잡잡한 피부에 짙은 갈색 머리를 짧게 다듬었으며, 밝은 녹색 눈동자가 미소를 지을 때마다 빛을 발했다.

　그린웨이는 나를 자신의 사무실로 안내했다. 내가 자리에 앉자, 그가 먼저 입을 열었다.

　"뭘 드시겠습니까? 과일 주스, 미네랄워터, 허브 차가 있는데요."

　"고맙습니다. 과일 주스가 좋겠네요."

　그는 신선한 과일 주스 두 잔을 들고 와서 한 잔을 나에게 건네주었다.

　"내가 도울 일이라도 있나요?"

　"저도 아직 뭐가 뭔지 잘 모르겠습니다."

나는 간단하게 그 동안 있었던 이야기를 그에게 했다.

"풍요로운 행복의 비밀! 난 10년 전에 그 비밀을 배웠어요. 당시 나는 변호사였죠."

"변호사요! 그럼 변호사 직을 버리고 건강 전문가가 되었단 말씀입니까?"

"네, 그래요."

"하지만 무엇 때문에 수년간 배운 전공을 포기했습니까? 게다가 변호사는 안정적이고 수입이 높은 직업이라 안락한 인생을 즐길 수 있지 않나요?"

"아주 간단해요. 내가 불행했기 때문이죠. 학창 시절엔 장차 내가 무엇을 해야 좋을지 정말 갈피를 잡지 못했어요. 그저 법을 전공하는 것이 괜찮은 선택처럼 보였을 뿐이죠. 설사 내가 원하는 직업이 아니더라도 변호사 자격만 취득한다면, 그 자격이 다른 일을 하는 데 훌륭한 발판이 된다고 생각했었어요."

"그렇지만 건강 전문가가 되는 것은……."

"그렇지 않아요. 내가 건강 전문가가 된 것은 그 일을 정말 하고 싶었기 때문이에요. 몇 년간 변호사 활동을 했지만 내 마음은 항상 다른 곳에 있었죠. 시간이 갈수록 점점 더 곤혹스럽기만 하고 우울했어요. 심지어는 아침에 침대에서 일어나기도 싫을 정도였으니까요."

"저도 그런 마음을 잘 압니다."

"어느 날 사무실에서 야근을 하고 있는데 청소부가 들어왔어요. 그는 내게서 뭔가 이상한 점을 발견했다는 듯한 눈치였어요. 내가 머리를 감싸쥐거나 쉴새없이 눈을 비벼댔기 때문이죠. 난 그에게 컨디션이 좀

안 좋아서 그렇다고 말했어요. 조금만 쉬고 나면 괜찮아질 거라고도 했고요. 그러자 청소부는 고양된 기분을 느끼고 싶냐고 묻더군요. 난 '아뇨, 괜찮습니다. 전 마약 같은 것은 하지 않습니다'라고 말했죠. 그가 '누가 마약을 준다고 했습니까?'라고 말해 난 더욱 의아했죠. 마약 외에 기분을 고양시키는 것이 무엇이 있을까 하고요."

동작은 정서에 영향을 준다

나는 노트를 꺼내 메모를 하기 시작했다.

"사실 그 청소부는 단지 '운동!'이라는 말만 했을 뿐이에요."

"운동이라고요?"

내가 노트에서 머리를 들면서 말했다.

"네, 단순한 신체 운동이죠."

"운동이 어떻게 기분을 고양시킬 수 있죠?"

내가 다시 물었다.

"운동은 육체적 건강뿐만 아니라, 정신적 건강을 유지하기 위해서도 필요해요. 여기에는 이유가 있죠. 알다시피 기분이 침체된 사람에게 가장 자주 하는 충고가 다른 일을 해 보라는 거예요. 정말 좋은 충고라고 생각하는데, 그래서 난 G-O-Y-A라는 것을 했어요."

"그게 뭐죠?"

"당신의 엉덩이를 들어라!Get Off Your Ass!"

나는 웃으면서 노트에 기록했다.

"이 말이 좋은 충고인 이유는 정말로 효과가 있기 때문이에요. 버나드 쇼는 '행복한지 행복하지 않은지에 대해 생각할 여유를 갖는 것이 불행해지는 비결이다'라고 쓴 적이 있어요. 물론 자리에서 일어나 뭔가를 한다고 해서 자기 마음이 현재 처한 문제에서 해방되는 것은 아니지만, 온갖 문제들에 대해 느끼는 방식을 바꿀 수 있게 해주고 또 스트레스도 덜어 주죠."

"운동이 어떻게 느끼는 방식을 바꿀 수 있습니까?"

내가 믿을 수 없다는 듯이 물었다.

"오늘 당신에게 알려 주고 싶은 가장 중요한 이야기는 '동작은 정서에 영향을 준다!'라는 말이에요."

나는 한 자라도 놓치지 않기 위해 열심히 그의 말을 받아 적었다.

"몸을 움직이면 우리의 정서가 변합니다. 운동을 하지 않으면, 근육이 점차 수축되어 몸이 허약해지고 뼈의 칼슘도 부족하게 되어 규칙적으로 운동하는 사람보다 빨리 죽을 확률이 2배나 되죠. 그리고 규칙적으로 운동하지 않는 사람이 훨씬 더 많은 우울과 근심, 정신적 피로를 겪을 뿐만 아니라 내성적이고 과민해지는 경향이 있다는 걸 사람들은 잘 모르고 있어요."

"왜 그렇죠?"

"과학자들이 이 현상에 대해 아주 훌륭하게 설명해 주고 있어요. 그들은 운동을 하면 뇌에서 어떤 화학 물질과 호르몬 – 엔도르핀과 엔케팔린 – 이 분비된다는 사실을 발견했는데, 이런 것이 무력감이나 고양감을 느끼게 하는 자연스런 자극제라는 거예요."

"규칙적인 운동을 하면 더 많은 행복을 느낄 수 있다는 건가요?"

"바로 그거예요."

그가 고개를 끄덕였다.

"어떤 종류의 운동을 말합니까?"

"에어로빅 같은 운동이지요. 그렇다고 지금 당장 제인 폰다의 워크샵에 가입하라는 것은 아니에요."

그가 미소를 지으면서 말을 이었다.

"에어로빅aerobics의 단어적 의미는 '산소를 호흡하는 운동'이라는 뜻이지요. 산소를 마시는 활동이나 스포츠는 모두 포함돼요. 예를 들면 등산, 수영, 자전거 타기, 천천히 뛰기, 심지어 춤까지도 말이죠. 반면에 운동할 때 산소를 쓰지 않는 무산소 운동은 단거리 경주나 역도처럼 호흡을 유지하는 상태에서 활동하는 것이라서 정서나 건강에 별로 이익이 되지 않아요."

"왜 그렇죠?"

내가 호기심에 찬 얼굴로 물었다.

"무산소 운동을 하고 있을 때는 산소를 태우지 않고 뇌에 영양을 공급하는 글리코겐을 태우기 때문이에요."

"얼마 동안 운동을 해야 몸에 좋은 영향을 주나요?"

"매일 30분 정도만 하면 돼요."

"별로 어려운 것은 아니군요."

"그래요. 하지만 규칙적인 습관이 되기 위해서는 굳은 결심이 필요해요."

"그렇게 하면 더 많은 행복을 느낄 수 있습니까?"

"네, 의심할 여지 없이 그래요."

그가 의심이 깃든 내 얼굴을 보면서 말했다.

"그 날 저녁 난 사무실에서 청소부와 한참 이야기를 나누었어요. 그는 풍요로운 행복의 10가지 비밀을 알려 주었는데, 분명한 건 그 비밀들이 내 생활을 급격한 변화로 이끌었다는 사실이죠.

하지만 그 중에서도 내게 가장 필요한 비밀이었고 또 지금 당신에게도 가장 도움을 줄 수 있는 비밀은 바로 '신체의 힘'이에요."

"신체? 그러면 운동을 말하는 겁니까?"

"아니요. 몸을 사용해서 우리의 정서에 신속하고도 커다란 영향을 주는 방식은 많이 있죠. 운동은 그 중 하나일 뿐이죠."

정확한 자세는 행복의 성향을 창조한다

내가 얘기에 푹 빠져서 열심히 적자, 그가 말을 계속했다.

"첫 번째는 자세를 가다듬는 거예요. 앉고 서고 걷는 방식을 말하죠. 자세가 바르지 않으면 ― 예컨대 어깨가 구부정하거나 한쪽으로 기울어진다면 ― 우리의 건강과 정서에 나쁜 영향을 줄 수 있어요."

"그렇게 중요한가요? 앉고 서는 방식이 어떻게 정서에 영향을 줄 수 있단 말입니까?"

내가 의혹에 찬 목소리로 물었다.

"이 방 밖에는 매우 피곤하고 지친 사람이 있어요. 그가 어떤 자세로 있을 거라고 생각합니까?"

"글쎄요."

"음, 그가 머리를 똑바로 쳐들고 있을까요, 아니면 머리를 수그리고 바닥을 보고 있을까요?"

"바닥을 보고 있겠죠."

"가슴을 내밀고 있을까요, 아니면 움츠리고 있을까요?"

"제 생각엔 움츠렸을 것 같은데요."

"미소를 짓고 있을까요, 아니면 찡그리고 있을까요?"

"웃고 있을 처지는 아닌 것 같네요."

내가 웃으면서 말했다.

"그의 호흡은 깊을까요, 아니면 얕을까요?"

"얕지 않을까요? 그의 모습을 선명하게 상상할 수 있을 것 같네요."

내가 말했다.

"우리는 느끼는 정서에 따라 각기 다른 자세를 취하기 마련이죠. 그건 정확해요. 이것은 마치 쌍방향의 관계라 할 수 있죠. 즉 정서가 자세에 영향을 주지만, 자세도 정서에 영향을 준다는 거예요.

늘 구부정한 모습으로 있으면 낙담하기 쉽지만, 반면에 자세가 꼿꼿하면 바로 좋아져요. 믿기 어려운가요? 하지만 자세를 바꾸면 정서도 금방 바뀌죠. 가령 바른 자세로 심호흡하면서 미소 짓고 있으면 결코 낙담하지 않아요.

과학자들은 심한 우울증에 빠진 환자 ─ 그 중에는 20년 이상 약물 치료를 한 사람도 있었죠 ─ 를 조사해서 갖가지 자세에 대한 그들의 느낌을 기록했어요. 그 결과 매우 놀라운 사실을 발견했는데, 바른 자세로서 있을 때는 우울해지는 사람이 거의 없었어요. 그들은 아무런 약도 복용할 필요가 없었지요. 상상할 수 있나요?"

"그렇다고 모든 문제에 대한 해답을 바른 자세로 심호흡하면서 미소 짓는 데서 찾으라는 건 아니겠죠?"

"네, 물론 아니죠. 하지만 멋진 출발은 될 수 있어요. 분명히 더 나은 상태가 되도록 도움을 주며, 게다가 효과도 금방 나타나죠. 말하자면 몸을 사용해서 정서를 조절하는 간단한 방법이에요.

행복의 비밀 중 하나는 자신의 자세를 자각하는 것이죠. 끊임없이 몸을 잘못 사용함으로써 – 일할 때 구부정한 자세로 앉거나 텔레비전 앞에서 몸을 꼬고 있는 것 – 우리는 나쁜 자세를 기르게 되는데, 이런 자세는 사람들을 침울한 상태로 빠뜨리곤 하죠.”

로프의 기술과 닻 내리기

“하지만 똑바로 서 있는 것도 불편해요. 마치 보초서는 군인처럼 말이에요.”

“좋은 자세는 차렷 자세로 서 있는 것이 아니에요. 실제로 그 자세는 등에 긴장을 많이 주기 때문에 아주 나쁜 자세라 할 수 있죠. 건강한 자세는 자연스럽게 허리를 펴고 긴장을 푸는 거예요. 어떤 긴장감이나 불편함도 느껴서는 안 되죠. 자세를 고칠 수 있는 좋은 방법이 하나 있는데, 난 그것을 ‘로프의 기술’이라고 불러요.”

“로프의 기술? 재미있을 것 같은데요.”

내가 웃으며 말했다.

“아주 쉽고 간단해요. 그저 로프 하나가 머리 위에 매달려 있는데, 어떤 사람이 그 로프를 위로 살살 당긴다고 상상해 보세요.”

나는 당장 그렇게 생각하면서 시도해 보았다. 왠지 허리가 펴지면서 키가 커지는 느낌이 들었다.

“몸이 가만히 들리면서 쭉 펴지는 듯한 느낌이 들지 않습니까? 그렇게 하면 기분도 훨씬 나아져요. 감정을 바꾸는 데 도움이 되는 또 다른 강력한 방법은 이를테면 ‘닻 내리기’라는 방법이죠.”

"닻을 내린다?"

"네, 그래요. 아주 간단하지만 효과가 매우 뛰어나죠. 마치 개에게 먹이를 줄 때마다 종소리를 울린 파블로프의 실험과 같지요.

개는 무의식적으로 종소리를 먹이와 연결시키기 때문에 종소리만 들려도 군침을 흘리죠. 즉 그 개는 무의식적으로 종소리를 먹이와 연상시키는 거죠.

동일한 일이 사람에게도 일어날 수 있어요. 치과에서 드릴이 돌아가는 소리를 들으면 어떤 느낌이 듭니까? 긴장되고 불편하죠? 이처럼 우리는 드릴 소리를 고통, 불편함, 긴장과 연결시키지요.

우리는 무의식적으로 행복에 도움이 되지 않는 '닻'을 자주 만들어 내죠. 한 가지 예를 들죠. 가령 두 사람이 늘 다투다 보면, 나중에는 상대방을 보거나 목소리만 들어도 화가 치밀게 되죠."

나는 이해할 수 없다는 듯이 그를 향해 말했다.

"저는 아직도 그것이 행복과 무슨 관계가 있는지 모르겠습니다."

"동시에 우리는 긍정적인 '닻'도 갖고 있어요. 스포츠에서 선수들이 어깨를 맞대고 큰 소리로 '화이팅!' 하는 걸 많이 보았죠? 그런 행동은 선수들에게 자신감과 활력을 주게 되죠. 당신도 지금 한번 시도해 보세요."

"괜찮아요. 하지만 그 방법을 꼭 기억하죠."

나는 주저하면서 말했다.

"내 말을 기억만 할 것이 아니라 지금 한번 시도해 보세요. 일어나서 주먹을 꽉 쥐고 큰 소리로 '화이팅!' 해 봐요!"

나는 그의 말대로 일어서서 주먹을 불끈 쥔 채 "화이팅!" 하고 짧게 말했다.

"아뇨, 아뇨! 그냥 말로만 하는 것이 아니라 크게 소릴 질러 봐요."

그의 질책에 이번에는 큰 소리로 외쳤다.

"화이팅!"

놀랍게도 금방 활력을 느낄 수 있었다.

"놀라워요. 정말 효과가 있네요."

"물론이죠! 그뿐만이 아니에요. 자신만의 독특한 정서의 '닻'도 창조할 수 있어요. 자, 나를 한번 따라 해 보세요. 이제부터는 정말로 행복했던 때를 회상해 보는 거예요."

'행복의 닻'을 창조하라

10년 전 첫 직장에 들어가 주위 사람들에게 축하 받던 때를 떠올렸다.

"가능한 한 구체적으로 생각하세요. 자, 눈을 감고 다시 한 번 느껴 보시죠. 그 때 무엇을 말하고 어떤 행동을 했습니까? 호흡은 어떻게 했습니까? 모든 세부적인 것들을 유의해서 떠올려 보세요."

당시의 장면을 떠올리는데, 갑자기 그가 내 오른쪽 어깨를 만지는 것을 느꼈다.

"이제 다시 한 번 회상하세요."

그가 반복했다. 내가 과거의 경험들을 떠올리고 있자, 그가 다시 나의 오른쪽 어깨를 만졌다.

"무얼 하고 있는 거죠?"

"걱정하지 마세요. 몇 번 더 할 필요가 있어요. 그리고 나서 설명해 드리죠."

이런 과정을 일곱 번이나 반복했다. 더 이상 참지 못하고 다시 물었다.

"왜 이렇게 하는 겁니까?"

"난 당신을 위해 '행복의 닻'을 창조하고 있는 거랍니다."

그가 미소를 지었다.

"무슨 말씀인지…… 잘 모르겠는데요."

내가 말했다. 하지만 그 때 그가 내 오른쪽 어깨를 다시 만지자, 놀랍게도 아무 이유도 없이 자연스럽게 행복감이 느껴졌다.

"내가 당신의 오른쪽 어깨를 만지면 당신의 무의식은 행복과 연결되어 기분이 좋아지죠.

이런 연상의 '닻'을 사용함으로써 행복감을 창조하는 방법은 지극히 단순한 방법이에요. 그저 진정으로 행복을 느꼈던 때를 기억하기만 하면 되는 거죠. 그리고 당신이 기억하고 있는 행복감이 최고조로 올랐을 때 평상시에 하지 않던 행동을 하게 돼요. 귀를 만진다거나 코를 실룩이고 손목을 돌리는 등의 행동을 하게 되죠."

"왜 그렇죠?"

"파블로프의 실험에서 만약 개가 하루 종일 종소리를 들었다면, 종소리를 먹이와 연결시키지 못했을 거예요. 놀라운 일은 우리들의 어떤 정서 ─ 자신감, 호의, 동정 ─ 도 '닻'을 유발하는 데 사용할 수 있다는 거죠."

"정말 믿을 수 없네요."

내가 의아한 표정을 지으며 다시 물었다.

"그럼 제가 자신감을 가지고 싶으면, 예전에 자신감 있었던 때를 기억하면서 특별한 동작을 하면 된다는 말입니까? 예를 들어 귀를 잡아당기는 행동을 여러 번 반복하다 보면 자신감을 느낄 수 있단 말입니까?"

"네, 바로 그거예요. 과거의 경험을 시각화해서 특별한 추억을 기억하기 위한 훈련을 해야 하죠. 닻을 창조하기 전에 그 정서가 절정에 이르러야 가능해요. 하지만 끈기 있게 하면 아주 쉽다는 걸 알 수 있을 거예요."

"듣기에는 아주 간단한 것 같네요."

"네, 그런데 정말 효과가 있죠. 사실 너무 효과가 커서 광고계에서는 좋은 느낌을 제품과 연결시키기 위해서 늘 '닻'을 사용하고 있죠."

"무슨 뜻이지요?"

내가 알 수 없다는 듯이 다시 물었다.

"광고 회사에서는 당신을 접촉할 수 없잖아요."

"닻은 어떤 감각 — 촉각, 미각, 후각, 시각 — 을 통해서도 창조할 수 있어요. 파블로프는 개에게 종소리를 사용함으로써 닻을 만들었고, 좀 전에 예를 들었듯이, 늘 다투는 두 사람은 상대방의 목소리를 듣거나 모습을 보기만 해도 화가 치밀죠."

"네, 이젠 이해가 되네요."

"광고 제작자가 통상적으로 하는 일은 최고의 인기 가수의 음악을 제품의 배경 음악으로 사용하는 거죠. 사람들은 그 음악을 듣거나 그 가수를 보기만 해도 기분이 아주 좋아져서 그 제품에 쉽게 관심이 끌리죠. 그렇지 않다면 무엇 때문에 음료수 회사가 150만 달러나 지불하면서까지 마이클 잭슨의 노래를 광고에 쓰려고 하겠습니까?

광고 제작자가 늘 닻을 사용하듯이, 우리도 마찬가지로 닻을 사용할 수 있어요. 다만 스스로를 위해서 닻을 사용한다는 것이 다를 뿐이죠. 이런 것은 '신체의 힘'으로 가능해요. 그러나 이것이 전부는 아니에요. 신체가 정서에 영향을 주는 또 다른 중요한 방법이 있어요. 바로 음식이죠."

정서에 영향을 끼치는 음식과 일광

"음식은 또 무슨 관계가 있나요?"

"우리가 먹는 음식은 우리가 느끼는 방식에 영향을 주죠. 예를 들면 단 음식인 흰색 빵, 케이크, 초콜릿은 모두 혈당의 함량을 증가시키기 때문에 쉽게 피곤을 느끼게 하고 화를 내게 만들죠. 그리고 커피나 차, 술 등은 알다시피 자극성이 있기 때문에 우울한 감정을 유발할 수 있어요. 기타 인공 첨가제를 넣은 음식도 우울한 감정을 느끼게 하죠. 그리고 '무가당'이라고 하는 음료수나 음식물에도 실제로는 일종의 인공적인 단맛이 들어 있어요. 연구 결과에 의하면, 이런 음식도 어떤 사람들에게는 우울증을 유발할 수 있대요."

"그럼 어떤 음식이 우리의 기분을 좋게 만드나요?"

"의학적인 연구에 의하면, 보리에는 뇌파에 좋은 영향을 주고 스트레스를 풀어 주는 물질이 함유되어 있다고 해요. 하지만 근본적으로는 갖가지 과일과 야채 그리고 곡류를 균형 있게 섭취하는 것이 중요하죠. 예를 들어 현미, 귀리, 좁쌀, 보리, 콩이나 껍질을 벗기지 않은 견과류와 마카로니가 있어요. 이런 음식은 모두 혈당을 안정시키고 불안감을 감소시키며 스트레스를 해소시켜 주죠."

평소에 즐겨 먹는 인스턴트 음식에 대해 생각했다. 솔직히 말해서 텔레비전 선전에 나오는 음식이 신선할 리가 없다. 그런 음식이 우리를 피로하게 하고 우울하게 만드는 원인일지도 모른다.

"건강한 정서를 위해 소홀히 해선 안 될 것이 또 하나 있어요. 바로 신체가 필요로 하는 자연의 일광日光이에요."

"자연의 일광이라니요?"

필기를 하다 멈추고 내가 다시 물었다.

"우리는 모두 늘 햇빛을 받고 있지 않습니까?"

"불행히도 그렇지 못해요. 대부분의 사람들은 창문이 없는 사무실이나 공장에서 일을 하거나, 아니면 창문은 있지만 늘 닫고 있기 때문에 햇빛이 들어오는 것을 막고 있죠. 겨울에는 낮이 짧기 때문에 상황은 더 나쁘죠. 사실 햇빛을 받지 못해 생긴 우울증을 의학에서는 계절성 우울증이라고 해요. 겨울철에 자살하는 비율이 훨씬 높은 것도 바로 이 때문이에요."

"그럼 어떻게 해야 하나요?"

"적어도 하루 한 시간은 햇빛을 쬐어야 하고, 가능하다면 사언 일광욕을 하세요."

"정말 재미있는데요. 저는 여태껏 신체가 우리들의 정서에 이렇게 중요한 역할을 하는지 몰랐습니다. 그런데 왜 다들 모르고 있죠?"

"그래서 비밀이라고 하죠. 사실 깊숙이 들어가 보면, 누구나 신체를 이용하는 방법과 행복해지는 법을 다 알고 있다고 생각해요. 그것이 가장 자연스러운 상태이니까요. 그러나 복잡한 현대 사회에서 살다 보니 이런 것들을 다 잊고 있을 뿐이죠.

나는 내가 배운 것들을 모두 시도해서 나만의 생활 습관으로 완전히 굳혀 버렸어요. 매일 아침 일어나 천천히 달리기를 하고, 좋은 자세를 유지하고 있는지 수시로 체크하죠. 야채와 과일 그리고 쌀, 보리와 감자를 충분히 섭취하기도 하고요. 그리고 매일 한 시간씩 일광욕을 하려고 노력해요.

결과는 너무 놀라웠어요. 일주일 후 난 그 효과에 놀란 나머지 다른 사람들과 이 경험을 나누면서 살겠다고 결심했죠.

그 후 물리치료 센터와 일부 개인 건강 클럽에서 강의를 했는데, 처음에는 저녁 때와 주말에만 했어요. 하지만 몇 달도 되지 않아서 사업이 번창해 하루 종일 일할 수 있었어요.

진정한 믿음을 갖고 자신의 일을 즐기는 그 느낌이 얼마나 좋은지 아무도 모를 거예요. 사실 일이라고도 할 수 없지요. 너무 재미있으니까요."

"결국 그 청소부에게 모든 감사를 드려야 하겠네요."

"네, 맞아요. 몇 주일 후 수소문해 보았지만, 아무도 본 적이 없다고 하더군요."

"잠깐만! 그럼, 그가 바로…… 중국 노인입니까?"

그가 웃으면서 대답했다.

"또 누가 있겠습니까?"

신체의 힘

1_ 행동은 정서에 영향을 준다.

2_ 운동은 스트레스를 완화시키고 좋은 기분을 느끼도록 화학 반응을 일으킨다.

3_ 가능하다면 규칙적으로 매일 최소한 30분씩 운동하라.

4_ 나의 감정은 자세에 영향을 받는다. 바른 자세는 행복의 성향을 창조한다.

5_ 언제라도 '닻'을 사용해서 행복감을 의식적으로 유발할 수 있다.

6_ 우리가 먹는 음식은 우리의 감수성에 영향을 준다. 커피, 차, 알코올, 단 음식과 인공 첨가제를 피하라. 신선한 과일, 야채, 껍질을 벗기지 않은 곡류와 콩류를 충분히 섭취하라.

7_ 자연의 일광이 부족하면 우울증을 일으킬 수 있다. 가능하다면 하루 한 시간씩 햇빛을 쬔다.

지금 여기에만 전력을 기울여라
― 순간 속에서 살아가는 힘(브라운)

"거의 20년 전의 일이었죠. 사업도 잘 안 되고 가정에도 문제가 있었어요. 어느 날, 오후 4시쯤 난 마을 중심가를 빠르게 걷고 있었어요. 한 고객에게 브리핑을 하러 가는 길이었죠. 그 때 갑자기 경적 소리와 함께 여인의 비명 소리가 들렸어요. 고개를 들어 보니 차 한 대가 저를 향해 곧바로 달려오고 있었죠.

모든 일이 영화의 한 장면처럼 진행되는 것 같았죠. 난 멍청히 서서 공포에 질린 눈으로 달려오는 차를 바라보고만 있었어요. '이젠 끝장이구나! 난 이제 죽었다!'는 생각이 순간적으로 스쳐 지나갔어요. 바로 그 위기일발의 순간, 누군가가 뒤에서 나를 세차게 끌어당기더군요. 정말 간발의 차이였죠. 차가 내 옷깃을 스치는 느낌이 들 정도였으니까요. 1초만 늦었어도 나는 부딪쳐서 죽었을 거예요. 나는 정신을 차린 후 돌아서서 생명을 구해 준 사람을 보았는데, 바로 그 왜소한 중국 노인이었지요."

톰 브라운은 40대 가량의 남자였다. 그는 프리랜서 사진작가였는데, 그의 작품은 정기적으로 전국의 신문과 잡지에 실렸다. 나는 시내 중심가에 있는 그의 스튜디오에서 그를 만났다.

"그 때 나는 그 사건에 충격을 받아 근처에 있는 벤치에 가 앉아 있었죠. 중국 노인이 내 곁에 앉으면서 괜찮냐고 물었어요. 내가 괜찮다고 말하자, 노인은 '정말 위험했소!'라고 말했죠. 나는 '네, 구해 주서서 감사합니다!'라고 말하면서 길을 건널 때 정신을 딴 곳에 팔고 있었다고 얘기했죠. 그러자 노인은 '삶의 장소는 오직 여기이며, 삶의 시간도 오직 지금뿐이네!'라고 나에게 말했죠. 우리는 잠시 동안 이야기를 나누었고, 노인은 떠나면서 내게 종이 쪽지 한 장을 주었어요."

"10명의 이름과 전화 번호가 적힌 명단 말이지요?"

"네, 그래요. 이것이 내가 풍요로운 행복의 비밀을 배우게 된 과정이에요."

행복은 매순간 속에서 발견된다

"그 명단에 적힌 사람들이 당신을 어떻게 도와 주었습니까?"

"난 그들에게서 행복을 창조하는 법을 배웠죠. 특히 가장 인상 깊었던 것은 ─ 전혀 생각해 본 적이 없기 때문인데 ─ 바로 '순간 속에서 살아가는 힘'이었어요."

"어떻게 한순간에 어떤 힘이나 행복의 비밀이 담길 수 있단 말입니까?"

"비밀은 순간에 있는 것이 아니라 '순간 속에서 살아가는 힘'에 있었죠. 행복의 발견은 몇 년, 몇 월, 몇 주일, 며칠이 걸리는 것이 아니라 순간 속에 살 때만 가능한 거였어요."

"그게 무슨 뜻입니까?"

나는 무슨 말인지 알아들을 수가 없었다.

"그럼 행복이 1분도 초과하지 못한다는 말입니까?"

"물론 그렇지는 않아요. 단지 순간순간 행복을 경험할 수 있다는 말이죠. 저 사진들을 보세요."

그가 벽에 걸린 사진들을 가리키며 물었다.

"무엇이 보이나요?"

나는 고개를 들어 벽에 걸린 사진을 살피기 시작했다. 각 사진마다 제각기 다른 장면이 찍혀 있었다. 어머니가 아기에게 젖을 먹이는 장면, 아버지와 아들이 웃으면서 공을 차고 있는 장면, 두 노인이 포옹하고 있는 장면, 두 친구가 공항에서 우는 장면, 그리고 아이들이 학교 운동장에서 힘든 줄도 모르고 뛰놀고 있는 장면 등이었다. 나는 사진을 훑어보고 나서 이렇게 말했다.

"각각의 사진이 모두 강력한 감정과 정서를 담고 있네요. 아주 훌륭해요."

"이 사진들은 모두 내가 포착하려고 했던 정서가 잘 나타나 있죠. 이것이 사진의 아름다움인데, 바로 시간의 순간 — 다시 반복할 수 없는 시간 — 을 담은 것이에요. 우리는 순간 속에서 어떤 정서를 경험하게 되죠.

사람들이 텔레비전, 컴퓨터, 자가용, 돈, 옷, 보석과 같은 사물에 대해 어떤 가치를 두는지 생각해 본 적이 있습니까? 이런 것들은 모두 쉽게 다른 것과 대체할 수 있어요. 하지만 시간만은 결코 무엇으로도 대체할 수 없는 것인데도 불구하고 사람들은 시간에 별로 가치를 두지 않아요. 시간은 가장 소중한 재산인데도 우리는 시간을 낭비하는 경향이 있어요. 과거를 생각하거나 미래를 근심하면서 현재의 시간을 박탈하며 살고 있죠. 하지만 현재 살고 있는 이 시간, 여기는 우리가 가진 모든 것이며 우리가 가질 수 있는 모든 것이죠."

"잘 이해가 되지 않는데요."

"인생을 되돌아보면서 행복한 추억이 담긴 시간을 회상할 때, 무엇이 먼저 떠오릅니까?"

"음……. 한번 생각해 보죠."

이렇게 말하면서 나는 먼 곳을 바라보았다.

매순간 최선을 다할 때 최선의 결과가 나온다

그 순간 다섯 번째 생일이 떠올랐다. 그 때는 아버지가 살아 계셨었고, 온 가족이 바닷가에서 휴가를 보내고 있었다. 그리고 대학 졸업할 때…….

"그 시간들을 당신은 어떻게 기억합니까?"

그가 내 생각을 끊으며 물었다.

"몇 년, 몇 월, 몇 주, 며칠로 기억합니까, 아니면 순간으로 기억합니까?"

"딱 찍어 말씀드릴 수 없네요."

"그럼 특별히 즐거웠던 순간 하나만 생각해 보세요."

"네. 5살 때의 생일 파티였어요."

"정확하게 언제 당신은 행복을 느꼈죠?"

"제 기억으로는 파티가 시작되기 전에 어머니가 저를 껴안고 속삭였어요. '넌 나의 특별한 아들이란다. 사랑한다, 애야.' 가끔 눈을 감고 있으면 아직도 어머니의 목소리가 들리는 듯해요."

"아주 좋아요!"

브라운은 자신의 관점을 증명할 수 있게 된 것을 매우 기뻐했다.

"그것이 바로 순간의 힘이죠. 모든 아이들은 순간 속에서 살죠. 그 때 당신이 학교 공부를 걱정하고 있었다면 무슨 일이 일어났을까요? 어머니의 말을 듣지 못했을 수도 있었을 테고, 행복의 감정도 느끼지 못했을 거예요. 마찬가지로 어머니도 당신이 느낀 행복의 감정을 놓쳤을지 모르죠."

"네, 이제야 알겠네요."

내가 환하게 웃으며 말했다.

"우리의 기억들은 모두 순간들로 이루어져 있어요. 뭔가를 본 순간, 뭔가를 들은 순간, 뭔가를 느낀 순간, 그 순간들을 기억하죠. 우리는 몇 년, 몇 달, 며칠은 기억하지 못해요. 오직 순간들만 마음속에 남을 뿐이죠. 따라서 매순간 최선을 다할 때에만 삶에서 최선의 결과를 얻을 수 있지요.

한순간이 특별하고 매력적이라면, 그 때의 삶도 특별하고 매력적이 되는 거죠. 행복의 비밀은 가능한 한 이런 순간들을 많이 수집하는 거예요. 지금 이 순간은 두 번 다시 존재하지 않기에, 우리가 할 수 있는 최선의 방법은 순간순간을 최대한 충실히 살아야 하는 거지요.

'이 순간의 삶은 당신이 바라는 전부가 아닐 수도 있겠지만, 이 순간만이 당신이 가진 모든 것입니다.' 이 점을 항상 명심하세요."

지금 여기에만 전력을 기울여라

케스터만 선생에게 들었던 이야기가 생각났다. 생명이 꺼져 가는 사람이 여전히 즐거울 수 있었던 것은 그가 살아 있는 그날그날을 고마운 마음으로 받아들였기 때문이다.

그 사람은 분명 순간 속에서 살아가는 능력을 배웠을 것이다. 순간순간을 소중히 여기며 즐거운 마음으로 그날그날을 살았기 때문에 병중임에도 불구하고 행복할 수 있었던 것이다.

"이런 말이 있어요. 1미터 1미터씩 살아가는 일은 어렵지만, 1센티미터 1센티미터씩 살아가는 일은 쉬워요. 이처럼 모든 일을 하나하나 나누어 실행하면 비교적 쉽게 할 수 있죠. 당신이 순간 속에서 살아간다면, 후회할 시간도 없고 걱정할 시간도 없어서 오직 눈앞의 시간에만 전력하게 되지요."

"그렇다면 어떻게 매순간 최선을 다할 수 있나요?"

"자각을 통해서죠. 단테는 이렇게 얘기했죠. '명심하라, 오늘의 여명은 두 번 다시 오지 않는다는 것을.' 어떤 사람이 당신에게 사과를 주지 않는다면, 당신은 그 사과를 갖지 못했을 거예요.

순위가 세계 랭킹 상위권에 드는 테니스 선수가 최종 시합에서 만날 적수를 생각하다가 정작 오픈 게임에서 만난 무명 선수에게 지는 것과 같다고 할 수 있죠. 단번에 끝낼 생각만 하다 보니 바로 다음 공에 집중할 수가 없고, 그렇게 되면 또 다른 실수를 범하게 되는 거예요. 그는 허망하게 점수를 잃은 자신을 나무라면서 '다음 시합에서 지면 어떻게 하지?' 하며 아직 일어나지도 않은 일을 걱정하다 보니, 지금 당장 눈앞에서 벌어지는 게임에 집중하지 못해 다시 점수를 잃고 만 거예요.

스스로 이런 상황을 알아차리기도 전에 이미 시합은 끝나 버리고 마는 거죠.

우리의 삶에서도 똑같은 상황이 발생할 수 있어요. 과거에 몰두하고 미래를 걱정하다 보면 결과적으로 현재에 전심전력할 수가 없죠. 그러면 더더욱 하지 못한 일에 대한 후회의 감정과 일어나지도 않은 일에 대해 걱정하는 마음이 앞서게 되죠. 순간 속에서 살지 못하면, 당신은 삶의 게임에서 이길 수 없어요."

순간 내 눈이 크게 뜨이는 것 같았다. 정말이지 시간의 소중함에 대해 이런 식으로 생각해 본 적이 없었다.

순간 속에 살면 근심, 걱정이 사라진다

브라운의 말이 이어졌다.

"행복해지고 싶다면 자신이 갖고 있는 것에 대해 감사하는 법을 배워야 해요. 그리고 우리가 갖고 있는 것은 모두 지금 여기에 있다는 사실을 알아야 하죠. 오늘의 결정이 내일의 현실이에요. 사물이 올 때 잡는 법과 그것이 떠나갈 때 놓는 법을 배워야 해요.

역사학자 토머스 칼라일은 이렇게 썼어요. '멀리 있는 것을 보는 것이 아니라, 명백히 손안에 있는 것을 하는 것이 우리가 해야 할 일이다.' 멀리 있는 미래에 초점을 맞춘다면, 우리는 일희일비一喜一悲할 수밖에 없어요. 수많은 사람들이 일어나지도 않은 일, 심지어 영원히 일어나지도 않을 일을 걱정하느라 시간을 낭비하고 있지요.

프랑스 철학자 몽테뉴는 '내 인생은 무서운 불행으로 가득했다. ……하지만 대부분은 여태껏 일어나지 않았다'고 썼어요. 이것이 바로 수많은 사람들이 그토록 무거운 스트레스와 근심을 짊어지고 사는 이유죠. 그들에게 오늘은 어제 걱정한 내일일 뿐이죠. 그러나 순간 속에서 살면 과거를 후회하고 미래를 걱정할 여지를 남겨 두지 않아요.

지금 당장의 일에만 초점을 맞추지, 지난 일이나 미래의 일을 좇지는 않죠.

이처럼 순간 속에서 살아가는 것 – 그때그때 순간을 취하는 것 – 이야말로 근심과 공포를 극복하는 가장 좋은 방법이에요.

대부분의 종교에서도 이 철학을 수용하고 있어요. 예수는 주기도문에 나오는 '오늘 우리에게 일용할 양식을 주시고'를 암송하죠. 내일의 빵도, 다음 주일의 빵도, 내년의 빵도 아닌 바로 '오늘'의 빵이에요. 사람들이 개인적인 비극에서 살아남기 위한 방법 중 하나는 어느 한순간을 취하는 거예요.

그리고 이런 철학으로 가장 어려운 시기를 넘길 수 있다면, 이 철학이 얼마나 좋은 시간을 많이 창조할 수 있는지도 상상할 수 있죠. 이 때문에 '현명한 자에겐 매일매일이 새로운 시작!'이라는 말이 나온 거예요. 난 줄곧 이런 태도를 견지하면서 살고 있죠."

브라운은 벽에 걸린 액자를 떼어 내게 건네주며 말했다.

"나는 나 자신의 지혜를 일깨우기 위해, 그리고 순간 속의 삶을 확신하기 위해 매일 이것을 읽고 있어요. 이 시는 매일매일 최선을 다하게 만들어 최고의 인생을 살 수 있도록 도와 주죠."

액자에는 '여명을 향한 경배'라는 제목의 인도 시 한 수가 새겨져 있었다.

오늘을 보라!
오늘이 바로 삶 – 삶 중의 삶 – 이기 때문이다.

오늘의 과정표에다

당신 존재의 온갖 진실과 현실을 놓아라.

성장의 축복과

행위의 영광과

아름다움의 광휘를.

어제는 꿈에 불과하고

내일은 하나의 비전에 지나지 않지만,

오늘을 잘 사는 자는 모든 어제를 행복의 꿈으로 만들고

모든 내일을 희망의 비전으로 만든다.

그러므로 오늘을 잘 보라! 이것이 바로 여명을 향한 경배이다.

— 칼리다사

순간이 미래를 결정한다

"한번 해 보세요. 이제부터는 당신의 마음을 이미 지나간 일이나 앞으로 다가올 일 대신에 지금 하고 있는 일에 초점을 맞춰 보세요."

"이제야 알겠습니다. 그렇다면 미래를 고려할 필요가 없단 말씀입니까?"

"순간 속에서 살 때만 원하는 미래를 창조할 수 있어요. 우리에게 하나하나의 순간은 우리의 운명을 만들어 가는 선택의 기회를 제공해 주죠.

생각은 행위의 씨앗이며, 행위는 습관을 창조하고, 또 습관은 성격을 형성해요. 결국 자신의 성격이 자신만의 운명을 창조하는 거죠.

매순간 선택한 생각이 다음에 있을 우리의 위치를 결정하지요. 이

때문에 매순간 취하는 결심과 행위가 우리의 미래를 창조할 수밖에 없어요.

사람들과 이야기를 나눠 보세요. 대부분의 사람들은 지금, 여기에서 최선을 다하는 것이 아니라, 항상 과거나 미래에 살고 있죠. 그러나 잘 생각해 보면 이내 다른 시간 다른 곳에 살고 있음을 발견하게 돼요. 이 것이 바로 내게 일어난 일이죠.

난 가까이 있는 문제보다는 자주 다른 일을 생각해서 생명까지 잃을 뻔했죠. 순간 속에 살지 않으면, 트럭에는 치이지 않더라도 자신에게 다가온 온갖 경험과 기회를 놓칠 수 있어요."

"그렇다면 계획을 세우지 말라는 뜻인가요?"

"전혀 그렇지 않아요. 계획은 어떤 행위를 취하기 전에 절대적으로 필요한 거죠. 하지만 뭔가를 하고 있을 때는 다른 것을 계획하지 마세요. 또 뭔가를 계획하고 있을 때는 다른 일을 하지 말아야 하고요.

무엇을 생각하든 혹은 무엇을 행하든, 초점을 한 가지 일에만 맞추세요. 사람들과 대화를 나눌 때는 전심전력으로 하고, 일을 할 때는 마음을 눈앞의 일에 집중해야 저와 같은 착오를 범하지 않아요."

"어떤 착오죠?"

"길을 건널 때는 차를 조심하세요! 순간 속에 살면 긴장과 근심이 없어지기 때문에, 하고 있는 일을 발전적으로 개선시킬 수 있죠. 또 개인적인 인간관계도 원활하게 하고 삶을 풍요롭게 할 수 있어요. 이것이 바로 순간의 힘이죠. 매순간을 열심히 살아가는 거죠."

브라운을 만난 이후, 나는 지금 하고 있는 일에 더욱 주의를 집중

하려고 노력했다. 잘못된 생각을 단번에 고치기가 쉽지 않았지만, 점점 지금 하고 있는 일에 집중할 수 있었다. 그로 인해 전보다 나아지고 있다는 것은 의심할 바 없었다. 책상 위에 있는 남은 업무를 걱정하는 대신, 한 번에 한 가지씩 서류를 처리하면서 하나가 끝나면 다시 두 번째 일을 시작하였다. 그 결과 회사에 들어온 지 3년만에 처음으로 퇴근 전에 모든 서류를 처리했다. 동료들과 일에 대한 대화를 나눌 때도 온 마음을 기울이자 뜻밖의 결과가 나왔다.

한 동료는 "내 말을 들어 주어서 고맙네. 정말 많은 도움이 되었어"라고 말하는 것이었다. 그 동료의 말에 더없는 자긍심을 느꼈다.

순간 속에서 살아가는 힘

1_ 행복은 몇 년, 몇 달, 몇 주, 며칠 속에서 발견되는 것이 아니라, 매순간 속에서 발견되는 것이다.

2_ 매순간 최선을 다할 때만 완벽한 인생을 살 수 있다.

3_ 추억은 특별한 순간들로 이루어진 것이다. 가능한 한 더 많은 순간들을 수집하라.

4_ 순간 속에서 살면 후회하지 않을 수 있고, 불안을 극복할 수 있으며, 스트레스를 없앨 수 있다.

5_ 명심하라!
새로운 날은 새로운 시작이자 새로운 삶이다.

타인은 나의 심리적 거울
— 자기 이미지의 힘(머시스)

그 다음 주가 되어서야 명단에 있는 네 번째 사람을 만날 수 있었다.
루스 머시스 부인은 고고학 학위를 받기 위해서 답사를 가야 했지만,
나와의 만남을 기꺼이 받아들였다.

루스 머시스 부인의 아파트를 찾아갔을 때, 무명 바지에 핑크색 스웨
터를 입은, 깨끗한 얼굴을 지닌 나이 지긋한 여인을 만날 수 있었다.

"안녕하세요! 루스 머시스 부인을 찾아왔습니다."

"네, 안녕하세요! 어서 오세요."

그 여인이 웃으면서 말하며 나를 거실로 안내했다.

"편안히 앉으세요. 방금 물이 끓었는데, 차 한 잔 하시겠어요? 얼 그
레이 차도 있고 카페인 없는 커피도 있어요. 카밀레 맛, 박하 맛, 귤 맛
나는 허브 차도 있지요."

"박하 차가 좋겠습니다. 감사합니다."

몇 분 후, 노부인은 주전자와 컵 두 개, 그리고 꿀 한 통과 집에서 직
접 만든 과자를 가지고 들어왔다. 그러고는 내 맞은편에 앉아 차를 따
라 주었다.

"당신의 전화를 받고 정말 기뻤어요. 내게 다시 한 번 그 날 있었던

얘기를 해 줄 수 있겠어요?"

그녀의 말에 나는 당황스런 표정으로 말했다.

"죄송합니다만, 부인이 루스 머시스 씨입니까?"

"물론이죠. 그럼 내가 누군 줄 알았어요?"

노부인이 싱긋 웃었다.

"음……. 하지만 전화 통화에서는 학생이라고 했던 것 같은데요?"

"네, 맞아요. 요즘 고고학 학위를 받기 위해 공부하고 있어요. 내년이면 석사가 되지요. 차에 꿀을 좀 넣어드릴까요?"

"아뇨, 괜찮습니다."

그녀는 찻잔을 건네주며 접시에 과자를 놓아 주었다.

"지금 농담하시는 거죠?"

"무슨 농담요?"

"부인께서 정말 연구생이란 말입니까?"

나는 믿을 수 없다는 듯이 말했다. 머시스 부인이 미소를 지었다.

"네, 물론이에요."

"음……. 죄송합니다. 사실은 젊은 학생일 거라고 생각했어요."

나는 당혹감을 애써 감추면서 말했다.

"맞아요. 난 젊은 학생이에요."

머시스 부인이 장난기 어린 웃음을 지었다.

"엄밀히 말하면 82살의 젊은 학생이죠."

"그렇다면 할 말이 없군요."

내가 웃으면서 말했다.

"그런데 내가 도울 수 있는 일이 뭐죠?"

머시스 부인이 물었다. 중국 노인을 만났던 일을 그녀에게 얘기했다.

"이걸 보세요."

머시스 부인은 나에게 사진 한 장을 건네주었다. 낡은 흑백 사진이었다. 사진 속에는 한 초췌한 여인이 지팡이를 짚고 있었다.

"누구죠? 어머님이십니까?"

"아니에요. 20년 전의 내 모습이에요."

나는 사진을 더 가까이 가져와 자세히 보았다. 확실히 사진 속의 사람은 얼굴 모양이나 머리 색깔, 입 모양이 앞에 앉은 머시스 부인을 닮아 있었다.

"이 사진을 찍었을 때보다 지금이 훨씬 젊어 보이는데요? 도대체 어떻게 지금처럼 변할 수 있었죠?"

"내 일생을 변화시킨 사람을 만났어요. 바로 그 중국 노인…….

20여 년 전 일이었어요. 퇴직한 후 처음으로 늙었다는 느낌을 받았죠. 밤에는 잠도 잘 오지 않았고, 낮에는 쉽게 피곤을 느꼈어요. 집중력과 기억력도 점점 떨어지기 시작했죠. 사지도 굳어지고 무거워졌어요. 짐작하겠지만 매우 불행하다는 생각으로 살고 있었죠. 그러던 어느 날 모든 것이 변했어요.

그 날 버스를 기다리고 있는 내 옆에 등산 가방을 멘 중국 노인이 서 있었죠.

노인과 눈이 마주치자, 그는 내게 미소를 지어 보였어요. 얼떨결에 나도 미소를 지었죠. 그러고 나서 이야기를 나누기 시작했지요. 그는 지금 세계 일주 중이라고 하더군요. 난 도저히 믿기지가 않았어요. 어떻게 그 나이에 힘든 세계 일주를 할 수 있는지 말이에요.

이런 나의 의문에 노인은 웃으면서 말했어요. '우리는 우리가 생각하는 만큼 늙었을 뿐입니다.' 그래서 우리는 60살 이후의 인생에 대해 얘기했죠. 내겐 문제점과 어려움만 보였지만, 그는 이로운 점과 기회를 보았어요. 노인은 60살 이후의 삶이 오히려 '경험과 지혜가 넘치는 나이'라고 말해 주었죠. 그러고 나서 그는 '오래 살았다고 해서 꼭 인생의 내리막길을 걸어야 할 이유가 있을까요? 오히려 더 오래 살았기 때문에 더 나은 인생을 살 수 있답니다'라며 환하게 웃었지요.

그 날 중국 노인과 대화하면서 '인간은 생각한 대로 된다'는 격언의 진리를 제일 먼저 깨달았죠. 사람을 늙게 만드는 원인은 마음이지 나이가 아니라는 사실도요. 노인과의 대화가 너무 즐거워서 버스를 다섯 대나 놓쳤어요. 난 인생을 행복하게 만드는 풍요로운 행복의 비밀 ─ 종교, 나이, 피부색에 상관없이 누구에게나 통하는 비밀 ─ 의 포로가 되었죠. 그 비밀은 내게 새로운 생명을 가져다 주었어요. 마치 새로 태어난 것처럼 느낌이 색달랐어요. 온 세상이 흑백의 그림에서 산뜻하고 화사한 색으로 변하는 것 같았어요. 물론 나 외엔 아무것도 변하지 않았죠. 그리고 내게 가장 중요하게 다가왔던 비밀은 바로 '자기 이미지의 힘'이었어요."

"자기 이미지의 힘이라고요?"

"네, 그래요. 당신은 자신을 어떻게 보고, 스스로에 대해 어떤 신념을 갖고 있나요? 사람들이 불행한 삶을 사는 이유 중 하나는 그들 스스로가 불행하다고 생각하기 때문이에요.

많은 사람들이 마음속 깊은 곳에서 스스로를 좋아하지 않는다는 사실을 믿을 수 있나요? 그들은 콤플렉스를 갖고 성장한 사람들이죠. 육체적 콤플렉스나 정신적 콤플렉스를 가진 채 생활하는 사람들은 스스로 불행하다고 느낄 수밖에 없어요.

예컨대 '코가 너무 크다'거나 '나는 너무 못생겼어' 혹은 '너무 어리다'거나 '너무 늙었다' 등이죠. 또 어떤 사람은 지적인 콤플렉스를 갖고 있어요. 예를 들면 '나는 다른 사람들처럼 영리하지 못하다'고 믿고 있거나, 때로는 '나는 유머 감각이 없어'와 같은 성격적 결함을 갖고 있다고 믿고 있지요. 하지만 이유야 어떻든 스스로 행복하다고 생각하지 않는데, 어떻게 행복한 삶을 누릴 수 있겠어요?"

콤플렉스는 어디서 온 것일까

나는 나 자신의 콤플렉스에 대해 생각해 보았다. 정말 많은 콤플렉스를 가지고 있었다.

"콤플렉스들은 모두 어디서 오는 것일까요?"

"삶의 경험에서 오는 거예요. 주로 어린 시절의 경험에서 와요. 어떤 사람에게 이런 말을 들은 적이 있어요. '저는 자라면서 아버지가 말하는 스타일, 아버지의 외모, 아버지의 생각을 닮아 갔지요. 그런데 어머니가 가장 멸시하는 사람은 바로 우리 아버지였어요.'

대부분의 경우 자기 자신에 대한 인상은 유년기에 만들어지죠. 자신이 누구이며 어떤 존재이고 무엇을 해야 할지도 모르는 상태에서 주변의 연장자나 지혜 있는 사람들에게 배우게 되는 거예요.

예를 하나 들게요. 어린 지미는 공부를 썩 잘하지는 못했어요. 그 아이는 성적표를 받아 들고 집으로 왔어요. 그 순간 의문이 생겼죠. '난 왜 성적이 좋지 않을까? 텔레비전을 너무 많이 보았기 때문일까, 아니면 내가 노력하지 않았기 때문일까? 그것도 아니라면 머리가 나쁘거나 너무 게으르기 때문일 거야.' 지미는 성적표를 아버지에게 보여 주었어요. 아버지가 성적표를 보니 A나 B는 없고 전부 D와 E뿐이었죠. 아버지는 지미에게 이렇게 말했어요. '그래도 한 가지만은 확실하구나. 넌 날 속이지는 않았구나!' 그러나 성적표를 좀더 자세히 들여다본 아버지는 지미에 대한 선생님의 평가를 보고 화를 냈어요. '지미, 너의 문제점은 노력하지 않는 데 있어. 게으르고 어리석단 말이야.'

이제 지미는 더 이상 자기 자신을 의심하지 않았어요. 자기가 게으르고 어리석다는 생각을 평생 갖고 살았죠. 지미는 도전에 직면할 때마다 자신에게 이렇게 말했어요. '난 게으르고 어리석기 때문에 그걸 할 수가 없어.' 그래서 지미는 모든 도전을 피했으며, 남들보다 열등하다고 생각하면서 자기 자신을 한탄하며 살았죠."

타인은 나의 심리적 거울

"그렇다면 이런 콤플렉스와 부정적인 생각들을 어떻게 하면 극복할 수 있을까요?"

"좋은 질문이에요. 가장 먼저 해야 할 일은 자기 자신에게 가장 중요한 질문을 먼저 하는 거예요. '나는 누구인가? 또는 나는 어떤 존재인가?'를 물어 보세요."

"왜 그렇게 해야 되죠?"

"질문에 대한 답은 자기 자신이 얼마나 특별한 존재인지를 인식하도록 돕기 때문이죠. 예컨대 당신의 아버지와 어머니가 만나서 결혼한 후 당신을 낳을 수 있는 확률은 75억 분의 1에 불과해요. 당신과 완전히 다른 아이를 낳을 수 있는 기회가 75억 번 있다는 얘기지요. 하지만 그 중에서도 당신을 낳은 거예요. 뿐만 아니라 세상 어디에도 당신과 똑같은 사람은 하나도 없으며, 앞으로도 없을 거라는 건 명확한 사실이에요.

그리고 두 번째로 '나 자신을 어떻게 보고 있는가?'라는 질문을 던져 보세요."

"가령 '난 못생겼다', '난 바보다'라는 식의 대답을 말씀하시는 겁니까?"

"네, 그래요. 그리고 '이 판단이 정확하다는 것을 어떻게 알 수 있는가?'를 생각해야 해요. 다른 사람이 그렇게 말했기 때문인지, 아니면 스스로 그것이 정말이란 걸 알고 있기 때문인지를 구분할 줄 알아야 해요. 대부분의 경우, 다른 사람들의 의견에 따라서 자신의 견해를 세우게 되죠. 타인들은 나 자신의 심리적인 거울과도 같아요. 물건을 하나 보여 드리죠."

머시스 부인은 서랍에서 거울 몇 개를 꺼내 내 모습을 볼 수 있도록 하나하나 들어 주었다. 거울은 모두 울퉁불퉁하고 매끄럽지 않아서 내 얼굴이 일그러져 보였다. 어떤 거울에서는 머리가 길어 보이고 어떤 거울에서는 귀가 날개처럼 보였으며, 또 어떤 거울에서는 세상에서 가장 뚱뚱한 사람으로 보였다. 나는 거울에 비친 나의 모습을 보고 한바탕 웃기 시작했다.

"어느 것이 실제 당신처럼 보이나요?"

"저를 제대로 비춘 것이 하나도 없는 것 같은데요."

"왜 그렇게 생각했어요?"

"거울들이 제멋대로이니까요. 이런 거울은 제대로 비출 수가 없죠."

"그래요. 하지만 당신이 여태껏 한 번도 자신의 진정한 모습을 본 적이 없다면, 어떤 일이 일어날까요? 이 제멋대로인 거울을 보다가 두려움을 느낄지도 모르죠. 다행히 자신의 겉모습은 익히 알고 있지요. 정상적인 거울 앞에서 자신을 비춰 보았기 때문이죠. 하지만 겉모습이 아닌 진실하고 왜곡되지 않은 자신의 이미지가 어떤 모습인지 본 적이 있습니까? 신체의 모습은 거울에 비춰 볼 수 있지만, 심리적인 모습을 비출 수 있는 거울은 없어요. 대신 자기 내면의 모습을 발견하기 위해 우리는 다른 사람의 반응에 의존하게 되죠. 사람들이 당신을 이기적이라고 하면, 당신은 자기 자신을 이기적이라고 믿을지도 몰라요.

마찬가지로 누군가가 당신을 바보라고 하면 이 역시 또 믿을지도 모르죠. 타인들이 자신의 거울이 될 수는 있지만 그들은 단지 왜곡된 거울일 뿐이죠. 그들은 그들 나름의 편견을 갖고 당신의 이미지를 왜곡하고 있는 거예요. 인생에서 범할 수 있는 가장 큰 과오는 다른 사람에게 의존해 자기를 발견하려는 태도이죠. 부모나 선생님이 아이들에게 '넌 버릇이 없어!', '넌 너무 이기적이야', '게을러', '어리석어'라고 말한다면, 그들은 아이에게 부정적이거나 또는 잘못된 자기 이미지를 낳게 만드는 거예요. 설사 아이가 버릇없는 짓을 하거나 게으르며 어리석은 일을 했더라도, 그건 아이의 행위이지 아이 자체는 아니잖아요. 아주 미묘한 차이이지만 매우 중대한 차이예요. '넌 버릇없는 아이야'와 '주스를 카펫에 쏟으면 버릇없는 짓이야' 사이에는 큰 차이가 있어요."

"그건 같은 것 아닙니까?"

"혹시 나중에 후회했던 일을 한 적이 없나요? 바보 같은 실수를 했거나 어리석었던 일들 말이에요."

"누구에게나 있는 일 아닐까요?"

"그래요. 하지만 어리석은 실수를 했다고 해서 꼭 어리석은 사람은 아니죠."

"네, 알겠습니다."

"많은 사람들이 행위와 그 행위를 한 사람 자체를 혼동하는데, 그 결과 우리는 자기 자신에 대한 부정적인 견해를 내세우게 되죠. 그리고 그 생각은 일생을 따라 다니며 자신을 괴롭히게 되죠."

콤플렉스를 없애는 긍정적인 다짐

"자기 자신에 대한 부정적인 견해나 콤플렉스를 형성하는 과정은 이해했어요. 하지만 이미 부정적인 콤플렉스가 형성되어 있다면, 그것을 어떻게 없앨 수 있죠?"

"좋은 질문이네요. 어디서부터 콤플렉스가 생겼는지 확인하는 것이 첫걸음이에요. 때로는 자각하는 것만으로도 그 문제를 해결할 수 있죠. 하지만 어떤 콤플렉스는 마음속 깊이 뿌리박혀 있기 때문에 뿌리째 뽑아 버리기 위해서는 자각만으로는 안 돼요. 이런 경우 해결책은 '긍정적인 다짐'을 해야 하죠."

"긍정적인 다짐이란 무엇을 말합니까?"

"다짐은 큰 소리로 하든, 마음속으로 하든 자기 자신에 대한 일종의 성명聲明이에요. 즉 '나는 사랑스럽고 지적이며 독특한 사람이다'라고 하면 긍정적인 다짐이 될 수 있어요."

"왜 그렇게 해야 하죠?"

"자주 듣다 보면 우리는 서서히 그걸 믿기 시작하죠. 대부분의 견해나 신념은 바로 여기서부터 비롯된다 해도 과언이 아니에요. 광고 회사에서는 늘 이런 기법을 사용하죠. 하나의 구호를 매체를 통해서 거듭거듭 반복하다 보면 마침내 그걸 믿게 되는 거죠. 자신의 인생을 조종하기 위해서는 반드시 자신의 신념을 조종해야 하는데, 이를 위해서는 긍정적인 다짐이 하나의 방법이 될 수 있어요."

"그럼 긍정적인 다짐을 얼마나 반복해야 잠재의식이 믿기 시작할까요?"

"그건 물론 부정적인 생각들을 얼마나 오래 갖고 있었고, 얼마나 자주 긍정적인 다짐을 반복했느냐에 달려 있죠. 단조로운 목소리로 건성건성 하기보다는 진실한 심정으로 긍정적인 다짐을 해야 효과가 있어요. 하루에 적어도 아침·점심·저녁으로 세 번은 긍정적인 다짐을 시도하라고 권하고 싶어요. 당신만 좋다면, 카드에 적어서 수시로 꺼내 읽는 것도 좋지요."

콤플렉스와 정반대로 행동하라

머시스 부인이 계속 말을 이었다.

"자기 이미지를 변화시키는 데 도움이 될 수 있는 또 다른 방법은 자신이 가진 콤플렉스와 정반대로 행동하는 거예요. 예컨대 스스로 매력이 없다고 생각하면 오히려 매력 있는 사람처럼 행동하고, 자신감이 부족하다고 생각하면 아주 자신 있는 모습을 보여 주는 거죠."

"그건 없는 것을 있는 척하는 것 아닙니까?"

"네, 맞아요. 하지만 스스로 매력 있고 자신감 있고 행복한 것처럼 행동하다 보면, 믿을 수 없는 일이 자신에게 일어나게 되죠. 스스로 정말로 매력을 느끼고, 자신감이 흘러넘치면서 행복해지기 시작할 거예요.

음, 스스로 매력이 없다고 생각하는 젊은 여성이 친구들과 춤추러 갔다고 해 보죠. 그 곳에서 그녀는 아무도 보지 않는 구석에 앉아 있었죠. 그러니 춤을 추자고 청하는 사람이 없는 것은 당연해요. 그런데 똑같은 여자가 생각을 바꿔 매력 있는 것처럼 행동한다고 생각해 봐요. 그녀는 더 아름다운 옷을 입고 나올 것이고, 더 많은 기회를 찾아서 남들과 대화를 나누겠죠. 이처럼 긴장을 풀고 즐기다 보면, 실제로 남들에게 매력 있는 모습으로 비춰질 거예요.

또 지금 막 연설하는 사람을 예로 들어 보죠. 긴장한 나머지 그의 무릎이 후들거리고 있어요. 아마 계속해서 긴장하면, 돌아서서 꽁무니를 뺄 수도 있을 거예요. 하지만 반드시 극복하겠다고 마음먹으면, 그는 자신 있는 것처럼 보이려고 노력하겠죠. 그가 마침내 자신 있는 목소리로 서두를 꺼내자, 관중들이 박수를 쳐 주었죠. 이젠 정말로 자신감을 느끼게 되는 거죠.

마찬가지로 가끔 행복하지 않더라도 행복한 듯이 행동하며 만나는 사람마다 미소를 보낸다면, 상대방도 당신에게 미소로 답할 거예요. 그렇게 되면 정말로 쾌활한 모습이 몸에 배게 될 거예요. 그리고 자기 이미지를 개선하는 또 다른 방법은 자신의 장점을 찾는 거예요."

나의 장점을 찾아라
"이론적으로는 그렇지만 실제로는 쉽지 않을 텐데요?"
내가 노트에 필기를 하면서 말했다.

"아주 쉬워요. 의식적으로 이렇게 묻기만 하면 돼요. '나의 어디를 좋아하는가?' 또는 '나는 무엇을 잘 하는가?'라고 자신에게 질문을 던져 보는 거예요."

"네, 그렇군요. 하지만 그 답이 '아주 적다'거나 심지어는 '전혀 없다'가 될 수도 있을 텐데요?"

"인간의 능력 중에서 가장 놀라운 것은 바로 늘 문제에 대한 답을 찾는다는 거죠. 따라서 설령 답이 없을지라도 하나의 답을 만들어 내려고 노력을 하죠. 대부분의 경우 우리는 부정적인 질문을 자꾸 하는 버릇이 있어요. '나는 왜 이렇게 매력이 없지?', '왜 나는 이렇게 어리석을까?', '나는 왜 일자리를 찾지 못하지?' 이 때 당신의 두뇌는 늘 그 질문들에 대한 답을 찾아내려고 애쓸 거예요. '코가 너무 크기 때문이야', '태어날 때부터 머리가 작기 때문이야', '남들을 잘 대하지 못하기 때문이야'라고 말이에요. 물론 모두 넌센스에 불과하지만, 당신의 두뇌는 답을 찾아내죠.

그러나 긍정적인 질문을 하면 마찬가지로 긍정적인 답을 얻을 수 있어요. 자신의 어떤 점이 좋은지 모르겠다면 질문을 이렇게 바꿔 보세요. '나 자신에게 좋은 점이 있다면 그것은 무엇일까?' 이 질문은 긍정적인 답을 이끌어 내죠. '나의 강점은 무엇일까?', '나는 무엇을 잘 할까?', '나는 어떤 면으로 가정과 사회와 국가에 공헌할 수 있을까?' 이렇게 자신에 관한 느낌을 변화시킬 수 있는 질문을 해 보세요.

긍정적인 다짐과 긍정적인 질문은 자기 자신에 관한 느낌을 변화시킬 수 있는 단순하면서도 효율적인 방식이에요.

그 다음 해야 할 일은 다른 사람들의 반응 때문에 더 이상 잘못된 신념을 세우지 않는 거예요. 반드시 명심할 점은 그들은 우리의 거울이 될 수는 있지만, 편파적이고 왜곡된 거울이라는 사실이에요.

이 한 가지만은 꼭 명심하세요. 즉 비판하는 데는 재능도 두뇌도 인격도 필요 없다는 거예요. 꽃은 신만이 창조할 수 있지만, 어떤 바보라도 그 꽃을 파괴할 수 있죠. 사람들이 거칠고 난폭하게 굴거나 혹은 잔인하고 친절하지 못한 말을 할 때, 그것은 당신 자신을 드러낸 것이 아니라 단지 그들 자신의 거친 영혼을 드러낸 것일 뿐이죠.

그러므로 다른 사람이 당신을 어떤 사람이라고 말하는 것은 믿지 마세요. 물론 긍정적이지 못한 경우에 해당되죠. 내가 다른 사람의 말을 믿었다면, 이 나이에 대학에 들어가서 공부를 할 수 있었을까요? 나에 대해 그들의 말을 받아들였다면, 65살 때 스키를 배우거나 혹은 68살 때 그림을 배울 수 있었겠습니까?

내가 남들의 말을 받아들였다면, 아마도 나는 지금쯤 죽었거나 과거의 추억 속에서 외로워하며 살고 있을 거예요. 사람들은 이 나이에 그런 일을 하는 것이 바보 같은 짓이라고들 말하죠. 심지어는 약간 미쳤다고 얘기하는 사람들도 있었어요. 하지만 '난 행복한 삶을 누리고 있다'는 이 한 가지만은 분명히 말할 수 있죠.

예전에 이런 글을 읽은 적이 있어요. '삶에서 성취할 수 있는 가장 훌륭한 일은 자기 자신을 아는 것이다. 오직 그 때만이 진실로 자유로울 수 있기 때문이다.' 이 자유는 남들이 나 또는 당신을 묶어 두려는 규제와 구속으로부터의 자유이고, 자신의 뜻대로 행복하게 살기 위한 자유를 말하죠."

"아주 깊은 의미가 있네요. 실제로 효과가 있을까요?"

"네. 오직 한 가지 방법이 있을 뿐이에요. 실제로 해 보는 것, 바로 그 거죠!"

자기 이미지의 힘

1_ 누군가 이렇게 말했다. "인간은 스스로 생각한 대로의 존재이다." 우리의 모습은 우리가 생각한 대로이다. 스스로 행복하다고 생각하지 않는다면, 늘 불행한 삶을 살 것이다. 따라서 행복한 삶을 누리기 위해서는 먼저 자기 자신에 대해 행복감을 느껴야 한다.

2_ 누구나 특별한 존재이고 누구나 승리자이다. 왜냐하면 누구나 75억 분의 1의 확률로 태어났기 때문이다.

3_ 뭇 사람들은 우리의 거울일 수 있지만 왜곡된 거울일 뿐이다. 자기 자신에 대한 부정적인 생각이나 콤플렉스를 극복해야만 긍정적인 자기 이미지를 창조할 수 있다. 내가 해야 할 일은 먼저 이 부정적인 생각들이 어디에서 왔으며, 그것들이 진실인지 아닌지를 밝혀 내는 것이다. 만약 진실이라면 바꿔야 한다.

4_ 매일매일 원하는 모습으로 긍정적인 다짐을 한다.

5_ 스스로 원하는 인간이 된 것처럼 행동한다.

6_ 스스로에게 자신의 좋은 모습이나 존경할 만한 점이 있는지 자문한다.

흔들의자에 앉아 일생을 돌아보라
— **목표의 힘(프랑크)**

　이틀 후 나는 명단에 있는 다섯 번째 사람인 줄리어스 프랑크 박사를 만났다. 프랑크 박사는 시립대학의 심리학 교수로 70살의 고령이었지만 나이를 초월해 여전히 젊음을 유지하고 있었다. 이 점이 나로 하여금 중국 노인을 연상케 했다.

　"아주 오래 전에 중국 노인을 만났네. 당시는 제2차 세계 대전 때였는데, 난 극동 지구의 포로 수용소에 갇혀 있었지. 수용소의 환경은 너무나 엉망이라서 참을 수 없을 정도였어. 식량은 턱없이 부족하고 물은 오염되었으며, 보이는 곳마다 이질과 학질, 일사병에 걸린 환자들로 넘쳐났지. 땡볕 아래서 끊임없이 중노동을 해야 했기 때문에 포로들은 육체적·정신적 과로를 더 이상 견딜 수 없었지. 그들에겐 오직 죽음만이 탈출구였어. 나 역시 죽을 생각이었지. 하지만 한 사람이 죽음에 대한 내 생각을 삶의 의지로 바꿔 주었네. 바로 그 중국 노인일세."

　나는 정신을 가다듬고 프랑크 박사가 그 당시에 겪었던 일들을 들었다.

　"그 날 난 포로들이 바람을 쐬는 광장에 혼자 앉아 있었네. 몸은 극도로 허약해져 가누기도 힘들었지만, 마음속으로는 전기가 통하는 수용소 울타리를 넘는 건 식은 죽 먹기라고 생각하고 있었지. 그런데 웬 중국 노인이 내 곁에 앉아 있지 뭔가. 그땐 내가 몸도 마음도 너무 허약한 탓에 잘못 본 줄 알았지. 도대체 일본군 포로 수용소에 중국인이 어떻게 갑자기 나타날 수 있겠는가? 그는 몸을 돌리면서 내게 질문을 했네. 아주 간단한 질문이었지만, 그로 인해 내 목숨을 구했지."

프랑크 박사의 말에 의문이 들었다.

"질문 하나로 어떻게 사람의 목숨을 구할 수 있단 말입니까?"

"그 노인은 이렇게 말했지. '여기서 나가면 제일 먼저 하고 싶은 일이 뭔가요?' 한 번도 생각해 본 적이 없었을 뿐더러 감히 생각할 엄두도 내지 못한 문제였네. 하지만 그 답은 알고 있었지. 그건 아내와 아이들을 다시 한 번 보고 싶다는 것이었지. 그 때 갑자기 살아야겠다는 마음이 들었어. 그거야말로 살아남기 위해서 뭐든지 할 수 있는 이유가 되었지. 그 하나의 질문이 내가 잃어버렸던 '살아야 할 이유'를 찾아 주었던 셈이야. 내 생명을 구한 것이었네!

그 때부터는 생존을 위한 투쟁이 더 쉬워졌지. 내가 하루를 더 살수록 전쟁의 종말도 가까워지고, 따라서 내 꿈의 실현도 가까워진다는 걸 알았기 때문이야. 노인의 질문은 내 생명을 구했을 뿐만 아니라, 여태껏 배운 적이 없는 가장 중요한 교훈을 가르쳐 주었지."

"그게 뭐죠?"

"바로 목표의 힘이라네."

"목표의 힘이요?"

"그래, 목표라네. 목표는 우리의 삶에 목적과 의미를 부여하지. 물론 목표 없이도 살아갈 수는 있겠지. 하지만 진정한 삶, 행복한 삶을 위해서는 목표를 가질 필요가 있어. 위대한 에드미럴 비어드는 '목표가 없는 삶은 결국 붕괴되고 만다'는 말을 남겼네."

"무엇이 붕괴된다는 말씀이시죠?"

"영혼일세. 많은 사람들이 퇴직 후 갑자기 건강을 잃거나 심지어는 죽는 경우도 있지. 그 이유가 궁금하지 않은가? 부자나 유명인사들이 마약이나 알코올에 중독되는 이유가 무엇이라 생각하는가?"

목표는 삶에 목적과 의미를 부여한다

나는 고개를 좌우로 저었다. 퇴직한 사람들이 금방 늙는 이유가 확실히 무엇인지 이해가 되지 않았다. 게다가 그 많은 부자 — 몇 채나 되는 저택과 별장, 평생 써도 못다 쓸 돈, 가정, 이름난 사업과 명예 — 들이 도대체 왜 마약이나 술독에 빠지게 되고 심지어 자살까지 하는지 도무지 이해를 할 수 없었다.

"그 원인 중 하나는 바로 목표 없이 삶을 살고 있기 때문이네. 한 마디로 삶에 의미가 없는 것이지. 자네, 헬렌 켈러에 대해 들어 본 적 있지?"

"네, 알고 있습니다. 눈도 멀고 귀도 멀고 말도 못했지만, 그녀는 자신의 삶을 사랑하며 살았죠."

"그렇다네. 자네는 그녀가 자신의 삶을 사랑한 이유를 아는가?" 프랑크 박사가 말을 이었다.

"스스로 삶에 의미를 부여했기 때문일세. 온갖 신체적 결함에도 불구하고 어떻게 그토록 행복할 수 있느냐는 질문을 받았을 때, 그녀는 이렇게 대답했지. '많은 사람들은 행복을 이루는 요소에 대해 잘못 생각하고 있습니다. 행복은 자기 만족에서 오는 것이 아니라, 가치 있는 목표를 향한 헌신적인 행동에서 옵니다.' 인간의 영혼이 가장 열망하는 기본적인 요구는 곧 삶의 의미를 추구하는 것인데, '목표'는 바로 이 의미를 부여하네.

목표는 또 목적과 의미를 창조하지. 목표가 있어야만 어디로 가야 할지를 알 수 있네. 목표가 없는 삶은 무의미한 삶이며 정처 없이 표류하는 삶이지. 이는 사람들이 고통이나 즐거움, 둘 중 하나에만 삶의 동기를 부여하기 때문일세. 즉 고통을 멀리하거나 즐거움을 추구하는 것이지. 목표가 있으면 즐거움을 추구하는 일에 전념하지만, 목표가 없으면 고통을 피하는 일에만 전념하게 된다네. 그리고 목표가 있는 사람은 고통을 더 잘 참을 수 있지."

"이해가 안 되는데요. 목표가 있다는 것이 어떤 식으로 고통을 더 잘 참을 수 있게 합니까?"

"음, 어떻게 말해야 할까. 그래! 자네의 배가 아프다고 하세. 몇 분마다 심한 통증이 오는데, 어찌나 아픈지 저절로 신음이 나올 정도지. 이 때 자네는 어떤 느낌일 것 같은가?"

"겁에 질리겠죠."

"통증이 점점 심해지면서 그 간격도 점점 짧아진다면, 그 땐 또 어떻게 느끼겠는가? 근심을 할까? 아니면 흥분할까?"

"무슨 말씀입니까? 아파서 죽을 지경인데 어떻게 흥분할 수 있단 말입니까? 마조히스트라면 몰라도……."

"아닐세. 임산부들을 보게! 비록 통증을 참고 있지만, 통증 뒤에 아이를 낳을 수 있다는 사실을 알고 있지. 오히려 통증이 더 자주 일어나기를 바라기도 해.

왜냐하면 통증이 빈번할수록 아이의 탄생이 가까워졌다는 거고 그러면 곧 통증도 끝난다는 것을 알고 있기 때문이지. 그 통증에는 의미와 목표가 있기 때문에 고통을 참을 수 있는 거라네.

사람들이 난관을 헤쳐 나가는 것도 이런 식일세. 목표를 이루기 위해서 고통을 참아 내는 거지. 나 역시 그 때 살아야 할 목표가 있었기 때문에 살아남을 수 있었지, 그렇지 않았다면 분명히 인생의 종지부를 찍었을 것이네. 절망에 빠진 동료 포로를 볼 때마다, 난 그에게 똑같은 질문을 했지. '여기서 살아 나간다면 제일 먼저 무얼 하고 싶은가?' 내 말을 듣자 그들의 표정은 변하기 시작했어. 살아야 한다는 깨달음으로 두 눈은 빛을 발했고, 미래를 위해 싸우기 시작했네. 좀더 목표에 다가간다는 사실을 알고 있었기 때문에 매일매일 살아남기 위해 최선을 다한 거지.

내가 조금이나마 도움을 줘서 한 사람의 삶을 극적으로 변하게 했다는 사실을 알았을 때, 난 엄청난 기쁨을 느꼈네. 그래서 난 매번 그 질문을 함으로 해서 더 많은 사람들의 삶을 변하게 하려고 노력을 했지.

내 삶에서 가장 어려운 시기를 살아남게 했던 비밀이 바로 인생 최고의 전성기를 맞이할 수 있게 만든 비결이 되었네. 그 비결이 바로 '목표'일세. 목표가 나같이 포로 수용소에 갇힌 사람에게 살아갈 의지를 심어 주었다면, 평화로운 시기를 살아가는 사람에게도 효과가 있지 않겠는가?

전쟁이 끝난 후 난 하버드 대학에서 재미있는 연구를 하게 되었네. 우린 1953년 졸업생들에게 삶의 야망이나 목표가 무엇인지 물었지. 특정한 목표를 가진 학생이 얼마나 된다고 생각하는가?"

"한 50%는 되지 않을까요?"

"틀렸네. 사실은 3%도 안 됐지. 믿을 수 있겠나? 하고 싶은 일에 대해서 고민하는 사람이 100명 중 고작 3명밖에 되지 않는단 말일세! 우리는 그 학생들을 25년간 추적하면서 연구를 했네. 그 결과 목표를 가진 3%의 졸업생들이 97%의 사람들보다 안정된 결혼 생활과 건강을 유지하고 있었을 뿐만 아니라 경제적인 여건도 더 좋았네. 따라서 그들이 훨씬 더 행복한 삶을 누리고 있다는 사실은 놀랄 일도 아니지."

흔들의자 테크닉

"목표가 사람들을 더 행복하게 만드는 이유가 뭐라고 생각하십니까?"

"우리가 얻는 에너지는 음식만이 아니라 마음속에서 우러나오는 열성에 의해서도 얻어지네. 그리고 이 열성은 바로 목표를 갖는 데서 생기는 것이지.

왜 그토록 많은 사람들이 불행할까? 가장 큰 이유는 자신들의 삶이 의미도 없고 목적도 없다고 느끼기 때문일세. 아침에 침대에서 일어날 동기도 없고, 자신을 격려할 목표도 없으며, 이루어야 할 꿈도 없기 때문이지. 이들은 방향 감각을 잃고 그저 정처 없이 표류할 뿐이네.

우리에게 추구할 목표가 있다면, 삶의 스트레스와 긴장감은 없어질 것일세. 그런 것들은 마치 목표를 달성하기 위해서 극복해야 할 장애물처럼 보일 뿐이지. 그래서 난 늘 환자들에게 '흔들의자 테크닉'을 배우라고 권하고 있네."

"흔들의자 테크닉이라고요?"

"아주 간단한 기술일세. 평생을 살았다고 상상하면서 흔들의자에 앉아 일생 − 어떻게 살았고 무엇을 성취했는가 − 을 되돌아보는 것이지. 무엇을 기억하고 싶은가? 어떤 일을 이루어 놓고 싶었는가? 어느 곳을 방문하고 싶었는가? 사람들과 어떤 관계를 형성하고 싶었는가? 그리고 가장 중요한 것은 '난 어떤 사람이 되고 싶었는가?'일세."

예전에는 자신에게 물어 볼 엄두도 못 냈던 강력한 질문들이었다.

"이 테크닉은 장기적인 목표를 창조하도록 돕는다네. 그리고 나면 같은 방법으로 단기적 목표 즉 10년, 5년, 1년, 6개월, 한 달, 심지어 하루 목표도 세울 수 있지.

난 환자에게 이 목표를 모두 적은 뒤 아침에 일어날 때마다 제일 먼저 읽으라고 권하고 있네. 이렇게 하면 긍정적인 목표가 생겨 하루를 열정과 흥분으로 시작할 수 있도록 도와 준다네."

"한 번 시도해 보겠습니다. 저는 아침에 일어나는 일이 늘 힘들거든요."

"이 목표를 일하는 동안이나 잠들기 전에 읽어도 좋다네. 그렇게 하면 마음속에 강하게 새겨 놓을 수 있지."

"만약 생각이 바뀌어서 세운 목표 중 한 가지를 더 이상 원치 않을 때는 어떻게 됩니까?"

"좋은 질문이네. 인생의 가치관과 우선 순위는 나이와 목표의 변화에 따라 바뀌게 마련이지. 이 때문에 우리는 '흔들의자 테크닉'을 정기적으로 실천해야 하네. 적어도 1년에 한 번은 해야지. 그렇게 하면 늘 스스로 인정하는 목표를 갖게 되고, 이것이 우리의 삶에 목적과 의미를 창조한다네.

또한 목표는 행복의 기초를 마련해 주네. 사람들은 흔히 안락함과 호사를 행복의 주된 요소로 생각하는데, 실제로 우리를 행복하게 하는 것은 열정을 쏟을 수 있는 목표라네. 목표야말로 풍요로운 행복의 가장 큰 비밀이지. 의미와 목적이 결여된 삶 속에서는 지속적으로 행복을 누릴 수 없네. 이것이 바로 '목표의 힘'일세."

"그 후에 중국 노인을 다시 만나신 적이 있습니까?"

"만나지 못했네. 가끔 그 노인이 내가 상상으로 지어낸 인물은 아닌지 생각해 보기도 한다네."

"왜요?"

"그 때 이후로 아무리 애를 써도 만날 수가 없었거든. 때때로 강렬한 태양은 마음을 환상으로 이끌 때가 있지. 하지만 전쟁이 끝난 후, 난 그가 실제로 존재한다는 걸 발견했다네."

"어떻게 발견했나요?"

"한 젊은이로부터 편지를 받았기 때문이지. 그 젊은이는 내 이름을 중국 노인을 통해서 알았다고 했거든!"

목표의 힘

1_ 목표는 우리의 삶에 목적과 의미를 부여한다.

2_ 목표를 가진 사람은 고통을 피하기보다는 즐거움을 얻는 데 집중한다.

3_ 목표는 아침에 침대에서 일어날 수 있는 동기를 부여한다.

4_ 목표는 고통스러운 나날을 참을 수 있게 하고, 즐거웠던 나날은 더 즐겁게 만들어 준다.

5_ "흔들의자 테크닉"은 일생의 목표 – 단기적인 목표만이 아니라 장기적인 목표까지 – 를 결정하도록 도와 준다. 모든 목표를 적어 놓고 항상 읽어라.

6_ 아침에 일어나서 한 번, 낮 동안에 한 번, 잠들기 전에 한 번, 적어도 하루에 세 번은 목표를 상기하라.

7_ 적어도 매년 두 번씩은 "흔들의자 테크닉"을 반복 실천해 자신이 진정으로 원하는 목표인지 확인한다.

인생의 대부분은 사소한 일들뿐이다
― 유머의 힘(하트)

"자신이 처한 곤경에 대해서 '웃거나 무시하는 것'이 도움이 된다고 하면 황당한 생각이라 할지도 모르겠네. 하지만 이것이 실제로 난감한 상황을 극복하고 행복을 창조하는 가장 좋은 방법임을 발견할 걸세."

나는 이 말에 충격을 받았다. 내 앞에 선 사람은 조셉 하트라는, 키는 작지만 정력이 넘쳐흐르는 50대 후반의 남자였다. 그는 영업용 택시 기사였다.

"10년 전, 사업에서 실패한 몇몇 큰 고객이 부도를 냈지. 그들이 내게 준 수표는 모두 공수표라서 어떻게 손을 쓸 수도 없었네. 어렵게 일으켜 세운 사업이 무너지는 걸 그냥 바라만 볼 수밖에 없었어. 모든 것이 끝장난 셈이지. 물론 난 분노와 좌절감으로 결국은 절망적인 상황에 낙담하며 살고 있었네. 전혀 희망이 없어 보였지. 시내 중심가에 있는 힐튼 호텔 13층에 방 하나를 잡고, 내 생명을 끝내려고 했지."

나는 그의 이야기를 들으면서 말문이 막혔다.

"난 머리를 싸쥔 채 30분 이상을 침대에 앉아 있다가 용기를 내어 이미 계획했던 일을 실행하려고 했어. 서서히 발코니 쪽으로 걸어갔지. 발코니 끝에 섰을 때 갑자기 뒤에서 소리가 들렸어. 뒤돌아보니 웨이터가 방 안으로 들어오면서, 아무 일 없냐고 묻더군. 내가 고개를 끄덕이자, 그는 발코니로 다가와서 필요한 게 없냐고 물었어. 난 아무것도 필요 없다고 했지. 그 웨이터는 도시 풍경을 바라보면서, 바람이 불어오자 심호흡을 하며 '날이 너무나 좋죠?'라고 말했네.

'뭐가 좋다고…….' 난 시무룩하게 대답했지.

그 때 그가 내게 찬물을 끼얹는 듯한 말을 했어. '뭔가 잃어버렸다면 곧 찾을 겁니다.'

팽팽한 긴장 속에 있던 나는 그의 말을 듣자 울음을 터뜨리고 말았어.

그가 어떻게 된 영문이냐고 묻길래 난 그에게 모든 것을 잃었다고 말했지. 그는 아리송한 표정을 지으면서 '무슨 뜻이죠? 당신은 아직 볼 수 있지 않나요?'라고 묻더군. 그래서 난 '물론이오'라고 대답했다네.

그러자 그가 이렇게 말했어.

'좋아요. 당신은 눈이 있어 볼 수 있습니다. 당신은 들을 수도 있고 말할 수도 있으며 게다가 걸을 수도 있어요. 도대체 무얼 잃었다는 거죠?'

그래서 난 돈이라고 말했지. 내가 번 돈을 몽땅 잃었다고 말이야. '아!' 그가 소릴 질렀네. '몽땅 잃었다는 게 돈이었군요!' 그리고 나서 그는 또 내게 찬물을 끼얹는 말을 했어.

'불치병에 걸린 백만장자와 건강한 거지 중에서 어느 쪽이 되고 싶습니까?'

그 때 모든 문제가 분명해지는 것 같았어. 그 웨이터는 많은 사람들이 일시적으로 희망을 잃게 되는데, 이것이 불행의 한 원인이 된다는 거야.

그와의 대화가 내 문제를 해결하진 못했지만, 문제를 보는 내 시각을 바꾸는 데는 도움이 되었지. 내 삶을 다시 한 번 돌이켜보는 기회만으로도 충분했네. 그의 단순한 지혜는 생명을 끝내려고 했던 내 계획을 저지시켜 주었다네.

웨이터는 방을 나가면서 나를 도울 수 있는 사람들의 명단을 주었네.

그걸 받고 처음엔 그들이 내게 돈을 빌려줄 거라고 착각을 했었지. 하지만 그들은 훨씬 더 가치 있는 것을 주었어. 바로 풍요로운 행복의 비밀이었네.

이 비밀들을 통해서 난 점차 새로운 인생을 살 수 있었지. 자신을 위한 행복을 창조해 나갔던 거야. 나 자신과 내 인생 - 신념, 태도, 건강, 용서, 인간관계 등등 - 에 관해서 배울 만한 것이 많았네. 하지만 그 중에서도 내게 특별했던 가르침은 바로 '유머의 힘'이었지.

난 어떤 일이든 심각하게 받아들이는 편이었지. 한 번도 제대로 웃어 본 적이 없는 내가 행복을 느끼기란 쉽지 않았던 거야."

웃음이 행복을 창조한다

"하지만 그건 앞뒤가 바뀐 말이 아닐까요? 우리를 행복하게 만드는 것은 웃음이 아니라, 오히려 먼저 행복한 감정이 있을 때 더 웃을 수 있고 덜 심각하지 않을까요?"

"맞는 말일세. 웃음은 행복의 부산물이나 다름없네. 하지만 웃음은 행복한 감정을 낳는 데 중요한 작용을 한다네.

알다시피 웃을 때는, 미소도 마찬가지지만 두뇌에서 일종의 행복한 감정을 낳는 화학 물질을 분비하지. 실제로 웃을 때는 혈액 속에 스트레스를 주는 호르몬인 아드레날린과 코르티손이 저하되어 근심이나 갈

등을 덜 느끼게 된다고 전문가들은 얘기하네."

"그렇다면 몇몇 유명한 코미디언들이 우울증에 시달리는 이유는 뭘까요?"

내가 반박했다.

"많이 웃기는 코미디언이라고 해서 꼭 우울한 상태에 빠지지 않는다는 법은 없겠지. 하지만 많은 사람들이 슬픔을 이겨내기 위해 본능적으로 웃음과 유머의 힘을 이용하지. 다만 유머는 10가지 풍요로운 행복의 비밀 중 하나라는 걸 명심하게나.

지속적인 행복을 창조하고 싶다면, 반드시 10가지 비밀 모두를 삶 속에 결합시킬 필요가 있네. 유머의 힘으로만 행복하길 바란다면, 그것은 건강을 바라는 사람이 운동만 알고 음식, 휴식, 스트레스 등 건강에 영향을 미치는 온갖 다른 요인들은 무시하는 것과 같아서 무익할 뿐이야.

또 웃음은 집중력을 강화시킬 뿐만 아니라, 심리적 문제를 해결하는 능력도 향상시킨다는 사실이 밝혀졌네. 몇 년 전 메릴랜드 대학의 교수와 학생들이 아주 재미있는 실험을 한 적이 있지. 사람들을 두 그룹으로 나누어 정체성 문제를 해결하는 실험이었어. 첫 번째 그룹에겐 문제를 해결하기 전에 먼저 30분간 교육적인 비디오를 보게 했고, 다른 그룹에겐 30분 동안 코미디 쇼를 보게 했네. 놀랍게도 코미디 쇼를 본 사람들의 문제 해결 속도가 다른 그룹보다 평균 3배나 빨랐지."

나는 노트에서 눈을 떼며 말했다.

"하지만 문제에 부딪히고, 스트레스를 받고, 근심 걱정을 하는 사람은 전혀 웃을 수 있는 기분이 아니었을 텐데요?"

"물론이지. 그런데 그게 바로 핵심이지! 웃을 수만 있다면 자신들의 상황을 개선시킬 수 있을 텐데 말이야. 왜냐하면 웃음은 기분을 명쾌하게 하고 스트레스를 덜어줄 뿐만 아니라 문제를 더 쉽게 해결하도록 도와 주기 때문이지.

자네도 어떤 일에 대해 짜증이 나거나 실망했더라도, 몇 주 후에는 아무렇지도 않은 듯이 웃으면서 친구에게 얘기한 경험이 있지 않나?"

"네, 그렇습니다. 누구나 다 그런 경험이 있지 않을까요?"

"웃으면서 얘기할 때, 그 때의 상황이 자네를 괴롭히지는 않던가?"

"아뇨, 그렇지는 않았어요."

"그것이 내가 말하고자 하는 핵심이라네. 전혀 그 상황이 괴롭지 않지. 따라서 좀더 빨리 웃을 수 있다면 더 쉽게 문제를 해결할 수 있지 않을까?"

재미있는 것은 어디에도 있다

"네, 이제야 알겠습니다. 하지만 지금 당장 곤란을 겪고 있다면 쉽게 웃음이 안 나올 텐데요?"

"비밀은 바로 웃을 만한 일을 찾는 거라네. 그러면 우리 마음을 되돌릴 수 있지. 우리는 자신의 생각을 선택하고, 마음의 초점을 어디에 두어야 할지 선택할 수 있네. '상황이 얼마나 엉망인가?'에 초점을 맞추는 대신, '얼마나 재미있는 상황인가?'라고 자기 자신에게 묻는 것이지."

"전혀 재미가 없다면 어떻게 하죠?"

"그럼 '재미있는 면은 없을까?'라고 자문하는 것은 어떨까? 보통 어떤 일에서나 웃을 수 있는 부분이 있는데, 문제는 그 재미있는 부분을 찾아내는 것이야. 만약 재미있는 점이 전혀 없다면, 다른 것에서 재미를 찾아봐. 왜냐하면 웃을 수만 있다면 문제의 절반은 해결한 것이나 다름없기 때문이야."

"이론적으로는 가능하겠지만, 실제로 모든 상황에서 재미있는 면을 찾아내기란 쉽지 않습니다."

"물론 모든 상황에서 웃을 수 있는 건 아니지."

하트가 동의를 하였다.

"그러나 대부분의 상황에서는 충분히 가능하다네. 중요한 것은 재미있는 면을 찾을 수 있다는 거야.

난 미국 아폴로 우주선의 첫 번째 우주인인 존 글렌에 관해 유쾌한 얘기를 들은 적이 있네. 존이 로켓에 오를 준비를 하는데, 어떤 기자가 그의 앞을 가로막고 물었어. '존, 만일 우주 공간에서 엔진이 꺼져 지구로 돌아올 수 없다면 어떻게 하겠습니까?' 존은 돌아서서 그 기자에게 미소 지으며 말했지. '알 텐데요? 나의 하루는 정말 엉망이 되는 거죠!'

그 날 존 글렌이 직면한 상황만큼 스트레스를 받는 상황이 있었을까? 아마 드물 거야.

하지만 글렌과 같은 유머 감각을 갖고 삶에서 닥쳐 오는 도전을 맞이한다면, 우리는 인생에서 더 많은 행복을 누릴 수 있지 않을까?

임무를 성공적으로 완수한 후 기자회견이 있었는데, 또 다른 기자가 존에게 이렇게 물었지. '대기층에 들어서면서 어떤 생각을 하셨습니까?' 그러자 존은 '대기층에 들어서면서 내가 타고 있는 이 우주선은 입찰 가격이 가장 낮은 업체에서 제조한 것일 거라는 생각을 했어요!' 라고 대답했지.

두려움에 휩싸일 수도 있었지만, 존은 유머로 자신의 두려움을 극복했네. 이 이야기는 자네 앞에 놓인 도전이나 장애가 그 어떤 것일지라도 최선의 선택으로 이렇게 물을 수 있다는 걸 보여 주지.

'이 상황에서는 어떤 점이 재미있을까?' 혹은 '어떻게 하면 이 상황에서 재미를 느낄 수 있을까?'

대부분의 사람들이 갖고 있는 문제점은 삶을 너무 심각하게 다룬다는 것일세.

가령 스스로에게 '10년 후에는 다른 사람과 차이가 있을까?'라고 물었는데 그 답이 '아니오'라면, 그건 정말 너무 심각한 문제가 아닐까? 이것은 '2단계 반反 스트레스 공식'과 약간 비슷하지."

"그게 무슨 뜻이죠?"

"첫 번째 단계는 '사소한 일에 신경 쓰지 말라'는 거야."

하트는 잠깐 말을 멈췄다.

"두 번째 단계는요?"

"명심해, 인생에서 대부분의 일은 모두 사소한 거야! 내가 갖고 있는 이 놀라운 글은 병중에 있는 85살의 여인이 쓴 거야."

인생의 대부분은 사소한 일들뿐이다

하트는 그렇게 말하면서 내게 종이 한 장을 건네주었다.

"여기엔 위대한 지혜가 들어 있지."

내가 다시 한 번 살 수 있다면, 나는 많은 착오를 범하고 싶다. 더 이상 완벽해지려고 하지 않을 것이며, 단지 더 편안해지려고 할 것이다. 유연하게 움직이고, 이번 생애보다는 더 어리석게 행동할 것이다. 사실 그렇게 심각할 정도로 다루어야 할 일이 거의 없다는 걸 나는 안다. 그래서 더 미친 척하고 비위 거슬리게 행동할 것이다.

난 더 많은 기회를 가질 것이며, 더 많은 여행을 할 것이고, 더 많은 산과 강을 건널 것이며, 한 번도 가 보지 못한 곳을 더 많이 다닐 것이다. 또한 아이스크림도 원 없이 먹을 것이다. 대신 콩은 좀 적게 먹을 것이다.

구체적인 문제를 더 많이 갖겠지만, 관념적이고 추상적인 문제는 별로 갖지 않을 것이다!

난 하루하루를 철저한 위생과 청결로 살아온 사람이었다. 오! 나 자신만의 시간이 있었더라면, 그래서 다시 시작할 수만 있다면, 난 나에게 속한 더 많은 시간들을 경험하고 싶다.

온도계, 보온병, 가그린, 비옷, 우산…… 이 모든 게 없으면 문밖을 나서지 않던 사람이었다. 그래서 다시 시작할 수만 있다면, 다음번엔 가벼운 차림으로 여행을 가고 싶다.

내가 다시 한 번 살 수만 있다면, 이른 봄부터 늦가을까지 맨발로 다니고 싶다. 회전목마를 더 많이 타 보고, 더 많은 일출을 감상할 것이며, 더 많은 아이들과 놀 것이다.

내가 다시 한 번 살 수만 있다면……

하지만 이제 다시 살 수는 없는 노릇이 아닌가!

하트가 건네준 글을 미소를 지으면서 읽었다.

"맞습니다. 정말 좋은 내용이 들어 있네요. 한 부 복사할 수 있을까요?"

"물론."

"많은 걸 나누어 주셔서 감사합니다. 오늘 여러 가지로 많이 배웠어요."

"천만에. 내가 도움이 됐다니 기쁠 뿐이야."

하트는 잔잔한 미소를 짓더니, 뭔가 생각났다는 듯 말을 꺼냈다.

"잠깐! 조지 번즈가 말한 행복의 비밀을 자네에게 얘기해 주었던가?"

"아뇨."

"조지 번즈는 '행복의 비밀이란 무엇인가? 아주 간단하다. 좋은 담배한 대, 훌륭한 식사 한 끼, 아름다운 여인 혹은 나쁜 여인…… 이 모든 것은 행복을 얼마나 잘 다룰 수 있는가에 달렸다!'라고 얘기했지."

나는 문가로 다가서다가 돌아서서 물었다.

"아, 참! 명단을 준 중국 노인에 대해서는 말씀하지 않으셨는데요?"

하트가 웃으면서 말했다.

"말하지 않았던가? 그가 바로 호텔의 웨이터야. 이튿날 아침, 감사를 표하기 위해 호텔 프런트에 가서 물었지만, 아무도 그를 아는 사람이 없었어."

"그럼 아직까지도 감사를 드리지 못했겠군요?"

"그렇지! 하지만 난 노인이 알고 있다고 생각해. 결국 내 이름을 알려준 사람이 그 노인이 아니던가?"

하트가 미소를 지으며 말을 했다.

유머의 힘

1_ 유머는 스트레스를 풀어 주며 행복감도 창조한다.

2_ 웃음은 집중력과 문제 해결 능력을 강화시켜 준다.

3_ 어떤 경험에서든 재미있는 면을 찾으려 한다면, 그것을 찾을 수 있다.

4_ "이 상황이 얼마나 엉망인가?"라고 묻기보다는, "이 상황에서 어떤 것이 재미있을까?", "어떻게 하면 재미를 느낄 수 있을까?"라고 물어라.

5_ 항상 '2단계 반(反) 스트레스 공식'을 기억하라. 사소한 일에 신경 쓰지 말고, 대부분의 일은 사소하다는 것을 명심하라.

용서는 곧 이해하는 것이다
— 용서의 힘(제이콥슨)

　　이튿날, 나는 하워드 제이콥슨이라는 의사의 사무실에 앉아 있었다. 제이콥슨 박사는 큰 체구에 짙은 머리, 밝은 색의 푸른 눈이 돋보이는 42살의 남자였다. 그는 의학계에서 인정받는 외과 의사였다. 그의 사무실은 건물 꼭대기 층에 있었는데, 양쪽 벽이 전부 유리라서 도시의 전망을 보기에 아주 쾌적하고 좋았다.

　　"난 20년 전에 처음 풍요로운 행복의 비밀을 들었네."

　　제이콥슨 박사가 말했다.

　　"박사님에게 도움이 되었습니까?"

　　"물론이네. 삶에 대한 내 관점을 완전히 바꿔 놓았지. 자라면서 나는 한 번도 행복한 적이 없었거든."

　　제이콥슨 박사가 털어놓았다.

　　"항상 행복해 보고 싶다는 마음만 있었을 뿐이었지. 어렸을 때에는 대학에 들어가면 행복해질 거라고 생각했지만 아무런 변화도 일어나지 않았지. 그래서 의사가 되면 행복해질 거라는 막연한 생각만 가지고 있었네. 하지만 외과 전문의가 되고 이젠 결혼해서 아이까지 가졌지만 변한 건 아무것도 없었네. 이젠 사회적으로 어느 정도 성공을 했다고 생각하면서 사랑스러운 아내와 화목하게 살았지만, 진정으로 행복한 적이 없다는 사실은 변함이 없었다네.

돌이켜 보면 이런 나의 문제는 10살 때 아버지가 날 기숙사로 보냈을 때부터 시작되었던 것 같아. 난 기숙사에 들어가길 원하지 않았었거든.

어머니는 9살 때 자동차 사고로 돌아가셨지. 어머니는 그 자리에서 숨졌지만, 운전을 했던 아버지는 가벼운 외상만 입었어. 난 무의식적으로 그 사고를 아버지 탓이라고 생각했네. 인정하긴 싫었지만, 난 아버지를 미워하면서 자랐지."

"왜죠?"

"아버지가 나를 기숙사로 보낸 것이 날 사랑하지 않거나 집에 두고 싶지 않았기 때문이라고 생각한 거야."

제이콥슨 박사는 잠깐 말을 멈추고 창 밖으로 시선을 돌렸다.

용서하지 않는 사람은 행복할 수 없다

"이런 분노 속에서 15년을 살았네."

잠시 침묵에 잠긴 후 제이콥슨 박사는 목소리를 낮춰서 이야기를 계속했다.

"자네가 이런 원망과 분노를 갖고 살았다면 과연 행복할 수 있었겠나?

어느 날, 의학 세미나에 참가하려고 공항으로 갔었지. 그 때 확성기에서 '제이콥슨 박사께서는 프런트로 오시기 바랍니다'라는 소리가 흘러나왔네. 프런트에 도착해 보니 아버지가 심장 발작으로 시립병원 응급실에 있다는 메모가 남겨져 있었네. 난 그 자리에 앉아서 메모지를 다시 한 번 읽어 보았네. 어찌해야 좋을지 혼란스러웠지. 거의 5년 이상을 아버지와는 말 한 마디 하지 않고 살았었거든.

손에 든 메모지를 구겨서 옆에 있는 쓰레기통에 버리려고 하는데, 어떤 사람이 다가와서 옆자리가 비었는지 물었네. 고개를 들어 쳐다보니 왜소한 체구의 어떤 중국 노인이 서 있었지. 그는 자리에 앉더니, 교통 사고로 다리를 잃은 친구를 보러 가는 길이라고 하더군. 승용차 한 대가 횡단보도를 건너는 노인의 친구를 치었는데, 친구의 오른쪽 다리를 깔고 지나갔다더군. 다행히 노인의 친구는 죽지 않고 살았다네. 사고 당시 운전 기사는 화급을 다투는 개인 사정이 있어 파란 불이 들어온 걸 미처 못 봤다는 거야. 내가 '난 그런 사람을 미워합니다'라고 말하자, 그 중국 노인은 놀란 얼굴로 나를 바라보면서 말했어. '왜 사람을 미워하지? 그가 잘못했기 때문인가? 누구나 살다 보면 잘못을 범할 수 있네. 잘못을 범한 사람을 모두 미워한다면, 자네는 세상 사람 모두를 미워해야 하지 않을까? 자기 자신을 포함해서 말일세.'

노인은 돌아서서 날 보고 미소 지었지. 그러고는 날 똑바로 바라보면서 말했네. '내 고향에서는 용서하지 못하는 사람은 결코 행복해질 수 없다는 말이 전해져 오고 있네.'

용서하는 일이 그리 쉬운 건 아니라고 난 노인에게 반박했지. 그러자 노인은 이렇게 말했네. '용서는 과오의 정도에 따라서 결정해야 하네. 정말 자네 생각대로 그렇다면 천국은 삭막한 곳이 될 걸세.'"

제이콥슨 박사가 미소를 지으며 말했다.

용서의 관건은 이해에 달려 있다

"노인과 몇 분 동안 더 이야기를 나누면서 생명의 법칙과 풍요로운 행복에 대한 비밀을 들었지. 한 번도 들어 본 적이 없는 내용이었지만, 뭔가 내 마음을 찌르는 것이 있었지. 몇 분 후 노인은 떠나가기에 앞서 내 손에 쥐어져 있는 구겨진 종이 쪽지를 보았지. 그 때 나는 내가 무엇을 해야 할지 이미 알고 있었네.

난 즉시 비행기 편을 취소하고 아버지가 입원해 있는 병원으로 달려갔어. 아버지는 몸에 온갖 튜브를 연결한 채 침대에 누워 있었는데, 그 옆에 있는 심전도 화면이 눈에 띄었지. 난 아버지가 누워 있는 침대 곁으로 다가가 앉았어. 어린 시절 이후로 한 번도 하지 않은 짓이었지. 아버지의 손을 잡았지만, 아버지는 꼼짝도 하지 않았어. 말도 못 하셨지. 아버지가 들을 수 있는지는 담당 의사도 확인할 수 없었어.

난 허리를 굽혀서 아버지의 귓가에다 작은 소리로 속삭였어. '아버지, 저예요. 하워드입니다.' 그 때 내 생애 가장 아름다운 일이 일어났네. 아버지의 뺨에서 눈물이 흘러내리고 있었던 거야. 난 수년 이래 처음으로 울었지. 그 순간 난 아버지를 용서하고 지난 일은 다 지워 버렸네.

2주일 동안 난 매일 아버지를 보러 갔어. 아버지는 여전히 눈을 감고 있었지만, 내가 손을 잡을 때마다 눈꺼풀을 가볍게 움직이면서 내 손을 꼭 잡았지. 마침내 내 기도를 통해서 염원했던 기적이 일어났네. 하루는 병원에 도착했는데, 아버지가 완전히 의식을 되찾고 차까지 마시고 계셨거든.

우린 실로 오랜만에 기쁘게 포옹했지. 사실 그건 어린 시절부터 한 번도 해 본 적이 없는 행동이었어. 그리고 오후 내내 얘길 했는데, 지난 15년 동안 했던 대화보다 더 많은 대화를 나누었어. 그 때 난 어머니의 생명을 빼앗은 사고 과정과 내 뜻과는 상관없이 기숙사로 들어가게 된 이유를 알게 되었네. 화물을 가득 실은 트럭이 빙판 길에서 미끄러지다 어머니가 앉은 문 쪽을 들이받아서 생명을 앗아 갔던 거야. 어느 누구의 잘못도 아닌 어쩔 수 없는 사고였어. 당시 아버지는 드러내진 않으셨지만 누구보다도 실의에 빠져 있었지. 옛일을 이야기하면서도 참지 못하고 눈물을 쏟아 내셨거든. 아버지와 어머니는 어릴 때부터 사귄 소꿉친구였어.

그런데도 난 아버지가 겪은 고통은 한 번도 생각해 보지 않고 나 자신만 생각했던 거야. 아버지는 회사 일로 자주 극동과 아메리카 대륙으로 출장을 다녀야 했지. 그래서 날 기숙사로 보내면 좀더 훌륭한 교육과 보살핌을 받을 거라고 생각하고 그런 결정을 내리셨던 거지.

사람들은 세월이 약이라고 말하지만 그렇지 않네. 분노와 고통은 대체로 세월에 따라 점차 희석되어 가지만, 용서할 준비가 되어 있지 않으면 완전히 없어지지 않는 법일세. 아니, 용서의 관건은 세월의 흐름에 있는 것이 아니라 이해에 달려 있는 거지.

수우족 인디언에게 전해져 내려오는 훌륭한 기도문이 있네. '아! 위대한 영혼이여! 상대의 신발을 신고 2주일 동안 걷지 않는 이상, 내가 상대를 판단하거나 비난하지 않도록 하소서.'

우리는 늘 남을 탓하지. 하지만 동일한 양육 상태와 환경에 처했을 때 남과 다르게 반응하리라고는 확신할 수 없네.

난 아버지가 어머니를 잃은 후의 심정과 날 기숙사로 보내게 된 이유에 대해서 한 번도 사려 깊게 생각해 본 적이 없었지. 오직 내 입장에서만 보고자 했을 뿐이야. 날 기숙사로 보낸 이유가 오직 내가 싫어서, 그냥 내가 미워서 떼어 내버린 것이라고 무의식적으로만 생각했던 거지. 하지만 진심으로 날 사랑했기 때문에 기숙사로 보낸 거였어. 아버지로 선 최선의 길이라고 생각했던 거야. 아버지는 어머니를 잃고서 날 어떻게 보살펴야 할지 모르셨던 거지. 또 아버지 사업의 특성상 돌볼 형편도 안 되었고……."

용서는 증오로부터 영혼을 자유롭게 한다

제이콥슨 박사의 얘기를 들으며 잠시 나도 내 인생을 생각해 보았다. 나를 화나게 한 많은 사람들이 있었지만, 그 중에서도 특히 두 가지 일이 마음속에 떠올랐다. 직장 상사가 참기 힘들 정도로 항상 나를 괴롭혔고, 친한 친구는 돈을 빌려간 뒤 1년이 지나도록 돌려주지 않았다. 갑자기 그 문제를 그들의 입장에서 생각해 본 적이 없다는 자괴감이 들었다.

"악의적인 일이 아니라면 용서받을 수 있다고 봅니다. 하지만 일부러 해롭게 하려고 한 것이라면, 어떻게 용서할 수 있겠습니까?"

내가 물었다.

"왜 용서할 수 없지?"

"세상엔 용서할 수 없는 일도 있기 때문이죠!"

내가 반박했다.

"어린이 유괴범을 예로 들어 보겠네. 더 이상 가증스러울 수 없는 죄라고 생각하는데, 그렇지 않은가?"

제이콥슨 박사가 말했다.

"하지만 어린이 유괴범의 95%가 어린 시절 유괴를 당한 경험이 있다는 사실을 아는가? 자네가 그런 시절을 겪었다면, 동일한 범죄를 저지르지 않는다고 확신할 수 있겠는가?"

나는 고개를 좌우로 저었다.

"확신할 수는 없지만, 그렇다고 유괴범을 그리 쉽게 용서하지는 못할 겁니다."

"아무도 쉽다고는 하지 않았네. '잘못은 사람이 범하지만, 용서는 신이 한다'는 말을 들어 보았겠지? 하지만 다른 사람의 입장에서 사물을 보려고 한다면 도움이 될 걸세.

그리고 용서하지 않을 때, 어떤 일이 일어나는지 아는가? 누가 고생을 할까? 누가 위궤양에 걸리고 혈압이 높아질까? 바로 자네일세!"

"하지만 성경에도 '이에는 이로, 눈에는 눈으로'라는 말이 있습니다. 복수도 선善일 수 있다는 뜻 아닙니까?"

"성경에선 또 이렇게도 말하지. '오른쪽 뺨을 맞으면 왼쪽 뺨을 내밀어라.', '복수는 신에게 맡겨 두어라.'

늘 복수를 생각하면 과오를 범할 수 있네. 그 때는 마하트마 간디의 말처럼 온 세상에 장님과 나약한 자들만이 남겠지. 복수는 평화를 가져올 수 없고 또 다른 복수를 낳을 뿐이네. 결국 끝없는 악순환만 계속될 걸세.

가슴이 증오로 가득 찼다면 어떻게 사랑과 행복을 받아들일 수 있겠는가? 용서는 증오로부터 영혼을 자유롭게 하며, 사랑이 들어올 공간을 허락한다네."

몇 번을 잘못했든 용서하라

제이콥슨 박사는 건너편 방으로 걸어갔다. 그 곳엔 등이 높은 의자 두 개가 벽에 기대어 있었다.

"마치 이 두 개의 의자와 같지. 하나는 사랑과 행복이고, 다른 하나는 원한과 분노라고 하세. 아무도 동시에 두 의자에 앉을 수는 없네."

"박사님은 용서는 하실 수 있었겠지만 잊을 수는 없을 겁니다."

"그건 용서가 아닐세. 용서는 모든 흔적을 씻어 버리고 완전히 지워 버리는 것이거든. 마치 무거운 바위를 내려놓듯이, 분노와 원한을 내려 놓는 것이라네. 큰 바위를 들고 있으면 그 무게에 짓눌리게 되지. 그 짐 을 스스로 버려야만 홀가분해지고 진정한 자유를 얻을 수 있네. 공자도 '잘못을 알아서 고칠 수 있다면 그보다 선한 것이 없다'고 했지.

세상의 모든 종교가 용서의 힘에 대해서 말하고 있네. 우리가 남을 용서할 수 없다면, 어떻게 신의 용서를 바라겠는가? 용서할 줄 모르는 사람은 자신이 건너야 할 다리를 태워 버린 거나 다름이 없네. 왜냐하 면 그 역시 언젠가는 용서가 필요하기 때문이지."

"그렇다면 한 사람을 몇 번이나 용서해야 됩니까?"

"몇 번을 잘못했든 용서하는 것일세. 용서하지 않으면 자기만 괴로울 뿐이란 걸 명심하게나. 원한과 분노를 갖고 다니는 사람은 바로 자신이 기 때문이야. 하지만 용서는 자신을 그 고통에서 벗어나게 한다네. 행 복을 원한다면 용서야말로 강력한 방법이지. 비난과 저주의 마음을 놓 아야만 자유롭게 행복과 기쁨을 체험할 수 있지. 동시에 난 누구나 자 신이 저지른 잘못에 대한 대가를 반드시 치른다고 믿고 있어.

현생에서든 내생에서든 반드시 치른다고 보고 있지. 이 우주에 하나의 법칙이 있다면, 그건 바로 인과의 법칙일세. 다른 말로 하면 '뿌린 대로 거둔다', 즉 자기 행동은 반드시 자기에게로 돌아온다는 뜻이지. 이점을 믿는다면 더 이상 원한이나 고통, 분노를 잡고 있을 필요가 없네. 물론 나도 우주가 정말로 이런 식으로 움직이는지에 대해 확신할 수는 없네. 내가 틀렸을 수도 있지. 하지만 난 그 법칙을 믿기로 했고, 그래서 이전보다 더 행복하다네."

스스로를 존중하고 용서하라

갑자기 제이콥슨 박사가 이렇게 물었다.

"자네는 세상에서 누구를 가장 용서해야 하고 동정해야 하는지 아는가?"

"모릅니다."

"자기 자신일세."

"무슨 뜻이죠? 왜 자기 자신을 용서해야 하나요?"

"우린 잘못을 저지를 때마다, 혹은 어떤 짓을 할 때마다 나중에 후회하게 되지. 하지만 누구나 주어진 시간에서 최선을 다하고 있다는 사실을 명심할 필요가 있네. 다만 인간이기에 넘어지거나 잘못을 저지르기 마련인 걸세. 그리고 누구나 수치스럽거나 그릇된 일을 하게 되면 그걸 바꾸고 싶어하지. 이를 통해서 우리는 자기 자신에 대해 더 잘 알 수 있다네.

스스로를 사랑하고 존중하지 않는데 어떻게 행복해질 수 있겠는가? 신이 우리를 용서할 수 있기에, 우리도 스스로를 용서할 수 있는 거라네. '지혜로운 자는 매일 일곱 번 넘어지지만 일곱 번 일어선다'는 옛말을 생각해 볼 필요가 있지."

"저는 한 번도 그런 식으로 생각해 본 적이 없습니다. 훌륭한 말씀이지만, 실천이 쉽다고는 생각되지 않네요. 하지만 최선을 다해 시도해 보겠습니다."

용서의 힘

1_ 용서는 풍요로운 행복의 문을 여는 열쇠이다.

2_ 증오나 원한을 품고 있는 한 행복해질 수 없다.

3_ 명심하라. 자기 외에는 자신의 고통을 벗어나게 해 줄 사람은 아무도 없다.

4_ 잘못과 실패는 인생의 교훈이다. 자신을 용서하고 타인을 용서하라.

5_ 수우족 인디언의 기도문을 기억하라.
   "아! 위대한 영혼이여! 상대의 신발을 신고 2주일 동안 걷지 않는 이상, 내가
   상대를 판단하거나 비난하지 않도록 하소서."

베풂은 나에게 뿌린 향수와 같다
— 베풂의 힘(탄스워스)

　이틀 후, 나는 스포츠센터의 수영장 관중석에 앉아서 명단에 나온 여덟 번째 사람을 기다리고 있었다. 그는 피터 탄스워스라는 이름의 남자였다. 관중석에는 한 사람도 없었지만, 수영장 안에서 재잘거리는 아이들의 소리를 들을 수 있었다.

　"안녕하세요, 지난주에 저하고 통화한 분인가요?"

　츄리닝을 입은 사람이 수영장 옆에 서서 소리쳤다.

　"탄스워스 씨입니까?"

　"네, 맞아요."

　그가 미소를 지으면서 말했다.

　"레슨 끝내고 바로 갈게요. 한 10분 정도 걸릴 거예요."

　"괜찮습니다. 계속 하세요."

　내가 큰 소리로 말했다. 눈앞의 광경은 지극히 평범해 보였다. 그다지 특별할 것이 없는 수영장에서, 약 20명의 아이들이 수영 지도를 받고 있었다. 하지만 아이들이 수영장에서 나왔을 때, 어떤 아이는 팔이 하나뿐이고 또 다른 아이는 다리가 없다는 사실을 발견했다. 다시 아이들을 자세히 살펴보니 모두가 신체 장애자들이었다. 몇 분 후 탄스워스가 관중석에 앉아 있는 나에게 다가왔다.

"안녕하세요! 만나서 정말 기쁩니다."

까무잡잡한 피부에 큰 눈은 미소를 머금고 있었다. 그가 나에게 악수를 청했다. 나는 중국 노인과 지금까지 만난 명단의 사람들에 대해 간단히 언급했다.

"내가 중국 노인을 만난 건 약 5년 전이었어요. 그 만남이 내 삶의 전환점이 되는 계기가 되었죠. 당시 난 잘 나가는 컴퓨터 회사를 경영하고 있었어요. 사업은 아주 잘 되었죠. 돈 버는 것만이 내 삶의 최대 목표라서 35살이 되었을 때는 이미 백만장자가 되어 있었어요. 하지만 나는 아주 불행했죠."

"왜요?"

"이런 말을 들어 보았나요? '한 사람이 온 세상을 얻는다 할지라도 자신의 영혼을 잃는다면 무슨 의미가 있겠는가?' 당시의 내 모습을 그대로 말해 주고 있어요.

당시 나는 사업에서는 크게 성공했지만, 동시에 삶의 중요한 것들은 모두 잃었지요. 아내와는 이혼을 했고, 친한 친구들도 거의 떠나갔죠. 평생 써도 못다 쓸 돈을 버느라고 매일매일 죽도록 일만 한 결과였죠.

크리스마스 이브였어요. 난 너무 비참한 기분이 들어 기분 전환을 하려고 롤렉스 시계를 하나 샀어요. 5천 파운드나 주고 사서 잠시 동안은 뿌듯한 기분이 들었어요. 하지만 30분도 채 지나지 않아서 시계를 사기 전과 마찬가지로 참담한 기분이 들었죠. 왜 시계를 사면 행복할 거라고 생각했는지, 지금 생각해도 그 이유를 알 수가 없어요. 다른 시계와 별 차이도 없는데 말이죠. 그저 시간만 알려 줄 뿐인데.

그 날의 일을 생생하게 기억하고 있어요. 쇼핑몰 앞에 있는 의자에 앉아 해일처럼 밀려왔다 밀려가는 인파를 한참 동안 보고 있었어요. 내 앞을 지나가는 그 많은 사람들을 바라보며 앉아 있으니 난 철저히 홀로 있다는 느낌이 들었어요. 엄청난 고독감에 휩싸여 있었죠. 크리스마스는 1년 중 가장 아름다운 날일 수도 있지만, 가장 고독하고 비참한 날일 수도 있어요. 매년 수많은 사람들이 비참한 환경 속에 놓이게 되죠.

가족이나 친구도 없고, 돈도 없고, 먹을 것과 집도 없는 그들에게 크리스마스는 단지 자신들의 가난이 더 돋보이는 날이죠. 그 날 처음으로 비참하고 외로운 사람들이 많다는 걸 어렴풋이나마 느꼈지요. 그리고 그 다음에 일어난 일이 내 삶을 완전히 바꿔 버렸죠."

주면 줄수록 더 많이 얻는다

"무슨 일이 있었는데요?" 내가 물었다.

"어느샌가 왜소한 중국 노인이 내 곁에 앉아 있었던 거예요!"

나는 미소를 지었다.

"노인은 몸을 돌려 내게 말했어요. '당신도 알다시피 제1차 세계 대전은 4년간을 싸웠는데, 병사들이 무기를 놓고 평화를 찾은 날은 1914년 크리스마스였네.'

난 그의 말에 아무런 흥미도 없었지만, 노인은 개의치 않고 계속 말을 했죠. '노르망디에 있었던 영국과 독일의 병사들은 각자 참호에서 나와 서로를 축하하면서 음식과 음료수를 나누어 먹었지.'"

그는 잠깐 쉬더니 말을 이어 나갔다.

"그건 정말 불가사의한 일이었어요. 그렇지 않습니까?"

내가 고개를 끄덕였다.

"나도 그렇게 생각합니다."

"노인은 계속 말했죠. '사람들은 1년 내내 나름대로의 방식으로 소유하기 위해 노력해서 행복을 추구하네. 하지만 크리스마스 같은 날은 베풀고 봉사함으로써 진정한 행복을 발견하기도 하지.'

그의 말은 내 인생을 다시 한 번 생각하게 만들었죠. 난 늘 뭔가를 소유함으로써 행복해질 수 있다고 생각했거든요. 더 많은 돈, 더 좋은 일자리, 더 큰 집, 더 좋은 차 등등. 하지만 난 실제로 모든 것을 소유했는데도 불구하고 여전히 불행했죠.

난 노인과 오랫동안 대화를 나누었어요. 그 때 처음으로 풍요로운 행복의 10가지 비밀을 알게 되었죠. 노인을 통해서 만난 훌륭한 사람들이 내게 나누어 준 비밀은 내 인생을 풍요롭게 하는 데 큰 도움을 주었어요. 하지만 그 중에서도 내게 특별했던 비밀은 바로 베풂의 힘이었지요.

평생 열망하던 행복을 베풂을 통해서 너무 쉽게 얻을 수 있었어요.

자연의 법칙 중에서 가장 신기한 법칙 중의 하나는 바로 이것이죠. '많이 주면 줄수록 더 많이 얻는다.' 이는 마치 씨앗을 뿌리는 것과 같아서 당신이 뿌린 씨앗은 천 배 만 배로 되돌아오는 거예요."

아무리 사소한 도움도 기분을 좋게 한다

"하지만 가진 것이 없다면 어떻게 뭘 줄 수 있겠습니까?"

탄스워스가 미소를 지었다.

"그것이 바로 베풂의 아름다움이죠. 당신은 베풂을 통해서 많은 것을 얻을 수 있어요. 상대에게 기쁨을 주면 바로 되돌려 받죠. 마치 향수처럼요."

"향수요?"

나는 의아해 하며 물었다.

"네, 향수요. 향수는 먼저 자신에게 몇 방울 뿌려야만 다른 사람들이 그 향을 맡을 수 있지요.

미소를 예로 들어 보죠. 상대방에게 미소를 보내면 반드시 그는 미소로 답할 거예요. 이처럼 행복은 부메랑과 같아서 주면 줄수록 되돌아오죠.

분명히 당신도 아무런 이유 없이 남을 도운 일 ─ 아무리 사소한 일일지라도 ─ 이 있을 거예요. 예컨대 길을 잃은 사람에게 방향을 가르쳐 주거나, 횡단보도를 건너는 장님을 도와 주거나, 아니면 단순히 친구의 생일을 기억하는 일 등등 말이에요. 혹은 다른 사람에게 진심으로 건의를 하거나, 감사의 뜻을 표하는 일 따위가 있겠죠."

"네, 물론입니다."

나는 고개를 끄덕였다.

"그 때 가슴이 뿌듯하지 않았나요? 자신의 말이나 행동에 대해 상대방이 감사를 표하기 때문이 아니라, 그저 상대방을 도울 수 있는 뭔가를 했다는 사실만으로도 기분이 좋은 거죠."

몇 년 전 길을 잃은 외국 여인을 만났던 일이 기억났다. 그녀가 찾는 곳은 3킬로미터 정도 떨어진 곳이었다. 눈이 내리고 있는 한겨울이었는데, 그녀는 추위에 떨면서 사람들에게 길을 묻고 있었다. 설사 추운 날씨가 아니라 해도 그녀는 길을 찾을 수가 없었을 것이다. 그래서 내가 목적지까지 차를 태워 준 적이 있었는데, 그 당시 마음이 아주 편했던 기억이 났다.

"알다시피, 깊이 들어가 보면 인간의 본성은 이기적인 것이 아니에요. 자기 자신을 위하는 것보다 훨씬 많은 것을 남을 위해 할 수 있죠. 예컨대 대부분의 부모는 자식들을 위해서 기꺼이 자신의 편안함을 희생하죠.

그 날 중국 노인과 대화를 나눈 뒤, 쇼핑몰을 따라서 걷고 있었어요. 마침 크리스마스 캐럴을 부르는 구세군 성가대와 마주쳤지요. 그들은 '이번 크리스마스에는 집 없는 사람을 도와 줍시다!'라고 외치고 있었죠. 난 즉시 시계점으로 돌아가서 롤렉스 시계를 돌려주고, 5천 파운드를 받아서 구세군에게 기부했죠. 그 때 구세군 여인의 얼굴에 떠오른 놀라움과 감사의 표정을 난 결코 잊을 수가 없어요.

그녀는 동료들에게 수표를 보여 주면서 눈물을 흘렸어요. '이 돈으로 얼마나 많은 사람들을 도울 수 있을까요?' 그녀는 정말 가슴 깊은 곳에서 우러나오는 말로 고마움을 표시했죠. '감사합니다. 하느님의 은혜를 받으세요.'

난 처음으로 노인이 한 말의 의미를 이해할 수 있었어요. 왜냐하면 수표를 기부함으로 해서 그것보다 더 많은 기쁨을 누렸고, 비록 큰 도움은 아니었지만 남을 돕는 것이 평생 그 시계를 차고 다니는 것보다 더 중요하다는 사실을 알았기 때문이죠."

아버지와 아들 이야기

"몇 년 전에 이런 글을 읽은 적이 있어요. 한 아버지가 아들에게 어릴 때부터 베풂의 가치를 가르치려고 하였죠. 아들의 여섯 번째 생일이었는데, 아버지는 화사한 색깔의 헬륨 풍선을 선물했어요.

생일 파티가 끝난 후, 아버지는 아들에게 풍선으로 훨씬 재미있는 일을 할 수 있다고 말했죠. 그건 풍선을 다른 사람에게 주는 것이었어요! 말할 것도 없이 아이는 그 제안에 흥미가 없었지만, 아버지가 재미있는 일이라고 하자 마지못해 동의하였죠.

두 사람은 양로원으로 갔어요. 아들은 20개의 풍선을 들고 가서 방 안에 있는 사람들에게 하나씩 나누어 주었죠. 그러자 노인들의 얼굴에 희색이 가득 돌면서 한동안 이야기꽃을 피웠어요. 그 중 한 노부인은 3년 동안 찾아오는 사람이 한 사람도 없었다고 하면서, 감동한 나머지 눈물까지 흘렸죠.

아들의 베풂의 행동은 마치 캄캄한 방에 환히 불을 밝힌 듯했어요. 노인들마다 다가와서 고맙다는 인사를 했으며, 앞다투어 아들을 안으려고 했죠. 아들은 너무나 즐거웠어요. 그래서 집으로 돌아오는 길에 아버지에게 언제 또 방문할 거냐고 물었죠. 아들에겐 평생 잊을 수 없는 교훈이 되었던 거예요. 그 날부터 그 아들은 기회만 있으면 뭘 소유하기보다는 베풀려고 했어요."

"멋진 이야기네요."

나도 그런 형이 되고 싶어요

"이번에는 나를 특별히 감동시킨 이야기를 하나 더 해 드릴게요."

탄스워스가 이야기를 계속했다.

"몇 년 전, 난 폴이란 사람을 만났는데, 그는 자신이 대학생일 때 베춤의 힘을 어떻게 배웠는지 내게 말해 주었답니다.

폴은 18번째 생일 날 형한테 새 차를 선물로 받았어요. 폴은 친구들에게 빨리 자랑을 하고 싶어서 바로 학교로 몰고 갔죠.

어떤 후배가 번쩍거리는 새 차를 둘러보면서 부러워하자, 폴이 '어때?'라고 폼을 재며 물었지요. 후배는 '아주 멋져요!' 하고 흥분하면서 말했죠. 폴이 형이 생일 선물로 사준 거라고 하자, 후배는 놀란 표정으로 '형이 주었다고요? 아! 나도……' 하고 말하다 말끝을 흐렸어요. 폴은 후배가 뭘 말하려는지 알았어요. 바로 '나도 그런 형이 있으면 얼마나 좋을까?'였죠. 하지만 후배는 의외의 말을 했어요. 그래서 폴은 그의 말을 평생 잊을 수 없었지요. 그 후배는 이렇게 말했던 겁니다.

'나도 그런 형이 되고 싶어요.'

폴은 후배의 말에 깊은 감동을 받은 나머지 점심 시간 동안 차를 몰아 보라고 했어요. 후배는 흥분한 기색으로 자기 집 앞을 지날 때 잠깐 세워도 괜찮냐고 물었죠. 폴은 후배가 무얼 하려는지 안다는 듯이 웃었어요. 이웃 사람들과 친구들에게 새 차를 운전하는 모습을 보이고 싶어 한다고 생각한 거죠.

10분쯤 후 후배가 자기 집 앞에 차를 세우더니 집으로 달려갔어요. 얼마 지나지 않아 후배는 휠체어에 앉은 어린 소년을 밀고 나왔어요. '와!' 소년은 차를 보더니 눈을 휘둥그레 뜨면서 소리쳤어요. 그 다음에 일어난 일은 폴의 눈에서 눈물을 흘리게 했죠. 후배는 어린 동생에게 이렇게 말했어요.

'샘, 언젠가 내가 이런 차를 사줄게!'

이 말을 들은 폴은 이렇게 말했죠.

'샘! 우리 함께 드라이브하지 않겠니?'

두 다리를 못 쓰는 소년을 안아서 차에 태운 뒤 세 사람은 드라이브를 했어요. 그 날 새 차의 주인인 폴은 자신을 낮추어 처음으로 사람들이 말하는 '베푸는 것이 받는 것보다 행복하다'는 말을 이해했던 거죠.

아낌없이 주는 행동은 단순히 자기 문제에서 벗어나는 것이 아니에요. 내가 깨달은 풍요로운 행복의 비밀은 바로 이거예요.

'자신의 삶에 행복과 기쁨을 가져오기 위해 해야 할 일은 오로지 남에게 베푸는 것이다.'

그래서 나는 끊임없이 내가 도움이 되는 장소나 사람을 찾고 있어요. 돈만이 아니라 시간까지 포함해서 말이죠.

결국 난 사업을 그만두고 장애아들에게 수영을 가르치기 시작했어요. 그들에게 도움이 된다는 사실이 날 행복하게 만들었죠. 남을 기쁘게 해 주고, 남을 돕는 일보다 더 큰 행복은 없다고 생각하니까요."

집으로 돌아오는 길에 탄스워스의 말과 나의 삶을 연결시켜 보았다. 지난 몇 년 동안 내 문제에만 골몰한 나머지 다른 사람을 걱정한 적이 없었다. 남을 배려하고 남들 — 특히 가장 가까운 사람들 — 을 위해서 뭔가 할 시간을 갖는 것이 실제로는 자기 자신을 돕는 것이란 사실을 생각지도 못했던 것이다.

베풂의 힘

1_ 행복은 자신을 위한 소유에서는 발견할 수 없고, 남을 돕고 베푸는 데서 발견할 수 있다.

2_ 기쁨과 행복을 더 많이 나누어 줄수록 자신이 더 많이 받는다.

3_ 남에게 행복을 주는 방법을 찾아가다 보면 매일 내 인생의 행복을 창조할 수 있다.

삶의 질은 관계의 질이다
― 관계의 힘(한센)

이틀 뒤에 나는 시내 중심가의 작은 커피숍에서 아홉 번째 사람을 만났다. 에드 한센은 도시의 동쪽에 위치한 작은 아파트에서 혼자 살고 있었다. 그러나 그가 늘 혼자 산 것은 아니었다. 한때는 4개의 방이 있는 주택에서 가족과 함께 오붓하게 살았다. 하지만 그건 오래 전, 술주정을 시작하기 전의 삶이었다.

"난 원망하지 않아요."

한센이 나에게 말했다.

"내 스스로가 모든 것을 엉망으로 만들었기 때문에 나 자신 외에는 아무도 탓할 수 없었죠. 사실 난 두 번째 기회를 갖게 되어 매우 기뻐요. 술을 끊은 지 10년이 되었거든요."

"도대체 어떻게 시작한 겁니까?"

"오래 전 일이죠. 일과 근심 때문에 받는 스트레스가 얼마나 큰지는 누구나 다 알 거예요. 어느 날 저녁, 퇴근 후에 동료들과 함께 시내 술집으로 몰려가서 술을 마셨죠. 몇 잔이 돌자 긴장이 다소 풀리면서 마음이 편해졌어요.

이튿날도 일이 끝난 뒤에 다시 술집에 들렀어요. 그러다 보니 나도 모르는 사이에 매일 퇴근 후면 꼭 한 병씩 마시는 습관이 생겼죠. 이내 두 병, 세 병으로 늘어났어요. 그렇게 몇 달이 지나자, 이번에는 낮에도 술을 마시게 되었지요.

결국은 술로 인해 내 인생이 산산조각 났어요. 업무 능력이 급격히 떨어지자 직장에서 쫓겨났고, 결국 아내는 아이들을 데리고 집을 나가 버렸지요. 집세를 낼 돈이 없어서 몇 달 뒤엔 집에서도 쫓겨났어요. 그 후의 생활은 말할 것도 없고요. 결국 집 없는 부랑자 신세가 되어 구걸과 노숙으로 연명해 나갔어요."

그의 이야기는 나에게 큰 충격을 주었다. 나는 여태껏 노숙자는 만난 적이 없었다. 그런 사람들은 모두 게으르거나 사회에 적응하지 못하는, 이 사회에서 사라져야 할 밑바닥의 사람들이라고 생각했었다.

하지만 한센은 분명히 정상이었다. 만약 심각한 불행에 빠져 있거나 매일매일 걱정이나 스트레스를 풀지 못하면, 누구나 이런 곤경에 빠질 수 있다는 걸 나는 한센을 통해 알게 되었다.

"그럼 어떻게 다시 일어설 수 있었습니까?"

"쉽지 않았죠. 여러 사람에게 도움을 받았어요. 그 때는 인정하지 않았지만, 분명히 난 도움이 절실히 필요했죠. 어찌나 무기력한지 깊은 수렁에 빠진 느낌이었으니까요.

그 날은 겨울밤이었지요. 얼마나 추웠는지 얼어 죽을 것 같았는데, 술도 저의 고통을 덜어 주지는 못했어요. 정말 이젠 죽는구나 생각했죠. 사흘 동안 아무것도 먹지 못한 채 종이상자에 들어가서 덜덜 떨고 있었으니까요. 난 어서 빨리 고통 없이 죽여 달라고 기도했어요.

그 때 내 앞에 어떤 사람이 서 있었어요. 너무 어두워서 누군지는 볼 수 없었지만, 부드럽고 점잖은 목소리의 사람이었죠. '갑시다, 에드. 이젠 떠날 때요.' 이렇게 말하면서 내게 손을 내밀었어요. 난 내가 이미 죽었다고 생각했죠. 그의 손이 닿자마자 내 몸의 고통이 씻은 듯이 사라졌기 때문이에요. 그는 날 데리고 거리로 나갔어요.

몇 분 후 우리는 큰 건물 앞에 서 있었죠. 그 때 그를 자세히 살펴보니 그는 바로 중국 노인이었어요. 노인은 내게 종이 쪽지 한 장을 건네주면서 말했어요. '받게나, 에드. 자네가 새로운 삶을 시작할 곳이네. 그럼 잘 지내게!' 내가 그 종이 쪽지를 받아 들고 다시 고개를 들었을 때, 노인은 이미 사라지고 보이지 않았죠."

나는 그 신비한 은인이 누군지 추정할 수 있었지만, 여전히 목구멍으로 뭔가 치미는 듯했고 눈도 흐릿해졌다.

무조건적인 사랑의 관계

"건물 안에서는 어떤 모임이 열리고 있었죠. 익명의 알코올 중독자 모임이었어요. 하지만 실내는 따뜻했고 산뜻한 커피 향기로 가득해서 난 그냥 머물러 있었죠. 그 때 노인이 준 종이 쪽지를 보았어요. 거기엔……."

"10명의 명단이 적혀 있었죠?"

내가 끼어들었다.

"네, 그래요." 그가 미소를 지으며 대답했다.

"그런데 놀라운 일은 명단에 적힌 마지막 이름이 회의장 칠판에 적힌 이름과 똑같았지요. 그는 강연하고 있는 존 머플랜드 씨였어요. 회의가 끝나자 난 머플랜드 씨에게 다가가서 그 종이를 보여 주었죠. 그러자 그는 날 감싸안으며 말했어요. '걱정 마시오, 에드. 여기 있는 사람들은 다 친구들이니 도움이 필요하면 이 곳으로 와요.' 노인이 약속한 것처럼 그 날 저녁에 난 다시 살아난 거예요. 내 모습은 영락없는 거지였지만, 모두들 나를 친구처럼 다정하게 대해 주었어요. 평생 처음으로 사람들이 어떠한 비난이나 평가 없이 내 이야기를 기꺼이 들어 주었어요.

나는 정기적으로 'AA(익명의 알코올 중독자)' 모임에 참가했어요. 시간이 지나면서 점차 절제된 생활을 하게 되었죠. 그 동안 명단에 적힌 다른 사람들을 만났는데, 그들을 통해서 풍요로운 행복의 비밀에 담겨 있는 살아가는 법을 배웠어요. 그 비밀들은 어떤 식으로든 내게 도움이 되어 삶을 풍요롭게 해 주었죠. 그 중에서도 특히 그 날 밤 내 삶을 구한 것은…… '관계의 힘'이었죠."

"관계? 무슨 뜻이죠?"

"무조건적인 사랑의 관계죠. 관계가 없는 삶은 텅 빈 삶이라 할 수 있어요. 결국 삶은 하나의 축제와 같은데, 혼자서 여는 파티는 재미없잖아요?

인간은 사회적인 동물이에요. 우리는 서로 대화를 나눌 필요가 있어요. 그런 관계가 절실하다는 걸 느낄 필요가 있다는 말이에요. 성경에 이런 구절이 있지요. '인간이 홀로 있는 것은 좋지 않다.' 나의 지난 날을 돌이켜 보면……."

한센이 잠시 쉬었다가 말을 이었다.

"사업한답시고 친구와 가족들을 얼마나 소홀히 했는지 몰라요. 아마도 내가 술을 처음 마시기 시작한 이유일지도 모르죠. 혼자서는 내 문제를 극복할 수 없었을 거예요. 또한 그 방에 있는 사람들이 아니었다면, 그들이 사랑과 관심을 갖고 날 이해하고 받아들여 주지 않았다면, 그리하여 어떤 대가도 바라지 않고 도움을 주지 않았다면, 분명히 극복하기 어려웠을 거예요. 때때로 인생을 살다 보면 도저히 혼자서는 빠져나올 수 없는 깊은 수렁에 빠진 느낌이 들 때가 있죠. 그 때야말로 자신을 끌어올려 줄 사람이 절실히 필요한 때죠."

삶의 질은 관계의 질이다

그는 잠시 멈추었다가 말을 계속 이었다.

"만약 내게 어떤 삶의 교훈을 배웠냐고 묻는다면, '삶의 질은 바로 관계의 질이다'라는 말을 제일 먼저 하겠어요."

"무슨 뜻이죠?"

"행복의 발단은 우선 자기 자신과의 관계에서 오고, 그 다음에 우정·사랑 같은 다른 사람과의 관계에서 오는 거죠. 혼자서 일을 아무리 잘한다 한들 그 일이 얼마나 즐거울 수 있을까요?"

"맞는 말씀입니다."

맞장구를 치며 내 경험담을 말했다.

"작년에 저 혼자 세이쳌 섬으로 휴가를 간 적이 있었습니다. 그런데 모든 것이 아름다웠지만 왠지 허전함을 느꼈죠. 그 이유는 저와 함께 즐거움을 나눌 사람이 없었기 때문이에요."

"맞아요. 사랑하는 사람과 같이 있었다면 그 아름다운 경험이 더욱 풍부해졌을 거예요. 또 훨씬 지내기도 편했을 거고요. 자신의 문제를 다른 사람과 얘기하고 났을 때 마음이 저절로 편해지는 걸 느낀 적이 있지요? 물론 확실한 도움을 주지 못해서 자신의 문제가 여전히 해결

되지 않았을 수도 있지만, 어쨌든 조금이라도 좋아졌음을 느낄 수 있지요."

나는 그의 말에 고개를 끄덕였다. 확실히 그런 경험이 있었기 때문이다.

"당신이 알아차리지 못한 일이 있을 수도 있어요. 자기 자신에 대해서 깊이 골몰하다 보면 더 걱정되고 더 근심되고 더 좌절하고 더 불행해지는 경향이 있죠. 따라서 자신의 문제를 계속 쌓아 두면 문제를 쉽게 해결할 수 없어요. 점점 무거워지면서 위축되거나 무력감에 빠지게 되죠. '두 사람의 머리가 한 사람의 머리보다 낫다'는 속담은 절대적으로 진실이에요. 문제를 해결하는 두뇌의 능력이 두 배라는 것이 아니라, 근심이나 걱정을 나누는 과정에서 많은 해결점을 찾을 수 있다는 뜻이죠.

관계는 우리의 삶을 풍부하게 해 주지요. 기쁨을 나눈다면 몇 배의 기쁨을 얻을 것이며, 문제점을 나눈다면 그 문제점은 훨씬 가벼워질 거예요.

영국의 시인 바이런은 '기뻐하는 자는 누구나 승리자다. 행복을 나누어라. 그럼 행복은 두 배가 된다'라고 말했어요."

친구가 용서하기를 바라듯이 용서하라

매우 뜻깊은 말이라고 생각했다. 나야말로 문제를 마음에 쌓아 두는 사람이었다. 친한 친구와 가족들이 있지만, 좀처럼 내 문제에 대해 토론한 적이 없었다. 사실 그러한 나의 행동 때문에 그들과 더욱 가까워지기가 어려웠던 것이다.

"좋습니다. 저 역시 당신의 뜻을 이해합니다. 하지만 어떤 사람들하고는 관계를 맺는 것이 어렵습니다."

"관계 맺는 것이 어렵다면, 반드시 삶도 어려울 겁니다."

"네, 그렇겠지요."

"예컨대 저만 해도 늘 외톨이였죠. 다른 사람과 친구로 사귀거나 가까운 관계를 유지하는 일이 어려웠죠. '과거는 미래가 아니다'라는 말을 들어 본 적이 있나요?"

"아뇨."

"어제 발생한 일이 내일도 똑같이 발생하지는 않는다는 뜻이죠. 과거의 인간관계에 문제가 있다고 해서 미래도 똑같으리라는 법은 없어요. 과거에는 인간관계를 그저 잘못된 방식으로 끌고 갔을 수도 있으니까요."

"그건 무슨 뜻이죠?"

"음, 어떤 점이 상대를 좋아하게끔 만들까요?"

그가 되물었다.

"잘 모르겠습니다. 어떤 때는 의기투합하는 경우도 있지만, 어떤 때는 등을 돌릴 때도 있어요."

"좋아요. 그렇다면 다른 각도에서 살펴보죠. 당신은 어떤 사람에게 편안함을 느낍니까? 두 눈으로 당신을 똑바로 보는 사람인가요, 아니면 눈길을 피하는 사람인가요?"

"날 똑바로 보는 사람이지요."

"좋아요. 어떤 사람이 더 편안하게 느껴지나요? 굳게 악수하는 사람입니까, 아니면 미꾸라지처럼 쥐는 사람인가요?"

"물론 굳게 악수하는 사람이지요."

"그렇겠죠. 자기 얘기만 하는 사람을 좋아하나요, 아니면 상대방에게도 관심을 갖는 사람을 좋아하나요?"

"당연히 내게도 관심을 기울이는 사람이지요. 그건 너무나 당연한 거 아닌가요?"

"맞아요. 너무나 당연하죠. 하지만 처음 사람을 만났을 때 이런 것들을 의식하나요? 대부분의 사람들이 그렇지 않아요. 그러면서도 왜 자신은 다른 사람과 관계를 맺기가 어려운지 궁금해 하죠."

나는 곰곰이 생각하다가 말했다.

"맞습니다. 솔직히 말해서, 한 번도 이 문제에 대해서는 생각해 보지 않았어요."

"친구 관계를 유지하고 싶다면, 그의 모습 그대로를 받아들여야 하죠. 심지어 그의 결함마저 받아들여야 해요. 장점이나 좋은 점에만 유의해서는 안 되죠. 친구가 잘못을 저질렀을 때는 기꺼이 용서할 수 있어야 하고요. 내가 잘못했을 때 친구가 용서하기를 바라듯이 말이에요."

"네, 그래요. 지난주에는 용서의 힘에 대해 대화를 나눈 적이 있었어요."

"용서는 행복의 원천이지요. 용서가 없는 인생은 외롭고 비참하게 끝나기 마련이에요. 그리고 남에게 잘 대해 주면, 그들도 마찬가지로 우리를 정성껏 대해 주지요."

사람을 대할 때는 다시 못 볼 것처럼 대하라

"그래도 인간관계가 늘 쉬운 것은 아니라고 생각합니다. 그렇지 않나요?"

"어떤 관계든 문제점이나 마찰은 있기 마련이에요. 하지만 난 인간관계를 돕는 테크닉을 발견했어요."

"그게 뭐죠?"

"내가 만난 모든 사람을 다시는 만나지 못할 사람처럼 대하는 거예요. 생각해 보세요. 당신이 만난 모든 사람을 마지막으로 보는 사람처럼 대한다면 친구와의 관계, 직장 동료와의 관계, 가족과의 관계, 심지어 낯선 사람과의 관계도 바뀔 수 있겠죠."

"잘 모르겠는데요."

내가 고개를 저었다.

"아내나 여자 친구를 다시는 보지 못한다면, 그녀를 어떻게 대하겠습니까? 키스나 포옹도 하지 않고 떠나 보낼까요?"

"아니죠."

"묵은 감정을 풀지도 않고 그냥 '안녕'이라고만 말할까요?"

"그것도 아니죠."

"그녀가 당신에게 얼마나 중요한지 말하지도 않고 떠나 보내지는 않겠죠?"

"네."

"그럼 직장 동료나 친구, 혹은 다른 가족들에겐 어떻게 하나요? 다시는 그들을 볼 수 없다면, 그들과 잘 지내려고 하지 않을까요? 기분 나쁜 상태에서 헤어지지 않도록 최선을 다하지 않을까요?"

나는 고개를 끄덕였다. 그의 말이 심금을 울렸다. 갑자기 마지막으로 어머니를 만났던 일이 기억났다. 그 날은 아주 무더운 여름이었는데, 어머니는 외국으로 휴가를 떠날 준비를 하고 있었고, 나는 친구와 테니스를 치기 위해 나가던 참이었다. 나는 급한 마음에 어머니 얼굴에 급하게 키스하며 인사를 대신했다. 그것이 마지막 이별이 될 줄은 생각지도 못했다. 당시의 일이 내 인생에서 가장 후회스런 순간이었음을 요즘도 가끔 상기하곤 한다. 이제는 아끼는 사람들에게 똑같은 실수를 하지 않는 법을 이해할 수 있었다.

"사람을 대할 때는 다시는 못 볼 것처럼 대하라."

아주 간단한데, 바로 한센이 말한 것이다. 그리고 그는 이런 얘기도 해 주었다.

"많은 사람들이 인간관계의 중요성을 몰라요. 난 사업을 가정보다 더 중시했기 때문에 결국 둘 다 잃었죠. 다른 사람들도 인간관계보다는 돈과 재산을 더 중시하죠. 형제·자매, 부모자식 간에 돈을 갖고 다투는 일이 얼마나 많습니까? 그들은 가장 가까운 관계를 희생하고 있어요. 아울러 자신도 모르게 행복마저 희생시키고 있죠."

관계의 힘

1_ 삶의 질은 자신이 맺고 있는 관계의 질이다.

2_ 어느 누구도 홀로 있는 섬이 아니다. 우리 모두는 서로 이어진 '관계'가 필요하다.

3_ 친밀한 관계는 좋은 시간은 더 좋게 하고, 힘든 시간은 덜 힘들게 한다.

4_ 기쁨을 나누면 기쁨은 두 배가 되지만, 문제점을 나누면 그 문제점은 반으로 줄어든다.

5_ 모든 사람을 대할 때 다시는 못 볼 것처럼 대하라.

행복을 창조하는 것은 신이 아니라 자신이다

— 믿음의 힘(헨더슨)

일주일이 지나고 나서야 나는 명단에 적힌 마지막 사람을 만날 수 있었다. 그 동안 나는 이미 배웠던 것들을 음미하기도 하고 실천해 보기도 했다.

언제나 행복을 우선 순위로 생각했으며, 아무리 어려운 상황에서도 긍정적인 면을 찾으려고 노력했다. 아울러 신체의 힘을 사용하기 시작했는데, 규칙적으로 운동도 하고 음식에도 특별히 신경을 썼다.

또 순간 속에서 살아가는 비밀을 터득하게 되어 사회 생활에도 많은 도움이 되었다. 이전보다 더 많은 일을 했지만 스트레스나 걱정은 줄었다는 것을 스스로도 느낄 수 있었다. 심지어 직장 상사마저도 내가 변한 것을 알아차리고서 내 노력을 칭찬했다.

나는 매일 긍정적인 다짐을 반복함으로써 내 자신의 이미지를 개선해 나갔다. 매일 아침마다 스스로를 강화하는 5가지 질문을 던졌고, 훨씬 열정적으로 매일매일 내게 닥치는 도전에 대처할 수 있었다.

뿐만 아니라 '흔들의자 테크닉'을 이용해서 단기적인 목표만이 아니라 평생의 목표까지 찾아냈다. 그것을 마음에 새기기 위해서 매일 세 번씩 하나하나 써서 읽었다. 나는 목표를 추구하고 노력할 때 더 많은 에너지와 열정이 넘친다는 걸 발견했다.

또한 일의 재미있는 면을 의식적으로 찾기 시작했다. 특히 스트레스가 심한 상황에서는 그렇게 하기 위해 더욱 노력했다. 그리고 사람을 만날 때면 항상 마지막으로 만난다는 심정으로 대하였다.

그 결과 남들을 더 깊게 배려할 수 있게 되었으며, 상대도 나를 똑같이 대하는 걸 발견했다. 그리고 나의 주변 사람들 – 친구와 가족과 직장 동료들 – 에게 감사의 뜻을 표하는 기회도 놓치지 않았다.

또 내가 느낀 주된 변화는 남을 돕고 베풀 수 있는 길을 찾으면 그와 동시에 자신도 행복해진다는 것이다. 남을 향해 미소를 지을 때, 늘 기분이 좋아진다는 사실도 발견했다. 다른 사람의 삶에 작은 소중함을 안겨 주는 것이었지만, 나에게는 많은 기쁨을 가져다 주었다.

하루를 마치면서 그 날 나를 비난한 사람은 그 누구라도 용서하겠다는 규칙을 세웠다. 이 규칙을 지켜 나가면서 고통스럽고 슬픈 기분으로는 결코 잠들 수 없다는 사실도 발견했다.

그렇다! 나의 삶은 의심할 바 없이 이전보다 훨씬 더 에너지가 넘치고 열성적이었으며 행복했다. 풍요로운 행복의 비밀이 정말 효과가 있음을 믿어 의심치 않았다.

"그렇다면? 명단에 적힌 마지막 사람은 지금까지 배운 것 외에 무엇을 가르쳐 줄까?"

준 헨더슨 양은 시내 북쪽으로 몇 킬로미터 떨어진 교외의 작은 아파트에서 살고 있었다. 그녀는 아주 예뻤다. 갓 마흔을 넘긴 아담한 체구에, 어깨까지 오는 금발에다 파란 눈이 매력적이었다.

"노인을 만났다면서요?"

"네. 몇 주 전에 제 차가 고장났을 때 만났죠."

"놀랍지 않나요? 전혀 생각지도 않았을 때 놀라운 일이 일어난다는 것이."

헨더슨 양이 말했다.

"저도 그렇게 생각합니다."

"그걸 '11번째 시간의 원리'라고 하죠. 들어 본 적 있나요?"

"아뇨."

"아주 간단해요. 상황이 극적으로 바뀌면서 놀라운 일이 일어나는 시기는 그 일의 전망이 아주 암담할 때죠. 흔히 새벽이 오기 직전의 밤이 가장 어둡고 가장 추운 것처럼 말이에요. 그 중국 노인은 늘 이 11번째 시간에 나타나지요."

"제 생각에도 그런 것 같습니다."

"내가 노인을 만났을 때도 아주 불행한 때였어요."

"왜죠?"

"어머니가 돌아가신 지 딱 한 달째 되던 때였거든요. 마치 어제 일처럼 기억이 생생해요."

순간 나는 당황했다.

"죄송합니다. 쓸데없는 걸 물어서……."

"아뇨, 괜찮아요. 정말입니다. 당시 난 21살이었고 대학에 다니고 있었어요. 마지막 기말고사를 끝냈을 때였죠. 엄청난 충격이었어요. 어머니는 골초였지만 건강은 아주 좋았거든요. 하지만 결국 담배의 희생자가 되었죠. 어느 일요일 날 갑자기 심장마비로 돌아가셨어요.

하루는 혼자 아파트 베란다에 앉아서 어머니를 생각하고 있었죠. 얼마나 시간이 지났는지는 몰라도 문득 주변에 누가 있는 것 같았어요. 주위를 둘러보니 이웃 아파트 발코니에 서 있는 중국 노인이 보였죠. 두 눈이 마주치자, 노인은 미소를 지으면서 '안녕' 하고 인사를 건네 왔어요. 그러고 나서 우리는 대화를 시작했죠.

이상하게도 이제까지 한 번도 노인을 본 적은 없었지만, 마치 오랫동안 사귄 친구처럼 느껴졌어요."

나 또한 그 순간 노인과의 만남을 떠올렸다. 노인을 만난 지 5분 만에 바로 친해져서 편안하게 대화를 나누었던 것이다.

"노인은 아주 현명하고 점잖았어요. 그는 저를 보고 뭔가 이상하다고 느낀 것 같아요. 그래서 아주 재미있게 죽음에 관한 주제로 대화를 이끌고 갔어요. 노인은 자기네 나라에서의 죽음은 축제의 시간이지 슬픔의 시간이 아니라고 말했죠."

헨더슨 양이 말했다.

"사랑하는 사람을 잃고서 영원히 볼 수 없는데, 어떻게 축제의 시간이 될 수 있나요?"

내가 알 수 없다는 듯이 질문을 했다.

"나도 그렇게 물었어요. 그러자 노인이 행복의 황금률을 설명해 주더군요."

"아, 그거요. 맞아요. 제게도 마음가짐과 믿음이 우리의 감정을 결정하는 것이지, 상황이 결정하는 것은 아니라고 했어요."

"맞아요."

그녀가 미소를 지으며 말했다.

"노인은 자기 나라에서는 우리가 이 세상에 태어나기 전부터 존재해 왔음을 믿는다고 했죠. 이 세상에서의 짧은 삶은 학교와 같아서 다 배우고 나면 졸업한다는 거예요. 하지만 몸은 죽어도 그 영혼은 여전히 여정을 계속한다는 것이죠.

대부분의 종교에서도 몸은 죽어도 영혼은 다른 시공간에서 계속 살아가며, 그 곳에서 다시 사랑하는 친구와 가족들을 만날 수 있다고 믿고 있죠. 성경에서도 죽음을 '잠'으로 묘사했는데, 언젠가는 다시 깨어난다는 의미이죠."

그녀가 벽에 걸린 액자를 가리키면서 말했다.

"난 이 글을 어느 묘지에 있는 300년 된 비석에서 읽었어요."

유구한 신앙이 있나니,
어느 장엄한 해변에서
슬픔의 영역을 뛰어넘어
사랑하는 친구들과 다시 만나리.

"죽음이 종착역이고 완전한 이별이라고 믿는다면, 그 삭막함으로 삶을 제대로 살 수 없을 거예요. 하지만 이별은 일시적이지만, 영혼은 계속 살아간다고 믿으면, 그것은 전혀 고통이 아니죠."

"하지만 설사 죽음이 영구적인 것은 아닐지라도 이별은 슬픈 것 아닙니까?"

"네, 그래요. 일시적인 이별이라도 슬프죠. 하지만 일부 동양의 신앙에서는 죽음을 기쁨으로 여기기도 해요. 왜냐하면 사람의 영혼이 진정한 고향으로 돌아가고 더 높은 수준의 배움으로 회귀한다고 믿기 때문이죠. 하지만 그 날 노인과의 대화는 내 슬픔을 극복하는 데 큰 도움이 되었어요. 내 모든 믿음을 되돌아보게 해 주었죠."

"어떤 식으로요?"

"음, 믿기지 않겠지만, 나는 늘 고민을 심하게 하는 편이었죠. 겨우 12살 때 언젠가 나도 죽을 거라는 사실을 걱정했으니까요! 믿을 수 있겠어요?

나는 모든 일에 대하여 걱정했죠. 내가 말하거나 행동한 일, 내가 해야 할 일, 혹은 내가 잘못한 일이나 잘못할 수도 있는 일들을 말이죠.

게다가 걱정할 일이 없으면, 걱정해야 할 일은 없는지에 대해 걱정했고요."

이제야 조금 이해할 수 있을 것 같았다. 나도 대부분의 시간을 이런저런 걱정 ― 납기일, 계산서, 건강 등 ― 으로 보냈고, 늘 뭔가가 잘못되지는 않을까 걱정했기 때문이다.

그녀의 말이 계속 이어졌다.

"노인과의 대화를 통해서, 내가 걱정하는 일들이 대부분 그렇게 중요한 일들이 아니라는 걸 깨달았죠. 나와 가까운 사람의 죽음 앞에서 계산서, 채무, 시험, 직업 등과 관련된 모든 일들이 무의미하다는 걸 알았기 때문이지요.

노인은 내게 풍요로운 행복의 비밀을 가르쳐 주었는데, 그 비밀이 내 인생을 바꿨다고 확실히 말할 수 있어요. 내게는 그 비밀이 하나의 발견이었죠.

행복이나 불행의 설계자가 바로 나 자신이라는 건 단 한 번도 생각해 보지 못했거든요.

나는 노인의 이야기를 듣고 내 마음가짐과 믿음의 중요성, 신체의 힘이 정서에 미치는 영향과, 강력한 자기 이미지의 힘, 목표와 유머 감각의 필요성을 깨달았어요. 또 하루하루의 가치와 순간 속에서 살아가는 법도 배웠고요. 하지만 내게 가장 필요했던 비밀은 '믿음의 힘'이었죠."

행복하려면 믿음이 꼭 필요하다

내가 그녀에게 물었다.

"믿음이 행복과 어떤 관계가 있나요?"

"누구나 행복하게 살기 위해서는 일정한 믿음이 필요해요." 그녀가 대답했다.

"예를 하나 들죠. 운전할 줄 알죠?"

"네."

"차가 안전하다는 걸 어떻게 알죠?"

"한 달 전에 점검을 했습니다."

"그럼 기계가 잘 돌아가고 있는지 어떻게 압니까?"

"음……. 그것까지는 모르겠습니다만……."

"그렇다면 반드시 기계에 대한 믿음이 있어야 해요. 또 운전할 때 사고가 없을 거라고 어떻게 확신할 수 있나요?"

"저는 조심스럽게 운전합니다."

"그럼 운전하는 자신의 능력에 대해 믿음을 갖고 있다는 거군요. 좋아요. 하지만 도로에는 조심하지 않는 운전자들도 있지 않습니까?"

"있을 수 있지요. 하지만 대부분은 조심한다고 생각합니다."

내가 말했다.

"그건 다른 운전자에 대해서도 믿음을 갖고 있다는 거예요. 알겠어요? 자신의 차를 운전하기 위해서는 반드시 차를 제조하고 수리하는 사람들에 대한 믿음이 있어야 하고, 자기 자신과 다른 운전자에 대해서도 믿음이 있어야 하죠. 매일매일을 두려움과 걱정으로 살지 않으려면, 모든 면에서 상당한 믿음이 필요하다는 걸 알 수 있을 거예요."

"이제 좀 알 것 같습니다."

"모든 것 중에서 가장 필요했던 것은 하나의 믿음이었던 거예요."

그녀의 말이 이어졌다.

"이 믿음에는 신, 지고한 능력, 우주의 힘 – 뭐라고 부르든 상관없습니다 – 에 대한 믿음도 있죠."

"그럼 행복해지기 위해서는 신에 대한 믿음이 필요하다는 말씀인가요?"

"신에 대한 믿음이 없으면 행복해질 수 없다는 뜻은 아니에요. 다만 믿음이 없다면, 지속적인 행복을 누리기가 어렵다는 말이죠. 믿음은 풍요로운 행복의 주춧돌이니까요.

두 사람이 집을 짓는데, 한 사람은 반석 위에다 집을 짓고 한 사람은 모래 위에다 집을 짓는 것과 같아요. 날이 좋을 때는 둘 다 행복할 수 있지만, 폭풍우가 닥치면 모래 위에 집을 지은 사람은 재난을 입게 되죠.

믿음은 지속적인 행복을 짓는 반석과 같아요. 그 어떤 역경도 극복할 수 있기 때문에 믿음을 소유한 사람에게는 희망과 용기를 주죠.

윌리엄 제임스는 '믿음은 사람들이 살아가는 힘의 하나이다. 믿음의 부재는 붕괴를 의미한다'라는 말을 했어요. 그리고 간디는 '믿음이 없으면 난 벌써 미치광이가 되었을 것이다'라고 했죠.

지고의 힘에 대한 믿음이 없다면 삶은 의심과 근심, 걱정, 공포에 빠지게 돼요. 심리학에서는 강력한 종교적 믿음을 가진 사람이 그렇지 않은 사람보다 좌절과 실의를 더 잘 견딜 뿐만 아니라 난관도 쉽게 극복한다고 말하고 있어요. 자, 이걸 보세요."

그녀는 책꽂이에서 칼 융이 쓴 『영혼을 찾는 현대인』이란 책을 뽑아 들었다.

인생의 절반 – 35살 이상을 말한다 – 을 넘어선 내 환자들 중에서 자신들의 문제 해결을 위해 최후에는 삶에 대한 종교적 성찰을 통하지 않은 사람은 하나도 없었다. 다시 말해서 그들 모두가 모든 시대의 살아 있는 종교가 베푼 보편적인 가르침을 잃었기 때문에 병이 든 것이다. 따라서 종교적인 성찰을 다시 얻기 전에는 진정으로 완쾌될 수가 없다.

행복을 창조하는 것은 신이 아니라 자기 자신이다

"하지만 저는 신의 존재를 믿지 않는데요."

내가 말했다.

"만약 제가 QE2호(영국의 호화 여객선)가 몇 백만 년에 걸쳐서 금속, 나무, 플라스틱 및 갖가지 화학적인 합성물질이 결합되어서 만들어 졌다고 한다면, 당신은 날 미쳤다고 말하겠죠?"

"물론이죠."

"그 이유는 QE2호가 설계된 것을 볼 수 있기 때문이에요. 그렇다면 반드시 설계자가 있겠죠?"

"네."

"당신이 인체를 연구해 보면, 그 설계가 QE2호보다 훨씬 복잡하다는 걸 알 수 있을 거예요."

그녀가 계속 말했다.

"예를 들어서 컬럼비아 우주선은 520만 개의 부품으로 이루어졌지만, 인체는 눈만 해도 일억 개 이상의 조직으로 이루어져 있어요. 과학자들은 인체의 기능에 그저 경탄할 뿐이죠. 온갖 기술의 발전에도 불구하고 엠파이어 스테이트 빌딩만한 컴퓨터가 있어야만 인간의 두뇌와 견줄 수 있어요. 자연을 통해서 우리는 불가사의한 설계와 정교함을 볼 수 있죠."

"하지만 신이 존재한다면, 어째서 그렇게 많은 불행이 세상에 존재하는 겁니까?"

내가 고집을 부렸다.

"당신은 몇 주 전에는 불행하다고 말했을 거예요. 왜 그 때는 불행했는데 지금은 아니죠?"

"풍요로운 행복의 비밀을 배웠기 때문이죠."

"당신은 자신의 행복을 창조하는 힘을 갖고 있어요. 그러면 다른 사람의 행복을 창조하는 힘은 누가 갖고 있지요?"

"알겠어요. 누구나 자신의 행복에 책임이 있다는 말이죠?"

"물론이에요. 우리의 불행은 우리 자신의 생각과 행위에서 온 것이지, 신이 조종하는 것이 아니에요.

풍요로운 행복의 비밀에서 내가 배운 가장 훌륭한 교훈은 '행복이나 불행을 느끼게 할 수 있는 자는 딱 한 사람이다. 그 사람은 바로 자신이다'라는 거예요. 이 말을 명심하세요."

"네. 맞는 말씀입니다."

"결국 우리 자신을 찾는 데는 믿음이 필요해요. 우리들 스스로가 진리를 찾고자 한다면 반드시 찾을 거라고 굳게 믿어야 해요. 그러면 때때로 극도의 혼란과 절망에 빠졌을 때, 우리의 영혼을 건드리는 사건이 일어나겠죠. 하나의 작은 기적처럼……."

"예를 들면……?"

내가 물었다.

"중국 노인과의 우연한 만남 같은 것이죠!"

믿음의 힘

1_ 믿음은 풍요로운 행복의 주춧돌이다.

2_ 지속적인 행복은 믿음이 없으면 불가능하다.

3_ 믿음은 진실을 창조하고, 마음의 평화로 인도해 주며 의심, 걱정, 근심, 두려움으로부터 영혼을 해방시킨다.

그 때, 신비한 노인이 가져다 준 삶의 변화

차에 탈 때 빗방울이 이마를 때리더니, 몇 분 뒤 폭우가 쏟아졌다. 번개와 우레를 동반한 비바람이 차창을 세차게 내리쳤다.

1년 전 내가 신비한 노인을 만났을 때도 폭우가 쏟아졌었다. 아직도 그 날 저녁의 비참했던 모습이 기억에 생생하다. 폭풍우 속에서 차를 세워 둔 곳으로 되돌아오던 내 모습이 떠오르자 미소가 절로 나왔다. 하지만 그 때는 신비한 중국 노인과의 만남이 나의 삶을 영원히 바꾸리라고는 전혀 생각지도 못했었다.

그 만남이 있은 후부터 삶에 많은 변화가 일어났다. 이전보다 에너지가 넘치고 열성적이 되었고 훨씬 더 행복했다. 내 주변 사람들도 눈치챌 정도였다. 눈은 빛나고 걸음걸이는 힘찼으며 얼굴에서는 미소가 떠나지 않았다. 하지만 여전히 똑같은 일을 하고 똑같은 아파트에서 살았다. 그리고 똑같은 차를 운전하고 똑같은 친구를 사귀었다. 내 삶에서 유일하게 변한 것이라곤 바로 나 자신밖에 없었다.

사람들은 내게 어쩌면 그렇게 늘 즐거울 수 있냐고 묻곤 했다. 그 때마다 나는 기꺼이 중국 노인과의 만남과 풍요로운 행복의 비밀을 이야기해 주었다. 내가 배운 것을 남들과 함께 나눈다는 것이 큰 기쁨이었다. 그것이 내 삶을 바꾸었듯이 다른 사람들의 삶도 바꿀 거란 사실을 알고 있기 때문이다. 많은 사람들이 전화로 그 비밀이 가져다 준 삶의 변화에 대해 감사를 표했다. 더욱이 그 이야기를 책으로 써 내라는 의견도 있었다.

갑자기 큰 폭음 소리와 함께 차 엔진 덮개에서 연기가 피어 올랐다. 나는 차를 천천히 길 옆으로 세우고 휴대폰 배터리가 방전되어 고속도로에서 약 2.5킬로미터 떨어진 전화 박스로 가서 서비스센터에 전화를 했다.

수리공을 기다리기 위해 차 있는 곳으로 돌아오는데 문득 웃음이 새어나왔다. 1년 전처럼 중국 노인이 허리를 굽혀서 차를 점검해 주길 바라는 마음이 들었기 때문이다. 그 일을 생각하니 묘한 흥분이 일었다. 다시 한 번 그 노인에게 감사를 드리고 싶었다.

행복의 비밀이 내 삶을 얼마나 변화시켰는지 알려 주고 싶었다. 하지만 노인은 그 곳에 있지 않았다.

운전석 쪽으로 돌아가서 차 열쇠를 꺼내다가 땅 위에 노란 물건이 떨어져 있는 것을 발견했다. 나는 허리를 굽혀서 그 물건을 들었다.

"믿을 수 없군."

나도 모르게 탄성이 흘러나왔다. 그건 1년 전 중국 노인이 쓰고 있었던 바로 그 노란색 야구 모자가 아닌가!

운전석에 앉아 수리공을 기다리는데, 불현듯 무슨 생각이 떠올랐다. 나는 펜을 들고 노트에다 이렇게 쓰기 시작했다.

"춥고 습한 어느 날 저녁, 일을 마치고 집으로 돌아가던 길이었다……."

진정한 행복을 누리기 위한 조건

톨스토이는 불후의 명작 『전쟁과 평화』에서 이렇게 말했다.

"아아, 돈, 돈! 이 돈 때문에 얼마나 이 세상에서 얼마나 많은 슬픈 일이 일어나고 있는가!"

평범한 사람들에게 인생살이의 슬픔과 고통 대부분은 돈 때문에 일어나는지도 모른다. 그래서 그런지 오늘날 부는 돈이나 재물이 많은 것으로 인식되고, 그것을 얻기 위해서라면 수단과 방법을 가리지 않는 현상이 만연되고 있다.

얼마 전 주가를 조작하다가 발각이 되어서 구속된 사람들이 뉴스를 장식했는데 그들은 모두 명문대학을 나오고 유학도 갔다 온, 장래가 촉망되는 엘리트들이었다. 그들도 '더 많은 돈'이 풍요로운 인생을 보장한다고 생각한 걸까?

하지만 산더미 같은 재물을 쌓아 놓고도 자신의 불행을 탓하면서 자살한 부호가 있는가 하면, 적은 수입으로도 소박한 행복을 꾸려가는 사람도 있다. 누가 진정으로 풍요로운 삶을 누리고 있는지는 자명하다. 아무리 돈이 많아도 그 돈에 '소유 당한' 사람은 불행한 사람이며, 아무리 적은 돈이라도 그 돈을 올바로 '소유'하고 삶을 풍요롭게 하는 행복의 조건을 아는 사람은 행복한 사람이다. '돈'은 삶의 '목적'이 아니라 '수단'에 불과하기 때문이다.

『내가 만난 1%의 사람들』에서 저자는 삶을 풍요롭게 하는 가장 중요한 비밀 세 가지를 알려준다. 바로 부·사랑·행복이다. 신비로운 중국 노인이 살며시 속삭이고 가는 그 비밀들은 사실 이 책을 읽는 모든 독자들도 이미 가지고 있는 것이다. 바로 마음이기 때문이다.

모든 사람이 원하는 '부'에 대해 이 책은 '얼마나 벌었느냐가 부를 결정하는 것이 아니라, 번 돈으로 얼마나 잘 살 수 있느냐가 부를 결정한다'고 가르친다.

자신의 삶을 자기 방식대로 살 수 있는 수단이야말로 참된 부를 가져다 주는 것이지, 돈이나 재산이 부를 결정하지 않는다는 것이다. 오르막과 내리막이 반복되는 삶의 과정에서 돈과 재물은 사라지기도 하고, 손 안에 가득 차기도 한다. 그러나 내 마음에 굳은 신념과 욕망, 강한 목표와 그것을 이루고자 하는 행동의 힘이 있으면 반드시 다시 일어설 수 있다.

그렇다면 부를 이루기만 하면 행복한 걸까? 그렇지 않다. 우리 삶은 보다 많은 빛깔로 수놓아져 있기 때문에 재물만 있다고 행복을 느끼지 않는다. 바로 사랑 그리고 무엇보다 그 모든 것의 가치를 알고 만족할 수 있는 행복을 깨닫는 힘이 있어야 진정한 삶에 이를 수 있기 때문이다.

'나'를 중심으로 살아왔던 삶의 시선을 '너'와 '우리'로 방향 전환하여 타인을 존중하고 더 줄 수 있는 것이 무엇인지 생각하며 베풀라고 한다.

그러면 낯설기만 했던 타인과 친밀한 우정을 나누게 되고 그 곳에서 구속이 아닌 자유, 불신이 아닌 신뢰의 관계를 이루는 참된 사랑을 얻게 될 것이다. 또한 신뢰와 베풂, 믿음, 신념을 이루고자 하는 강한 마음은 건강한 몸과 조화를 이루어야 발휘될 수 있는 작용이기도 하다.

그렇다면 우리가 그토록 바라는 행복을 얻는 방법은 무엇일까? 그것은 바로 지금 이 순간, 내가 서 있는 이 자리에서 발견하는 것이라고 말한다.

현재 고난과 역경 속에 있더라도 그 고난을 하나하나 극복하고 성취해 나가는 삶의 과정 속에서야말로 우리는 행복을 느낄 수 있다는 것이다. 행복은 단순히 좌절과 불행에서 벗어나는 문제가 아니라, 삶을 기뻐하고 만족스럽게 여기는 느낌이기 때문이다.

행복은 미래에 있지 않다. 바로 '지금 이 순간' 속에 있다는 것을 잊지 말라. 그러면 부와 사랑, 행복이 조화를 이룬 참된 풍요로운 삶을 얻게 되리라.

장 연

내가 만난
1%의 사람들

초판 1쇄 발행 | 2018년 01월 10일
개정판 1쇄 발행 | 2023년 06월 30일

지은이 | 아담 J. 잭슨
옮긴이 | 장 연
펴낸이 | 윤세민
편집주간 | 강경수
물류지원 | 이주완
펴낸곳 | 씽크뱅크

출판등록 | 2006년 11월 7일 제396-2006-79호
주소 | 서울시 마포구 월드컵북로5길 65(서교동), 주원빌딩 201호
전화 | 02-3143-2660 **팩스** | 02-3143-2667
이메일 | thinkbankb@naver.com

ISBN 978-89-92969-58-1 (03190)

■ 책값은 뒤표지에 있습니다.
■ 잘못된 책은 구입하신 서점에서 교환해 드립니다.

마음이 품거나 믿는 것은 무엇이든 성취할 수 있다.
스스로 할 수 있다고 믿는 자는 승리한다!

모든 가능성을 다 시도해 보았다고 생각할 때,
이 한 가지를 명심하라. 여전히 가능성은 남아 있다.

말이나 행동으로 남이 나에게 하지 않기를 바라는 것은
나 또한 남에게 절대로 하지 말아야 한다.

용서는 증오로부터 영혼을 자유롭게 하며,
사랑이 들어올 공간을 허락한다.